KB052238

자유론

김대성

서울대학교 독어독문학과를 졸업하고 연세대학교 대학원 정치학과에서 석사학위를 받았다. 이후 〈매일경제신문〉 기자와 〈아시아경제신문〉 부국장을 거쳐, 가천대학교 강사, 〈조세일보〉 전문위원실장 겸 조세정책연구소 수석연구원으로 일했으며, 지금은 〈글로벌 이코노믹〉 전문 기자 겸 M&A 연구소장으로 재직하고 있다. 저서로는 『1인 미디어 UCC 시대를 맞는다』(한솜 미디어)가 있다.

자유론

초판 1쇄 발행 | 2016년 11월 10일
　　3쇄 발행 | 2021년 3월 15일

지은이 | 존 스튜어트 밀
옮긴이 | 김대성
펴낸이 | 김형호
펴낸곳 | 아름다운날
출판 등록 | 1999년 11월 22일
주소 | (121-837) 서울시 마포구 서교동 351-10 동보빌딩 202호
전화 | 02) 3142-8420
팩스 | 02) 3143-4154
E-메일 | arumbook@hanmail.net
ISBN 979-11-86809-27-3 (03300)

이 도서의 국립중앙도서관 출판예정도서목록(CIP)은 서지정보유통지원시스템 홈페이지(http://seoji.nl.go.kr)와 국가자료공동목록시스템(http://www.nl.go.kr/kolisnet)에서 이용하실 수 있습니다.(CIP제어번호: CIP2016025760)

자유론
On Liberty

존 스튜어트 밀 지음 | 김대성 옮김

아름다운날

존 스튜어트 밀과 『자유론』에 대하여

I

존 스튜어트 밀은 1806년 5월 20일 태어났다. 그는 허약한 아이였다. 아버지가 짜놓은 특별한 교육은 그의 육체적 힘을 키우는 일과는 아무런 상관도 없었다. 그는 말한다. "내게 소년 시절은 없었다. 크리켓 놀이 한번 해본 적이 없었다." 운동이라고는 아버지와 산책하는 게 고작이었다. 아버지는 산책을 하면서 아들에게 강의를 하고 숙제 검사도 했다. 다른 식의 교육이 이루어졌더라면 어땠을까 하는 가정은 쓸데없는 일이다. 밀은 평생 육체적 건강과는 거리가 먼 삶을 살았다. 대신 그는 흔히 허약한 육체를 가진 자들이 그렇듯 치열한 정신적 에너지를 타고났다. 그의 어린 시절은 아버지의 신념에 의해 희생되었다. 그에게는 아버지가 내준 과제를 그의 생각대로 묵묵히 수행해 나가는 길밖에 없었다. 소년의 개성은 중요치 않았다. 밀은 열네 살 되던 해 사무엘 벤담 경의 가족과 함께 프랑스 남부에서 시간을 보냈는데 이 시기가 그에게 많건 적건 영향을 미쳤다. 물론 집에서 공부와 씨름하는 습관은 계속되었지만 그에게는 잠시나마 새로운 분위기를 맛볼 수 있는 기회였다.

게다가 인생 말년에 이르기까지 계속되었던 해외 정치에 대한 관심은 바로 이 시기로부터 비롯된 것이었다. 1823년 그는 동인도회사 조사부에 하급 직원으로 입사했다.

밀은 동인도회사에 입사하기 일 년 전 쯤 〈더 트래블러the Traveller〉에 처음으로 자신이 쓴 글을 실었다. 그 이후로 병마가 덮친 경우를 제외하고는 그의 집필 작업은 중단 없이 계속되었다. 그의 근면성은 실로 대단했다. 정치, 형이상학, 철학, 종교, 시를 가리지 않고 참으로 다양한 주제들을 글로 다뤘다. 같은 시대를 살았던 시인 테니슨을 발굴했고, 칼라일의 『프랑스 혁명』 집필에 영향을 미쳤을 뿐 아니라 그 책의 성공에도 일정 정도 기여했다. 동인도회사에서 점차 인재로 떠오르는 과정에서도 그는 공부를 게을리하지 않고 보다 야심찬 글을 쓸 준비를 하고 있었다. 그는 1831년 「정치경제학의 미해결 과제에 대한 에세이Essay on Unsettled Questions in Political Economy」를 탈고했는데 이 원고는 13년 후 세상에 선을 보였다. 그 당시 이미 머릿속에서 그 틀을 잡아가고 있던 「논리학체계System of Logic」는 탈고하는 데 13년이란 세월을 필요로 했지만 결국 『정치경제학Political Economy』이 세상에 나오기 1년 전에 출간되었다. 1844년에 나온 미슐레에 관한 소고는 스스로 논란이 있을 것으로 예상했지만 기대와는 달리 그다지 큰 주목을 받지 못했다. 이듬해에는 『노동권 청구Claim of Labour』와 『기조Guizot』가 출간되었고 1847년에는 〈모닝 크로니클Morning Chronicle〉에 아일랜드

정세에 관한 기사를 실었다. 당시 밀은 콩트[1]와 우정을 나누며 서신도 교환했는데 서론 다른 기질의 두 사람이 이렇듯 우의를 나누는 것이 일면 기묘해 보이기도 했지만 두 사람 간 우정이 밀의 사상적 발전에 큰 영향을 미쳤음은 부정할 수 없는 사실이다. 1848년 밀은 「논리학체계」탈고 이후 심혈을 기울였던 『정치경제학』을 출간했다. 그의 많은 기사와 논평들은, 가령 그로트[2]의 『그리스Greece』를 논평하기 전에 원전으로 『일리아드 오디세이아』를 다시 통독하는 식으로 많은 노력이 담긴 글들이었지만 밀이라는 학생에게는 그저 기분 전환 거리에 불과했다. 1856년 동인도회사 조사부장 자리에 올랐던 밀은 그로부터 2년 후 인도가 영국 국왕의 직접 통치 하에 들어가게 되면서 회사 생활을 마감했다. 같은 해 아내가 세상을 떠났다. 그 직후 『의회 개혁에 관한 고찰 Thoughts on Parliamentary Reform』과 더불어 『자유론On Liberty』을 출간했다. 밀은 당시의 정치, 철학, 윤리와 관련된 문제들을 파헤치고 해결하는 데 말 그대로 쉴 틈이 없었다.

아내가 세상을 떠나고 7년 후 밀은 웨스트민스터에서 의원 출마를 권유받았다. 선거 활동 중 그는 평소의 소신에 따라 그 어떤 사사로운

---

1) Comte: 1798~1857년, 프랑스의 철학자로 실증주의와 사회학을 창시했다. 사회의 의식 발전이 신학적 단계—형이상학적 단계—실증적 단계의 과정을 거치며 발전한다는 유명한 3단계 역사발전법을 주창했다. 주요 저서로 『실증철학 강의』, 『실증정치학 체계』 등이 있다.

2) Grote: 1794~1871년, 영국의 역사가로 그리스 역사에 정통했다. 주요 저서로는 『그리스』가 있다.

행동도 거부했으며 자신의 정치적 견해를 솔직히 표현했다. 그럼에도 불구하고 그는 압도적인 표 차로 의원에 당선되었다. 일반적인 관점에서 보자면 그는 의회에서 그다지 성공을 거두지 못했다. 밀은 연설자로서 매력을 갖고 있지는 못했다. 하지만 영향력은 적지 않았다. 글래드스턴[3]은 이렇게 말한다. "하원 전체를 위해서 나는 그의 등장을 크게 환영했고 그가 낙마했을 때 낙담했다. 그는 우리 모두에게 이로운 존재였다." 3년이라는 짧은 의회 활동을 끝으로 그는 차기 총선에서 스미스 W. H. Smith에 패배한 뒤 아비뇽으로 물러났다. 그곳의 자그마하지만 쾌적한 집에서 밀은 아내와 동지애를 키우며 그의 생애 중 가장 행복한 시절을 보낸 적이 있었다. 그는 그곳에서 또 다시 사심 없는 작업에 매진했다. 아버지의 저작『정신분석Analysis of the Mind』의 수정판을 완성했으며 다른 소소한 작업과 더불어 의붓딸의 열성적인 도움을 받아『여성의 예속The Subjection of Women』을 집필했다. 밀은 사회주의에 관한 책 한 권을 집필하겠다는 생각을 갖고 있었지만 이전에 사회학에 관한 연구가 그랬듯 이번에도 그 책은 빛을 보지 못했다. 그는 의붓딸 주변 사람들과 즐거운 모임도 가지며 평화로운 말년을 보내다 1873년 세상을 떠났다. 의붓딸의 자상한 보살핌과 진심 어린 지적 공감 속에서 밀은 혹시 자신의 정신적 삶을 환히 밝혀 주었던 그 빛의 아련한 그

---

3) Gladstone: 1809~1898년, '위대한 평민'이란 별칭을 가진 영국의 정치가로 수상직을 네 차례나 역임해서 윈스턴 처칠과 함께 가장 위대한 영국 수상으로 추앙받고 있다.

림자를 발견했을지도 모를 일이다.

II

존 스튜어트 밀의 『자유론』은 테일러 부인에게 큰 영향을 받았고 이에 대한 유명한 헌사가 있다. 거기에서 철학자는 한 여인에 대해 다음과 같이 최고의 찬사를 바치고 있다. "만일 내가 아내의 무덤에 함께 묻힌 그 위대한 사상과 고귀한 감정을 절반만이라도 완벽히 이해할 수 있다면, 그녀의 비길 데 없이 지혜로운 귀띔이나 도움 없이 나 홀로 이루어낼 수 있는 것보다 훨씬 더 많은 성과를 이 책에 담아 세상에 전할 수 있을 것이다." 어떤 이는 이런 문장에 대해 흔히 그렇듯 세속적인 냉소를 날리며 회의적인 입술을 비죽거릴지 모른다. 과장된 감정인지도 모른다. 애당초 감정이라곤 없는 사람처럼 굴었던 아버지 제임스 밀의 '편견 없는 견해dry light'에 따라 훈육된 한 남자에게서 쉽게 예상할 수 있는 필연적인 반응인지도 모른다. 하지만 존 스튜어트 밀이 아내의 지적 영향력에 대해 서슴없는 믿음을 표현한 경우가 위에 인용한 문장 하나만 있는 것은 아니다. 『자유론』은 특히 그녀의 후광과 독려 아래 집필되었지만 그녀가 자신의 정신에 행사한 힘에 대해 밀은 이전에도 자주 언급한 바 있다.

밀은 오래전인 1831년에 테일러 씨의 집에서 열린 한 만찬장에서 그녀를 처음 소개받았다. 이 자리에는 로벅Roebuck, 폭스W. J. Fox, 해리엇 마티노Harriet Martineau 양과 같은 이도 참석해 있었다. 첫 만남은 급격히 친밀감으로 익어 가고 친밀감은 이내 우정으로 발전했다. 밀은 그 보기 드문 관계가 주는 온갖 이점을 조목조목 꼽아 가며 설명하는 데 이골이 날 정도였다. 그는 정치경제학에 관한 자신의 저서 몇몇 중 정본에 다음과 같은 헌사를 썼다. "저자가 알고 있는 모든 사람들 중에서도 사회 발전을 예측하거나 그것을 제대로 이해할 만한 최고의 자격을 갖춘 존 테일러 부인에게 최상의 존경, 최상의 찬사와 함께 이 책을 바칩니다." 여성의 참정권 부여를 다룬 한 기사에서는 또 다른 찬사가 등장하기도 한다. 또 한참 뒤인 1869년에 출판된 『여성의 예속』이 테일러 부인의 영향력 덕분이라고 한다 해도 큰 무리는 아니다. 마지막으로 『자서전』 전편에는 밀의 '오류를 찾아보기 힘든 상담역'에 대한 거의 신격화된 찬양이 넘쳐흐른다.

두 사람이 보여준 이 보기 드문 친밀감은 추정할 필요조차 없는 명백한 사실이다. 또한 밀의 열병이 지인들과 친구들에게 상당한 골칫거리였다는 것도 의심할 여지가 없다. 밀의 아버지는 다른 남자의 아내와 사랑에 빠진 아들을 대놓고 질책했다. 로벅, 그로트 부인, 오스틴 부인, 해리엇 마티노 양은 이 금지된 주제를 입에 올렸다가 곤욕을 치르기도 했다. 테일러 부인은 딸과 함께 시골에서 셋집을 얻어 살고 있었다. 1851년 남편이 사망하자 밀은 그녀를 아내로 맞아들였다. 그녀가 어떤 미덕의 소유자인지에 대해서는 의견이 크게 엇갈린다. 하지만 밀이, 1858년 그녀가 세상을 뜰 때까지 주변 친구들에게 눈길 한번 주지 않았다는 사실에는 모두가 공감했다. 밀의 동생인 조지 밀은 그녀가 영리하고 비범한 여성이지만 "존 형이 생각하는 그런 여성은 전혀 아니었다"고 말했다. 칼라일[4]은 자신의 회고담에서 그녀를 애매모호한 표현으로 묘사했다. 그녀는 "생생하고" "다양한 색깔의 소유자"로 "창백하고 열정적이면서도 어딘가 슬퍼 보이는, 왕정주의자의 자유의지와 뭔가 미심쩍은 운명을 지닌, 살아 있는 소설의 여주인공"이었다. 칼라일의 이런 판단을 진지하게 받아들이기는 쉽지 않다. 하지만 칼라일 부인이 일찍이 "그녀는 위험스러운 여성으로 보인다"고 말했고, 칼라일 역시 그녀가 위험스러운 차원을 넘어서 나쁜 사람이고 항상 사람을 깔보듯 대한다고 덧붙였음을 염두에 두면 칼라일의 그런 평가가 나름 타당해 보이기도 한다. 밀과 그의 아내가 칼라일과 밀접하게 얽힌 사건은 유명하다. 칼라일이 『프랑스 혁명』 제1권의 원고를 밀에게 빌려주었는데 아내의 하인이 실수로 원고를 태워 버리는 일이 벌어졌다. 밀과 아내는 그 당장 칼라일에게 달려갔다. 그런데 아내는 잠자코 있고 남편이 나서서 두 시간 동안 칼라일을 붙잡고서 온갖 장광설로 그를 달래려고 필사적이었다. 하지만 가넷Garnett 박사는 자신이 쓴 『칼라일의 생애』에서 밀이 자신에게 책임이 있는 이 재앙에 대해 상당한 보상을 해주었다고 말하는데, 화가 난 저자를 설득해서 그가 제안한 200파운드의 절반을 보

---

4) Carlyle: 1795~1881년, 영국의 철학자이자 역사가로 경험론과 공리주의를 배격했다. 초기에는 민권운동을 지지하는 태도를 보이나 훗날 평등사상에 대해 영웅숭배론을 내세우며 과거의 영웅, 현인, 예언자를 찬양했다. 주요 저서로는 『프랑스 혁명』과 『영웅과 영웅숭배』가 있다.

상금으로 건넸다는 것이다. 앞서 말했듯이 밀 부인은 동지 같은 남편과의 행복한 7년을 보내고 1858년 사망해 아비뇽에 묻혔다. 밀이 그녀의 묘비에 쓴 글은 그냥 넘기기에는 너무도 돋보인다. "고귀하고 따뜻한 그대의 가슴, 고결한 영혼, 냉철하고 강력하고 독창적이고 폭넓은 지성으로 그녀는 세상의 안내자이자 지원자가 되었고 지혜의 스승이자 선량함의 본보기가 되었습니다. 그대에 속함으로써 행복을 느끼는 사람들에게 그대는 속세의 유일한 기쁨이었습니다. 주변의 모든 사람들에게 관대하고 헌신할 만큼 공공의 이익에 성심을 다함으로써 시대의 발전에 크나큰 영향을 미쳤으며 그 영향력은 후대에도 계속될 것입니다. 그대와 같은 가슴과 지성 몇만 있어도 이 세상은 이미 우리가 고대하던 천국일 것입니다." 이 글은 지나친 장황함도 마다 않는 밀의 격렬한 감정을 있는 그대로 드러내고 있다. 하지만 한편으로 다른 이들이 이 글을 어떻게 받아들일지 그로서는 상상할 수 없었을 것이라는 사실 또한 입증하고 있다. 그리고 그로트가 말했듯이 이런 식의 표현을 사람들이 그나마 감내해 낼 수 있었던 것은 오로지 밀의 명성 덕분이라는 사실도 알게 해준다.

사람들은 철학적 정신과 이 기묘하지만 결코 드물지 않은 관계의 가치에 대한 저마다의 경험에 따라 밀이 겪었던 이 사랑 이야기를 판단할 것이다. 그것은 한낱 열병에 불과했을지도 모른다. 어떤 이는 밀의 인생에서 가장 품위 있고 인간적인 한 페이지였다고 말하고 싶어 할지도 모른다. 밀 부인이라면 어땠을까? 밀의 견해를 거들어서 남편의 허영심을 부추겼을 수도 있을 것이고 그녀가 실제 지적 조언자로서 영감으로 가득 찬 에게리아[5]였을지도 모른다. 철학자 자신은 양성 평등에 대한 믿음 때문에 그렇게 생각할 수 없었겠지만 보통 이런 경우가 발생하면 서로 다른 종류의 두 정신 체계가 지극히 소중한 행위와 반응을 주고받기 마련이다. 생각이 추상적인 영역에 사로잡혀 있던 어떤 사람에게 선명하고 생생한 구체적인 사실이 눈앞에 등장하면 그것이 즐겁고 기분 좋은 충격으로 다가올 것이다. 여성은 어떤 진리에 대해 적절한 철학적 추론을 전혀 해낼 수 없는 경우에도 본능적으로 그 진리를 이해하고 한걸음 더 나아가 실증해 보이기까지 한다. 반면에 보다 치밀한 논리적 방법론과 시간이 걸리는 형식적 추론 과정에 익숙한 남성은, 단번에 결론에 도달하는 이 행운의 직관이 자신의 경우처럼 의식 가능한 지적 과정이라고 생각하는 경향이 있다. 따라서 양쪽 모두에게 그 행복한 만남은 똑같이 반가울 따름이다. 추상적 진리는 구체적 실증을 얻고 구체적 실증은 일련의 추상적 질문 속에서 그 적절한 근거를 발견한다. 혹시 "다양한 색깔의 소유자"라느니, "생생하다"느니 하는 칼라일의 애매한 표현도 밀 부인의 즉각적인 직관력을 우연히 그렇게 언급한 것인지 모른다. 그렇다면 그 표현은 남편과 아내의 공동 작업이 서로에게

---

5) Egeria: 로마 신화에 나오는 출산의 여신, 혹은 예언하는 샘의 요정으로 누마 폼필리우스 왕의 자문역이었다.

이익이라는 사실을 설명하는 것일 수도 있다. 하지만 이러한 신비 위에 드리워진 베일을 벗기려는 시도조차도 주제넘은 일일 가능성이 크다. 우리가 아내에 대한 밀의 과장된 언급을 아무리 힐난할지라도 어떤 이유에서든 그 남녀 한 쌍은 더 말할 나위 없이 행복한 삶을 살았음을 인정할 수밖에 없다고 말하는 것으로 충분하지 않을까?

그럼에도 불구하고 테일러 부인이 밀과의 결혼 전과 후에 밀의 사상과 공적인 일에 실제로 어느 정도 기여를 했는지 평가하는 일이 여전히 숙제로 남아 있다. 여기에서 나는 예전에 어느 글에서 내가 밝혔던 내용을 원용하고자 한다.[6] 밀은 『자서전』에서 이 문제와 관련해서 아주 풍부한 자료를 전하고 있다. 밀이 그녀를 처음 알았을 당시 그의 생각은 논리학이란 주제로 옮겨 가고 있었다. 하지만 밀 자신이 말했다시피 그 주제에 관해 출판된 글은 전체적인 방향성에 있어서 테일러 부인의 신세를 진 바가 전혀 없었다. 글을 쓸 때 밀은 먼저 전반적인 틀을 잡는 차원에서 책 전편을 끝까지 쓴 다음 구문과 구성을 완벽하게 하기 위해 애써 책을 다시 썼다. 그것이 그의 습관이었다. 테일러 부인이 문체나 표현법을 비평하면서 밀에게 상당한 도움을 주었다는 것은 의심의 여지가 없다. 하지만 글에 담긴 주의나 원칙을 비평하는 일은 그녀의 능

---

6) [해설자주 1] 『존 스튜어트 밀의 생애』, 제 4장. (월터 스콧)

력 밖의 일이었다. 밀은 이 점에 관해서 여러 번 명백히 밝힌 바 있다. 그는 이렇게 말하고 있다. "내 사고방식 상의 유일하고도 실질적인 혁명은" 그녀의 영향력이 무엇보다 중요한 요소가 되기 전에 "이미 완료되었다."[7] 여기에는 언뜻 보기에 그 말과 모순돼 보이는 자신의 능력에 대한 겸손한 평가(베인Bain 박사가 배려라 부른)가 묘하게 숨어 있다. "내 집필 활동에서 그녀와 관련한 공간을 비워둔 기간이 더 길다. 나로서는 이미 집필 활동 초기부터 사상의 영역에 도입해야 한다고 생각한 가장 유용한 역할이 있었다. 독창적인 사상가들을 위한 해설가 역할, 그리고 그 사상가들과 대중을 연결해주는 중재자 역할이 그것이었다." 여기까지만 본다면 밀은 자신의 조언자를 소중한 존재로 받들고 있었던 듯 보인다. 하지만 다음 구절에 담긴 매우 주목할 만한 예외를 살펴보자. "추상적인 학문(논리학, 형이상학, 그리고 정치경제학과 정치학의 이론적 원리)을 제외하고 나는 항상 독창적인 사상가로서 내가 갖고 있는 능력에 대해 겸손한 자세를 취해 왔다."[8] 만약 밀이 그 당시 논리학, 형이상학, 경제학, 정치학 부문에서 독창적인 사상가였다면 그가 이러한 학문을 그녀의 입술을 통해 배우지 않았음이 명백해진다. 그리고 논리학과 형이상학은, 사상의 독창성이 탁월함의 충분한 징표가 되는 그런 영역으로 대부분의 남성들에게 무리 없이 받아들여질지 모른다.

---

7) [해설자주 2] 『자서전』, p. 190
8) [해설자주 3] 같은 책, p. 242

『정치경제학』에서 테일러 부인의 도움은 일정 선 안으로 제한되어 있었다. 순수 학문적인 부분은 분명 그녀의 영역 밖에 있었다. "하지만 그 책을, 과학적임을 자처했던 정치경제학과 관련한 예전의 모든 해설들과 차별화하는 그 전반적인 논조야말로 그녀가 기여한 주요한 부분이다. 그 책의 논조는 예전의 해설들이 거부했던 사고방식들과 화해하는 데 매우 유용했다. 주로 이 논조는 진정한 자연의 법칙으로 물건의 속성에 의존하는 부의 생산법칙과, 특정 조건에 종속되어 인간의 의지에 의존하는 분배 방식 간을 적절히 구분하는 데 있었다.… 사실 나는 생시몽주의자들[9]의 예측이 내게 일깨워 준 사상으로부터 부분적으로 사물에 관한 이러한 관점을 배웠다. 하지만 그러한 관점을 살아 있는 원칙으로 탈바꿈시킨 것은 아내의 도움과 자극이었다. 그녀는 그러한 원칙을 그 책에 관철시켜 생기를 불어넣었다."[10] 고딕체[11]로 표기된 부분이 주목할 만하다. 다른 곳에서와 마찬가지로 여기에서도 밀은 혼자 힘으로 그 문제를 생각해 내고 있다. 사고의 구체적 형식은 아내의 제안과 자극에 힘입고 있다. "전반적인 논조" 말고도 그녀가 특별히 기여한 바가 또 있다고 밀은 말한다. "그녀의 조언이 유난히도 많았던 〈노동계급의 가능

---

9)　St. Simonians: 생시몽(1760~1825년)은 프랑스 공상적 사회주의의 대표적 인물로 사회 발전에 일정한 법칙이 있다고 주장하지만 역사의 추진력이 과학지식과 도덕, 종교에 있다는 역사에 대한 관념론적 입장에서 벗어나지 못했다.

10)　[해설자주 4] 『자서전』, pp. 246, 247

11)　원문에는 이탤릭체로 표기되어 있다.

한 미래〉에 관한 장은 전적으로 그녀 몫이다. 애초 책의 초안에서는 그 장이 빠져 있었다. 그런 내용을 다룰 장이 필요하다고 지적한 쪽은 그녀였다. 그 장이 빠지면 결함이 큰 책이 될 것이라는 조언이었다. 그러니까 그 장이 책에 포함된 것은 그녀 때문이다." 이로 미루어 볼 때 밀에게 사회주의적 경향성을 불어넣은 사람은 다름 아닌 그녀였던 것으로 보인다. 그런 경향성이 밀의 정치사상에 진보적인 색채를 입히고 있지만 동시에 그것은 소작농의 소유권을 옹호했던 밀의 이전 입장과는 명백히 부합하지 않는다. 뿐만 아니라 그런 경향성은 훗날 지적 동지인 아내의 도움을 받아 집필한 한 저서에서 그가 제기한 개인의 자유에 관한 원칙들과도 언뜻 보기에 앞뒤가 맞지 않는다. 개인의 자유라는 이상은 사회주의의 이상이 아니다. 정부의 보조를 바라고 거기에 의존하는 사회주의가 자유방임주의와 공존할 수 없는 것과 같은 이치다. 그러나 『자유론』의 기획은 밀과 아내가 손을 맞잡은 결과다. 책의 전개 과정에서 엿보이는 비현실성은 엄격한 논리적 원칙이 없어서이기도 하지만 밀 부인의 자질이기도 했다. 그럼에도 불구하고 그녀는 남편 스스로도 어느 정도는 인정하고 있는, 콜리지[12]와 칼라일에 경도되는 성향에 제동을 걸었음에 분명하다. 이것을 밀 부인이 남편의 집필 활동에 중심

---

12) Coleridge: 1772~1834년, 영국 낭만주의의 대표적 시인이자 평론가로 시집으로는 『실의의 노래』가 대표작이지만 평론집 『문학평전』으로 더 널리 알려져 있다.

을 잡아준 한 사례로 볼 것인지,[13] 아니면 밀의 다양한 지적 자양분에 융화되지 않은 요소 하나가 더 추가된 것으로 볼 것인지는 미결의 의문으로 남겨 두는 것이 현명할지도 모르겠다. 하지만 밀의 저서 『여성의 예속』이 그녀의 피를 타고 났다고 주장하는 것은 잘못이 아니다. 남성과 여성이 법적, 정치적, 사회적 관계와 가족 관계에서 평등해야 한다는 사실을 밀이 이미 예전에 깨닫고 있었던 것은 사실이다. 밀이 정부에 관한 아버지의 글과 충돌을 빚은 것도 바로 이 부분이었다. 하지만 테일러 부인은 바로 이 점에 관해서 실제로 글을 썼고, 여성의 예속 상태를 맹렬히 비난했던 밀의 열정과 그 속에 담긴 온기는 여성의 처지에 수반되는 현실적인 장애들에 대한 밀 부인의 견해로부터 비롯되었음이 분명하다.

Ⅲ

『자유론』은 19세기도 절반 이상 지난 1859년에 출간되었다. 하지만 책에 담긴 전반적인 정신과 일부 독특한 경향성으로 볼 때 『자유론』은 19세기보다는 차라리 18세기의 관점에 속해 있다. 존 스튜어트 밀은 논의 전개 과정에서 자주 영국 경험학파의 학설과 허버트 스펜서[14]라는

---

13) [해설자주 5] 『자서전』의 p. 252 참조.

14) Herbert Spencer: 1820~1903년, 영국의 철학자로 36년 간에 걸쳐 집필한 대작 『종합철학체계』로 유명하다. 인간 사회의 도덕 원리 전개를 진화론적 입장에서 서술했으며 철학적으로는 불가지론의 입장에 서 있으면서 철학, 과학, 종교를 하나로 융합하려 애썼다.

이름으로부터 연상되는 학설 사이의 연결 고리 역할을 하고 있다. 예를 들어 『논리학체계』에서 밀은 흄[15]의 학설을 한걸음 더 진전시키면서도 과학의 발전에 따라 이전 사상가들의 결론이 심각하게 수정되어야 한다는 사실을 깨닫지 못하고 있다. 이와 비슷하게 『정치경제학』에서는 리카도의 입장을 확대 발전시키고자 하지만 훗날 일부, 특히 독일의 사상가들이 보여준 것처럼 사회학을 통해 정치경제학을 보완하고자 하는 시도에까지는 이르지 못한다. 『자유론』에서 밀은 사회에 저항할 개인의 권리를 주창하고 있지만 그때는 이미 개인이 사회에 대해 절대적인 권리를 갖고 있지 않다는 결론에 급속도로 다가가던 그런 시대였다. 18세기의 관점이란 이렇다. 저마다 특유의 권리와 책임을 가진 개인들이 먼저 존재했고 그 개인들은 계약에 의해서든 다른 방법을 통해서든 일종의 사회국가를 의도적으로 형성한다. 그리고 결국 그들은 이렇듯 임의로 생겨난 사회 유기체의 이해관계를 고려해 자신들의 행동에 제약을 가한다. 이는 19세기의 관점이 아니다. 논리적으로는 개인이 국가에 우선하는 것이 가능하다. 역사적으로나 자연의 이치로 볼 때는 국가가 개인에 우선한다. 달리 말하면 현대 세계에서 모든 개별 인간들이 소유하고 있는 권리들은 자연 고유의 법칙에 따라 그에게 속하는 것이 아니라 사회국가의 성장과 발전 속에서 서서히 획득되는 것이다. 인간

---

15) David Hume: 1711~1776년, 로크의 경험론적 인식론을 계승하여 종래의 형이상학을 적극적으로 비판하며 실체나 인과 같은 관념은 심리적 연상에 불과하다고 보았다. 대표 저서로는 『인간오성론』, 『영국사』 등이 있다.

스스로 하나의 국가로 탈바꿈했을 때 개인의 자유가 어떤 의도적인 행위에 의해 박탈당한다는 것은 진실이 아니다. 아리스토텔레스가 이미 오래전에 밝혔듯이 인간은 태생적으로 정치적 동물이고 그가 속한 체제나 사회 혹은 공동체와 비교할 때 하찮은 존재로, 엄격한 사회적 법칙 아래 하나의 부품으로 살아가며 그가 추후에 얻게 되는 특권이라는 것은 성장하는 조직의 일원으로 점차 그 중요성이 높아지면서 획득된 것이라고 말하는 편이 더 진실에 가깝다. 하지만 이것이 진실에 가깝다면 밀이 옹호했던 그 개인의 자유가 심각하게 제한된다. 개인은 사회 유기체에 대해 어떠한 권리도 갖고 있지 않기 때문에 그 어떤 기회도 갖지 못한다. 사회는 성격상 반사회적인 행위 혹은 심지어 그런 견해에 대해서조차도 개인에게 벌을 가할 수 있다. 개인의 미덕은 이웃들과의 친밀한 교감을 인정하는 데 있고 개인의 행동 영역은 공동의 이익에 의해 발이 묶인다. 모든 인간이 태어날 때부터 평등하다는 생각이 이미 폐기된 불합리한 이론인 것처럼, 한 개인이 보다 거대한 조직의 보잘것없는 부품으로 존재하는 가운데 그 조직에 대한 적대감에 빠져 자신이 선택한 대로 살고 생각할 개인적 자유를 갖고 있다고 주장하는 것 또한 낡아 빠진 잘못된 학설이다.

대체로 오귀스트 콩트의 실증철학으로부터 기인하는, 사회와 사회 발전에 대한 이런 시각은 너무도 익숙하고 개인의 독창성을 지나치게 훼손하는 까닭에 정반대의 이론에 둥지를 틀고 있는 진실을 주창하고 선언할 필요가 있을 정도다. 우리가 알다시피 모든 진보는 통합과 분화의 연대 과정에 의존한다. 말하자면 종합과 분석 그리고 뒤이은 더 큰 종합이 발전의 법칙을 형성하는 듯하다. 만약 사회가 개인을 구속하면서 언제나 압제적인 형태로 존재한다면, 혹은 예를 들어 일부 사회주의 형식에서처럼 자연의 섭리를 기만적으로 유추해서 정형만이 전부이고 개성은 무가치한 것이라면, 미래의 보다 완벽한 삶은 개인의 다양한 행위들―심지어 상극으로 존재할지라도―에 의존한다는 해답으로 거침없이 내몰릴 것임에 틀림없다. 어쨌든 영국에서는 국왕이든 귀족 계급이든 과두금권정치든 아니면 심지어 노동조합이든 간에 온갖 다양한 정부의 활동이 너무도 위축되어 미래를 위해 개인이 폭동을 일으켜야 할 판이다. 우리의 예전 관점이 밀의『자유론』이 지니는 가치를 제한했다면 그럴수록 이러한 고찰은『자유론』의 항구적인 중요성을 보여주는 데 기여할 수 있을 것이다. 사회가 전지전능하다는 것은 곧 생명력을 잃은 획일성을 의미한다. 자기의 목소리를 경청하도록 요구할 권리, 좋아하는 것을 말하고 좋아하는 것을 행하고 자신이 좋아하는 대로 살 권리는, 삶을 풍족하게 해줄 요소들의 다양성을 위해서 뿐 아니라 미래 시대의 희망을 위해서도 절대적으로 필요하다. 개인의 독창성과 노력이 영국 역사에서 필수적인 요소로 인정받는 한, 밀 스스로 고백했듯이 훔볼트Von Humboldt로부터 끌어낸 착상에 기초를 둔 밀의『자유론』은 아주 오랫동안 세계에 대한 고찰, 그리고 세계의 건강과 온전함을 위해 없어서는 안될 자산으로 남게 될 것이다.

밀의 아내가 밀에게 진정 어떠한 존재였는지는 아마도 끝내 알지 못할 것이다. 하지만 그녀가 밀의 본성에 잠재되어 있던 열정을 일깨운 실질적이고도 생생한 힘이었다는 증거는 넘쳐난다. 그녀가 아비뇽에서 숨을 거두자 밀의 친구들은 거의 결별 수준까지 갔던 우정을 회복했을지 모르지만 밀 개인은 더욱 비참한 지경에 빠졌다. 우리는 그 사별의 슬픔 속으로 들어갈 수 없다. 다만 필설로 형용할 수 없는 비탄의 심정을 너무도 생생히 전하는 간결한 글 몇 줄을 인용하는 것으로 충분하리라.

"사력을 다해도 그 상실감이 어떠한 것이었고 지금은 또 어떠한지 묘사할 방도가 없다. 하지만 나는 그녀의 소망을 알기에 내 남은 인생 최선을 다하고, 그녀의 사상과, 그녀의 기억과의 교감을 통해 미약하나마 힘을 얻어 그녀가 이루고자 했던 목표를 향해 애써 나아가고자 한다."

W. L. 코트니

1901년 7월 5일, 런던에서

차례

이 책을 내 아내에게 바친다.

가장 가까운 친구이기도 했던 아내는 내 역작들이 탄생하는 데 내조자 역할을 했을 뿐 아니라 부분적으로는 그 저자이기도 했다.

옳고 진실한 것에 대한 아내의 뛰어난 감각은 내 저술 작업에 가장 강력한 추동력이었고 아내가 건네는 인정의 말 한마디가 내겐 가장 큰 보상이었다. 그간 내가 써 왔던 모든 저작물들과 마찬가지로 이 책 역시 아내의 책이기도 하다. 하지만 지금 여러분 앞에 선을 보이는 이 책은 불행히도 아내의 소중한 검토를 거의 거치지 못했다. 사실 이 책에서 일부 매우 중요한 부분들은 보다 면밀한 재검토가 필요해서 따로 갈무리해 둔 터였지만 지금 그것은 가망 없는 일이 되었다. 만일 내가 아내의 무덤에 함께 묻힌 그 위대한 사상과 고귀한 감정을 절반만이라도 완벽히 이해할 수 있다면, 비길 데 없이 지혜로운 아내의 귀띔이나 도움 없이 나 홀로 이루어낼 수 있는 것보다 훨씬 더 많은 성과를 이 책에 담아 세상에 전할 수 있었을 것이다.

제 1 장

머리글

이 책의 주제는 이른바 '의지의 자유Liberty of the Will'[1]가 아니다. '철학적 필연Philosophical Necessity'[2]으로 잘못 명명된 이론과 불행히도 대척점에 있는 것처럼 오해를 받는 그 '의지의 자유'가 아니다. 이 책은 '시민적·사회적 자유Civil, or Social Liberty'[3]를 다룬다. 즉 사회가 합법적으로 개인에게 행사할 수 있는 권력의 성격과 한계를 다룰 것이다. 이 문제는 지금까지 일반적인 형태로 설명되거나 논의되지 못했으나, 우리 사회에 불가피하게 잠재되어 있는 문제이기 때문에 우리 시대의 실제 논쟁에 근본적으로 영향을 미치며, 머지않아 미래의 핵심적 문제로도 인식될 것 같다.

이는 결코 새로운 문제가 아니다. 왜냐하면 어떤 의미에서는 아득한 옛날부터 인류를 분열시켜 온 문제이기 때문이다. 그러나 인

---

1) 밀은 『논리학체계』(1843) 제6편 제2장 '자유와 필연'에서 철학적 필연이 의지의 자유와 대립하는 것이 아니라고 말했다.

2) 영국의 철학자인 조지프 프리스틀리(Joseph Priestley, 1733~1804)는 물질과 정신을 지배하는 불변의 법칙이 신에 의한 필연이라고 주장했다.

3) 영어에서 liberty는 정치적·법적 의미에서의 시민적·사회적 자유를 의미하고 freedom은 추상적·일반적 의미의 자유를 뜻하기도 한다.

류의 일부 문명화한 민족들이 바야흐로 새로운 발전단계에 도달한 이 시점에서 이 문제는 새로운 조건 하에 놓이게 되었고 그런만큼 이전과는 달리 더욱 근본적으로 다루어져야 마땅하다.

자유와 권위Authority[4] 간의 갈등은 우리에게 가장 익숙한 역사의 장, 특히 그리스, 로마, 영국의 역사에 가장 특징적으로 나타났다. 그러나 과거에는 이러한 갈등이 피지배자 또는 그중의 어떤 계급과 정부 사이에서 벌어졌다. 즉 자유란 정치적 지배자의 폭정으로부터 보호받음을 뜻했다. 그리스의 일부 민주정popular government[5]을 제외하면 통치자는 그가 다스리는 인민people과 필연적으로 적대적 위치에 있는 것으로 여겨졌다. 통치자는 세습이나 정복을 통해 권력을 쥔 지배자 혹은 지배 종족이나 지배 계급으로 구성되었다. 그 어떤 경우에도 피지배자들이 자발적으로 나서서 통치자의 권위를 인정해 준 적은 없었다. 통치자의 억압적인 권위 행사에 대해 어떤 경계심을 품게 되어도, 사람들은 통치자의 지배권에 감히 도전하지 못했으며, 도전하고 싶어 하지도 않았다.

통치자의 권력은 필요한 것으로 간주되었으나, 동시에 매우 위험한 것으로도 여겨졌다. 즉 권력은 통치자가 외부의 적에 대해 행사

---

4) 대문자로 쓴 Authority란 국가의 정치적 권력을 포함한 모든 권력을 뜻한다.

5) Popular Government는 밀이 『대의국가론(Consideration of Representative Government)』에서 말하는 대의민주주의와 대립되는 직접민주주의의 국가를 뜻한다.

하는 무기이면서 그에 못지않게 피지배자에게도 휘두를 수 있는 무기이기도 했다. 가령 어느 독수리 집단이 있다고 치자. 거기 수많은 포악한 독수리들이 힘없는 독수리들을 닥치는 대로 잡아먹는다면, 그들을 보호하기 위해서 당연히 독수리 떼 가운데 가장 힘이 세고 사나운 독수리에게 그 포악한 독수리들을 제압할 임무를 부여할 필요가 대두될 것이었다. 하지만 독수리 떼의 우두머리가 자기보다 한 수 아래인 포악한 독수리들에 만족하지 않고 일반 독수리들까지 잡아먹는 데 열을 올릴 수도 있으므로, 구성원들은 독수리 우두머리의 부리와 발톱을 항상 경계할 필요가 있었다. 따라서 애국자들은 통치자가 그 공동체에 행사하는 권력을 제한하고자 했다. 이러한 제한이야말로 그들이 생각하는 자유였다.

권력을 제한하는 방법은 두 가지로 시도되었다. 첫 번째는 통치자로부터 이른바 정치적인 자유나 권리라는 일종의 면책특권을 인정받는 것이었다. 통치자가 그것을 침해하면 의무를 위반한 것으로 간주되는데, 실제로 그것을 침해하게 되면 이에 대한 특정한 반항이나 보편적인 반란이 정당한 것으로 여겨졌다. 두 번째는 일반적으로 좀 더 나중에 채택된 방안으로, 헌법상의 견제 장치를 마련하는 것이었다. 즉 집권 세력이 무언가 중대한 통치 행위를 해야 할 경우 공동체나 그 이익을 대변하도록 되어 있는 어떤 집단의 동의를 반드시 거치도록 하는 것이었다.

권력에 대한 이러한 제한 방식 가운데 첫 번째 방식의 경우 대부분의 유럽 통치 권력이 많든 적든 거기에 굴복하지 않을 수 없었다. 하지만 두 번째에 대해서는 그렇지 않았다. 따라서 이를 성취하는 것, 또는 그것이 어느 정도 성취된 경우에는 더욱 완전하게 보완하여 성취하는 것이 어디에서나 자유를 사랑하는 사람들의 중요한 목표가 되었다. 인류가 하나의 적과 싸우기 위해 또 다른 적을 기꺼이 끌어들이던 상황에서는, 나아가 통치자가 폭정을 하지 않을 것이라는 점을 어느 정도 유효하게 보장받는 조건 하에 통치자의 지배를 기꺼이 받아들이던 상황에서는 그들의 열망도 그 수준에 머물렀다.

그러나 인간 생활이 진보함에 따라, 사람들은 통치자가 자신들의 이익과 상반되는 독립적인 권력의 보유자라는 사실을 더 이상 자연의 필연성으로 받아들일 수 없게 되었다. 사람들에게는 국가의 각종 관리들이 마땅히 자신들이 마음대로 임면任免할 수 있는 일꾼이거나 대리인인 편이 훨씬 바람직하게 보였다. 이런 방식만 도입해도 국가권력이 그들에게 불리하게 남용되지 않도록 완전히 보장받을 수 있을 것 같았다. 점차 선거를 통해 임기가 있는 통치자를 뽑고자 하는 새로운 요구가 대두되기 시작했고, 이러한 요구는 대중 정당이 존재하는 곳에서는 어디에서나 그 정당 활동의 주요한 목표가 되었다. 그리고 이것이 통치자의 권력을 제한하고자 했던 종전의 노력을 상당한 정도로 대체했다.

피지배자들의 정기적인 선거를 통해 지배 권력을 창출해 내려는 투쟁이 진행됨에 따라 일부에서는 지금까지 권력 자체를 제한하고자 하는 데 지나치게 중점을 두어 왔던 게 아니냐는 생각을 갖기 시작했다. 그것은 (아마도) 상습적으로 인민과 대립된 이해관계를 갖는 통치자에 대한 일종의 대항 수단이었다. 하지만 이제 통치자와 인민은 동일시되어야 마땅했고, 통치자와 국민의 이해관계 및 의지는 하나가 될 필요가 있었다. 그리하여 이제 국민은 그 자신의 의지이기도 한 통치자의 의지에 맞서서 스스로를 보호할 필요가 없게 되었다. 스스로에게 폭정을 펼칠 일도 없을 것이기에 폭정에 대한 두려움도 사라졌다.

만일 통치자에게 국민을 적절히 책임지게 하고, 국민이 원하면 통치자를 즉시 해임할 수 있으면, 국민은 그를 믿고 권력을 맡길 수 있으며 권력을 어떻게 사용할지도 구체적으로 지시할 수 있다. 권력이 통치자들에게 집중되어 있고 행사하기에 편리하도록 되어 있었지만 그것은 어디까지나 국민 자신의 권력일 뿐이었다. 어쩌면 일종의 정서라 할 수도 있을 이러한 사고방식은 가장 최근 세대의 유럽 자유주의에서 보편적인 것이었으며, 유럽의 대륙 쪽에서는 오늘날에도 여전히 압도적인 양상을 보이고 있는 게 분명하다.

따라서 애초에 존재해서는 안될 그런 정부라면 아예 논외로 하고, 정부가 할 수 있는 일에 일정한 제한을 가하고자 하는 사람들[6]

---

6) 밀은 토크빌(Alexis de Tocqueville, 1805~1859)이 『미국의 민주주의(American Democracy, 1835~1840)』에서 미국 민주주의의 긍정적인 측면과 부정적인 측면을 분석한 점에 동의하면서 『런던 앤 웨스트민스터 리뷰(London and Westminster Review)』에 장문의 서평을 썼다.

은 유럽의 대륙 쪽 정치사상가 사이에서 아주 눈에 띄는 예외적인 존재다. 만일 한동안 그러한 정서를 부추겼던 상황이 변하지 않고 지속되었다면, 지금쯤은 유사한 정서가 영국에서도 지배적인 양상을 보였을 것이다.

그러나 개인사에서와 마찬가지로 정치이론이나·철학이론에서도, 실패했을 때에는 눈에 띄지 않아 지나쳤을 결점과 약점이 성공했을 때에는 확연히 드러나기 마련이다. 인민이 자신들의 권력으로 스스로를 지배하는 까닭에 그런 권력은 제한할 필요가 없다는 생각은 민주정치가 그저 꿈에서나 가능한 것이거나, 먼 과거 시대에나 존재했던 것으로 이해되는 경우라면 굳이 옳고 그름을 따질 필요조차 없었을지도 모른다. 그런 생각은 프랑스 혁명과 같은 일시적인 돌발 사건에 의해서도 교란되지 않았다. 왜냐하면 그런 돌발 사건들은 최악의 경우 소수 권력 찬탈자들의 짓일 가능성이 크고, 어찌 됐든 민주적 제도가 영속적으로 작동한 것이라기보다는 군주제나 귀족제의 전제주의에 대한 돌발적이고도 발작적인 폭동에 속하는 것이었기 때문이다.

그러나 하나의 민주공화국(아메리카합중국)이 마침내 지구상의 큰 부분을 차지하게 되면서, 세계 공동체의 가장 유력한 구성원의 하나로 등장했다. 인민의 선거를 통해 구성되고 인민에 의해 책임이 부여된 그 정부는 이미 하나의 중대한 기정사실이 되면서 으레 거기에 뒤따르기 마련인 관찰과 비판의 대상이 되었다. 그 결과 사람들은 '자기통치'라든가 '인민 자신을 지배하는 인민의 권력'과 같은 말이 실상을 제대로 표현하고 있지 않음을 인식하게 되었다. 즉 권력을 행사하는 '인민'과 권력 행사의 대상이 되는 인민이 언제나 동일할 수는 없으며, 이른바 '자기통치'라는 것도 각자가 자신을 통치하는 것이 아니라, 각자가 여타 모든 사람의 지배를 받는 정치를 뜻하는 것으로 인식되었다.

나아가 인민의 의사란 실제로는 인민 대다수의 의사이거나 아니면 가장 **적극적인 집단**의 의사를 뜻하는 것으로 인식되었다. 즉 다수파 또는 자신을 다수파로 인식시키는 데 성공한 집단의 의사라는 것이다. 따라서 인민이 그 구성원의 일부를 억압하려 **들 수도 있음**을 알게 되었다. 여기서 다른 모든 권력 남용과 마찬가지로 인민의 권력에도 똑같이 경계가 필요해졌다. 따라서 권력 장악자가 공동체에 대해, 즉 그 내부의 가장 강력한 집단에 대해 주기적으로 책임을 지는 경우에도, 개인에 대해 행사되는 국가권력에 제한을 가해야 한다는 점은 여전히 중요한 사안으로 남아 있었다.

이러한 견해는 사상가들의 지성에 호소력이 있었을 뿐만 아니라, 민주주의와는 상반된 이해관계(실제적이든 가상적이든)를 갖는 유럽 사회의 주요 계급도 기꺼이 받아들일 만한 것이라 큰 어려움 없이 자리를 잡았다. 그리고 정치적 논의에서 '다수의 독재'는 이제 사회가 경계해야 할 해악의 하나로 보편화되었다.

애초에 다수의 독재가 두려움의 대상이었던 이유는 다른 독재와 마찬가지로 주로 공권력을 발동해서 이루어지기 때문이었으며, 지금도 통속적으로는 여전히 그렇다고 할 수 있다. 그러나 사려 깊은 사람들은, 사회 그 자체가 하나의 독재자일 때, 즉 사회가 집단적으로, 그것을 구성하는 개개인에 대해 독재자 행세를 할 때, 그 독재의 수단은 정치 관료들의 손에 의해 자행될 수 있는 행위에 국한되지 않는다는 사실을 깨달았다.

사회는 그 자체의 명령을 실행에 옮길 수 있고 또 실제로도 그렇게 한다. 그리고 만일 사회가 정당한 명령이 아니라 부당한 명령을 내리거나, 사회가 결코 관여해서는 안 되는 일에 권한을 발동한다면, 그것은 수많은 종류의 정치적 억압보다도 더 무서운 사회적 독재를 행사하게 된다. 사회적 독재는 일반적으로 공권력에 의한 극단적 형벌을 동반하지는 않지만, 훨씬 더 일상 생활의 세세한 부분에까지 깊이 파고들어 인간 정신 그 자체를 노예화시키므로 이를 회피할 방법이 더욱더 적어지기 때문이다.

따라서 위정자의 억압으로부터 보호받는 것만으로는 충분하지 않다. 이와 함께 사회의 지배적 여론이나 정서의 억압에 대한 보호, 즉 사회가 민사적 벌칙Civil Penalties[7] 이외의 수단으로 사회 자체의 사상과 관습을, 그것에 찬성하지 않는 사람들에게 행동 규범

---

7) 민사법(Civil Penalties)은 법을 위반한 경우에 부과하는 금전적 제재이지만 형벌적인 의미를 갖지 못하기 때문이다.

으로 강요하려는 경향에 대한 보호도 필요하다. 달리 말해 사회가 그 자체의 관습과 조화를 이루지 못하는 개성의 발전을 전반적으로 억누르고, 되도록 형성 그 자체를 가로막으며, 모든 개인에게 사회의 모델에 스스로를 맞추라고 강요하는 경향에 대한 보호도 필요하다는 것이다. 개인의 독립성에 대한 집단적 여론의 합법적 간섭에는 한계가 있다. 따라서 그 한계를 찾아내고, 또 그 한계가 침해되지 않도록 유지하는 것은 정치적 압제에 대한 보호만큼이나 인간 생활을 양호한 상태로 유지하는 데 없어서는 안될 요건이다.

일반론적으로는 이러한 주장을 반박하기 쉽지 않을 것이다. 하지만 실제로 그 한계를 어디에 둘 것인가, 즉 개인의 독립성과 사회의 통제 사이를 어떻게 적절히 조정할 것인가 하는 문제는 전혀 해결되지 않은 채 남아 있다. 누구에게나 자신의 실존이 귀중한 것이 되기 위해서는 이를 해치는 다른 사람들의 행동이 제약되어야 한다. 따라서 어떤 행동 규범이 존재해야 하는데 우선은 법에 의해서, 그리고 법을 적용하기 적절치 않은 경우 여론으로 일정한 규범을 세울 필요가 있다. 이러한 규범이 어떤 것이어야 하느냐는 인간 생활에 중요한 문제다. 그러나 가장 명백한 몇 가지 경우를 제외하면, 이는 해결책을 향해 몇 걸음도 나아가지 못한 문제로 손꼽힐 만하다.

두 시대가 이 문제에 대해 유사한 결정을 내린 적은 단 한 번도 없었고 두 나라가 비슷한 결정을 내린 적도 거의 없다. 하나의 시대나 나라에서 내린 결정은 다른 시대나 나라에게는 불가사의 그 자체다. 하지만 어떤 시대나 나라의 인민도 이 문제에 대해, 마치 인류가 항상 의견의 일치를 본 문제인 양 생각하여 그 속에 어떤 어려움이 있을 것이라고 의심하지 않는다. 그들 사이에서 지배적인 규범은 그들에게 자명하고 그 자체로 정당한 것으로 보인다.

거의 보편적인 이러한 환상은 관습의 마술적인 영향을 보여주는 하나의 사례다. 흔히들 말하듯이 관습은 '제2의 천성'일 뿐만 아니라, 끊임없이 '제1의 천성'으로 오해받는다. 인류가 서로에게 부과하는 행동 규범에 대해 갖는 불안한 감정을 방지하는 데 관습의 효과는 더욱더 완벽하다. 왜냐하면 관습이란 문제는, 어떤 사람이 다른 사람들에 대해, 또는 각자가 자기 자신에게 그 이유를 밝힐 필요가 없다고 생각되는 것이기 때문이다. 사람들은 이런 성질의 문제에 대해서는 이성보다는 감정으로 대처하는 게 낫고 아예 이성이 불필요하다고 믿는 데 익숙하며, 이러한 믿음은 철학자를 자처하는 사람들에 의해 조장되어 왔다.

인간 행동의 규제에 대한 사람들의 의견이 형성되는 실제적인 원리는 각자의 마음속에 있는 감정, 즉 자기 자신 그리고 자신과 공감하는 사람들이 원하는 대로 모두가 행동해야 한다는 감정이다. 그 누구도 자신의 판단 기준이라는 것이 사실은 그 자신이 선호하는 것이라는 점을 자인하지 않는다. 그러나 어떤 행동에 대한 견해에 이성적 근거가 없다면 그것은 오로지 그 사람의 선호로 간주될 수밖에 없다.

혹 근거가 있다고 해도, 그 근거가 단순히 비슷한 선호를 갖는 사람들에 대해서만 호소력을 지니는 것이라면, 그 견해 역시 한 개인의 선호는 아니더라도 다수의 선호에 불과한 것이라 할 수 있다. 그러나 보통 사람에게는 이런 식으로나마 지지를 확보한 자신의 선호가, 완벽히 만족스런 근거가 될 뿐만 아니라, 종교적 신조 속에 명백하게 드러나지 않은 도덕·취향·예의에 대한 그의 모든 관념을 설명하는 유일한 근거가 되고, 나아가 그러한 종교적 신조까지도 해석하는 중요한 지침이 된다.

따라서 무엇이 찬양되고 무엇이 비난되어야 하는가에 대한 사람들의 견해는, 다른 사람들의 행동에 대해 그들이 바라는 바에 영향을 미치는 여러 원인에 의해 좌우된다. 다른 주제에 대해서도 그렇듯 이 경우도 원인은 다양하다. 즉 그것은 때로는 이성이고, 때로는 편견이나 미신이며, 때로는 그들의 사회적 감정이고, 때로는 그들의 반사회적 감정이다. 선망이나 질투, 오만이나 경멸인 경우도 드물지 않다. 하지만 가장 일반적으로는 그들 자신을 위한 욕망이나 공포, 즉 정당하거나 부당한 이기심이다.

우월한 계급이 존재하는 곳에서는 어디서나 그 나라 윤리의 대부분은 그 우월한 계급의 이해관계와 계급적 우월감에서 발생한다. 스파르타의 시민과 노예Helots 사이, 식민지의 농장주와 흑인 사이, 군주와 백성 사이, 귀족과 평민roturiers 사이, 남성과 여성 사이의 도덕은 대부분 이러한 계급적 이해관계와 감정의 산물이었다. 그리고 그렇게 형성된 정서는 이번에는 우월한 계급 구성원들 상호 간의 관계 속에서 그들의 도덕적 감정에 반응한다. 반면 종전에 우월했던 어떤 계급이 그 우월성을 상실하거나, 어떤 계급의 우월성이 인기가 없는 경우, 지배적인 도덕적 정서는 종종 그 우월성에 대해 참을 수 없는 혐오감을 나타낸다.

능동적인 행동이든 수동적인 자제든, 법이나 여론에 의해 강요되는 행동 규범을 결정하는 또 하나의 큰 원리는, 세속의 지배자나 신들이 선호하거나 혐오한다고 가정된 것에 인류가 머리를 조아린다는 것이다. 이러한 굴종은 본질적으로 이기적인 것이지만, 위선적인 것은 아니어서 사람들에게 진심이 오롯이 담긴 혐오감을 불러 일으켜 실제로 마법사와 이단자를 불태워 죽이도록 했다.

그렇듯 수많은 저급한 영향 사이에서, 전반적이고도 명백한 사회적 이해관계도 당연히 도덕적인 정서의 방향성을 결정하는 데 공헌을, 그것도 아주 큰 공헌을 했다. 그러나 그러한 공헌은 이성적 차원이나 사회의 이해관계 그 자체에 근거해서 이루어졌다기보다는 오히려 사회의 이해관계로부터 자라난 동감 혹은 반감을 통해 이루어진 경우가 더 많았다. 따라서 사회의 이해관계와는 거의 또는 전혀 무관한 동감과 반감 역시 윤리의 확립에 중대한 영향을 미쳤다.

이처럼 사회의 또는 그 유력한 일부의 선호와 혐오야말로, 법과 여론의 제재를 등에 업은 채 일반인이 준수해야 할 규범을 실제로 결정해 온 중요한 요소다. 그리고 대체로 볼 때, 사상과 감정에 있어서 사회보다 앞서 있던 사람들은 비록 세부적으로는 충돌하기도 했지만, 그런 상황을 원칙적으로 불문에 붙였다. 그들은 사회의 선호나 혐오가 개인에게 일종의 법일 수 있느냐는 문제가 아니라, 도리어 사회가 무엇을 선호하고 혐오해야 하는가를 탐구했다. 그들은 일반적으로 이단자와 함께 자유를 수호하기 위한 공동 전선을 구축하기보다도, 도리어 그들 자신이 이단적일 수 있는 특정 견해에 대한 인류의 감정을 바꿔 보려고 애썼다.

여기저기 흩어진 개인이 아닌 그 무언가에 의해 보다 높은 도덕적 우위를 확보하고 그것을 시종일관 유지해 온 경우는 종교적 믿음이 유일하다. 이는 여러 가지 점에서 교훈적이다. 특히 도덕적 감각이라 불리는 것이 오류를 범하기 쉽다는 점을 가장 뚜렷하게 보여준다는 점에서 그렇다. 독실한 광신도에게 신학적 증오odium theologicum는 도덕적 감정의 가장 명백한 사례이기 때문이다. 보편교회the Universal Church(가톨릭)의 멍에를 처음으로 벗어던진 사람들조차도 대체로 볼 때 종교적 견해 차이를 용인할 생각이 거의 없었다는 점에서는 그 교회 자체와 다를 바 없었다.

그러나 어느 편도 일방적인 승리를 거두지 못한 채 투쟁의 열기가 잦아들고, 각 교회나 종파가 어쩔 수 없이 이미 확보한 지분이나마 소유권을 유지하는 데 만족해야 할 상황이 되자, 소수파는 자신들이 다수파가 될 가능성이 없음을 깨닫고, 그동안 개종을 시키려다 실패한 사람들에게 오히려 종교적 차이를 허용해 달라고 간청할 필요를 느끼게 되었다. 따라서 사회에 대항하는 개인의 권리가 일정한 원칙 아래 폭넓게 주장되었다. 나아가 이단에 대해 권위를 행사해야 한다는 사회의 요구가 공공연히 논박당한 사례는 아마도 이 종교적 싸움터가 유일할 것이다. 오늘날 세계가 누리는 종교적 자유에 기여한 위대한 저술가들은 대부분 양심의 자유가 불가침의 권리라고 주장했고, 한 인간이 자신의 종교적 신앙 때문에 타인에게 책임지는 것을 단호히 거부해 왔다.

하지만 인간이란 그들이 정말 관심을 갖는 문제에는 관용의 태도를 보이지 않는 것이 지극히 당연하기 때문에 종교적 자유가 실제로 실현된 곳은 거의 없었다. 혹시 있었다고 해도 그것은 신학적 논쟁으로 종교적 평화가 깨지는 사태를 원치 않는, 종교적 무관심이 지배하는 경우에 한정되었다. 심지어 가장 관용적인 나라에서도 거의 모든 신자들의 마음속에서 관용의 의무는 암묵적인 유보하에서 인정된다.

혹자는 교회 통치체제에 대한 이견은 참을 수 있지만, 교리에 대해서는 이견을 용인하지 않을 것이다. 교황절대주의자Papist나 유니테리언Unitarian[8]을 제외한 모든 사람들에 대해 관용할 수 있는

---

8) 삼위일체(三位一體) 교리를 거부하고 예수 그리스도의 신성(神性)을 부인하는 기독교 교파. 오직 하느님 한 분만 신이라고 하여 유일신론(Unitheolism)을 주장하는 신교의 일파.

신도도 있을 수 있다. 또 어떤 사람은 계시 종교Revealed Religion[9]
에 대해서는 관용할 수 있다. 또 일부는 자비의 범위를 조금 더 넓
히기도 하지만, 하느님과 내세에 대한 믿음에서 멈춘다. 다수파의
정서가 여전히 진지하고 강렬한 곳에서는 어디에서나, 그 정서에
복종해야 한다는 요구가 조금도 잦아들지 않고 있다.

영국에서는 정치사의 특수한 사정으로 인해 여론의 구속력이
유럽의 다른 나라보다 훨씬 크지만, 법의 구속력은 오히려 덜하다.
따라서 영국에서는 입법과 행정을 통해 개인의 행동에 직접 간섭
하는 데 대한 경계심이 상당하다. 하지만 이러한 경계심은 개인의
독립성을 마땅히 존중한 탓이 아니라, 여전히 국가가 인민과는 반
대되는 이해관계를 대변한다고 보는 고정관념이 잔존하는 탓이다.
다수파는 여전히 국가의 권력을 자신의 권력으로 느끼지 못하며,
국가의 의견을 그들 자신의 의견으로 느끼지 못한다. 그때 개인의
자유는 여론의 침해를 받는 만큼이나 국가 권력의 침해를 더욱더
받게 될 것이다.

그러나 종래 법으로 규제하도록 되어 있지 않은 사항에 대해 새
삼스럽게 법으로 개인을 규제하려고 하면, 그것에 대해 언제나 반
항하려는 태도를 취하려는 감정이 아직도 상당히 남아 있다. 더욱

9) 인간의 자의지(自意志)나 깨달음을 통해 구원의 경지에 이르는 종교가 아니라 오직 신(神)의
   계시에 의해 태동되고 신의 계시를 통해서만 구원의 도리를 확인하는 종교.

이 특정 사안에 대한 법적 통제가 정당한 것인지의 여부와는 상관없이 무차별적으로 반항을 일삼는 경향이 있다. 이러한 감정은 전체적으로 보면 매우 유익함에도 불구하고, 그것이 개별 경우에 적용될 때는 나름 충분한 근거를 갖는 경우도 있지만 대단히 부적절한 경우도 많다.

사실 정부의 간섭이 정당한지 여부를 관례적으로 판단할 수 있는 공인된 원리는 없다. 사람들은 그들의 개인적인 취향에 따라 판단한다. 어떤 사람들은 성취해야 할 선善이 있거나 교정해야 할 악이 있다고 생각하는 경우, 언제나 정부가 나서서 그 일을 처리하라고 다그친다. 반면 어떤 사람들은 인간사 중에서 정부의 통제를 받아야 하는 부분에 또 한 가지를 추가하느니 차라리 사회적 악을 어느 정도 인내하는 편이 낫다고 생각한다.

따라서 사람들은 어떤 특정 상황에서, 자신의 감정이 대체로 지시하는 방향으로, 또는 정부의 임무라고 생각되는 사항에 대해서는 그들이 느끼는 이익의 정도에 따라, 또 정부가 그들이 원하는 방식으로 그것을 할지의 여부에 대한 자신들의 믿음에 따라 그 중 어느 하나를 택하게 된다.

하지만 정부가 나서기에 적절한 일이 무엇인지에 대해 초지일관 품어 온 나름의 견해가 있어 그 견해에 따라 어떤 선택을 하는 경우는 거의 없다. 이처럼 어떤 규칙이나 원칙이 없는 현재로서는 어느 쪽 생각도 잘못된 것일 수 있다. 즉 거의 같은 빈도로 국가의 간섭을 부당하게 요청하기도 하고 그 간섭에 부당하게 비난을 퍼붓기도 하는 것으로 보인다.

이 책의 목적은, 법적 형벌이라는 형태의 물리력이든 여론을 통한 도덕적 강제든 간에 사회가 강제와 통제라는 수단을 동원해 개인을 다루는 태도에 절대적으로 작용하는 지극히 단순한 원리를 주장하는 데 있다. 그 원리란 인간이 개인적으로나 집단적으로 어떤 사람의 자유에 간섭하는 것을 보장받는 유일한 근거는 자위自衛, Self—protection(자기보호, 정당방위)라는 것이다. 문명사회의 어느 구성원에 대해 그의 의사에 반해 권력을 행사하는 데 그 정당성을 획득할 수 있는 유일한 경우란 타인에 대한 피해를 방지하려는 목적에서 권력이 행사되는 경우뿐이다.

그 자신의 행복이란 그것이 물질적인 것이든 정신적인 것이든, 정당화의 충분한 근거가 되지 못한다. 그렇게 하는 것이 자신에게 좋다든가, 그렇게 하는 것이 자신을 더 행복하게 할 것이라든가, 그렇게 하는 것이 남들 보기에 현명하다거나 심지어 옳다는 이유로, 어떤 사람에게 그렇게 하도록, 또는 그렇게 하지 말도록 강제한다는 것은 정당화될 수 없다. 그러한 것들은 그 사람에게 충고하고 이해시키며 설득하고 부탁을 하는 데는 충분한 이유가 되지만, 그를 강제하거나 그가 이와 다르게 행동하는 경우 그에게 위해를 가할 이유가 되지는 못한다.

그것이 정당화되려면 하지 말라는 행동이 타인에게 해를 끼치게 됨을 명백하게 밝혀야 한다. 개인의 행동 중에 사회의 제재를 받아야 할 유일한 경우는 그것이 타인과 관련되는 경우뿐이다. 반대로 오로지 자신만 관련된 경우 개인의 독립성은 당연한 것이고 절대적인 것이다. 자신에 대해, 즉 자신의 신체와 정신에 대해 각자는 주권자다.

이러한 이론이 능력이 성숙한 사람에게만 적용되어야 한다는 점은 두말할 필요가 없다. 우리는 어린아이나 법적인 미성년자에 대해 말하고 있는 것이 아니다. 아직도 타인의 감독을 받아야 할 상태에 있는 사람들은, 외부로부터 침해를 받지 않도록 보호되어야 할 뿐 아니라 그들 자신의 행동에 대해서도 보호받아야 한다. 같은 이유에서 인종 자체가 아직 미성년 단계에 있다고 볼 수 있는 미개 상태의 사회의 경우 이 이론의 적용 대상에서 제외해도 무방하다.[10] 자연적인 진보에서 초기에 겪는 어려움은 매우 크기 때문에, 그 극복 수단에서는 선택의 여지가 있을 수 없다. 따라서 자신들이 처한 상황을 개선하고자 하는 정신에 충만한 통치자라면 달리 취할 수단이 없을 경우 목적 달성을 위해 그 무슨 수단을 동원해도 상관없을 것이다. 야만인을 다스리는 데 전제정치를 취한다 해도, 그 목적이 야만인의 개량에 있고, 동원하는 수단이 목적을 실

---

10) 이는 제국주의 논리라고 할 수 있는데, 밀은 『경제학원리』와 『대의국가론』에서도 식민지 지배를 용납했다.

현하는 데 정당하다면 그것은 합법적인 통치 형태이다.

자유롭고 평등한 토론에 의해 개량될 수 있는 능력을 갖게 된 시대 이전의 상태에는 원칙적으로 자유가 적용되지 않는다. 그러한 시대에 이르는 과정에서 요행히 아크바르Akbar[11]나 샤를마뉴 Charlemagne[12]와 같은 사람을 만난다면 그들에게 전적으로 복종하는 길 외에 다른 도리가 없다. 그러나 인류가 신념이나 타인에 대한 설득을 통해 자신을 개량할 능력을 확보하는 순간(우리가 여기서 다루는 모든 국민은 이미 오래전에 그러한 시대에 도달했다), 강제라는 것은, 직접적인 형태든 불복종에 대해 고통과 형벌을 가하는 방식이든, 인류에게 행복을 가져다주는 수단으로서는 더는 용납될 수 없게 되었다. 그것은 다만 타인의 안전을 보장하기 위해서만 정당화될 뿐이다.

추상적인 정의right를 공리utility, 公利[13]와는 별개의 것으로서 보는 관념[14]을 이 논의에 끌어들이면 여러 모로 도움이 되겠지만 여기서는 그 개념의 도움을 받지 않으려 한다. 나는 공리를 모든 윤

---

11) Akbar: 1542~1605, 인도 무굴 제국의 왕.

12) Charlemagne: 742~814, 신성로마제국 초대 황제.

13) 공리(utility)란 보통 효용이나 유용을 뜻하며, 그 효용을 모든 가치 척도로 삼는 것을 공리주의(utilitarianism)라고 한다.

14) 이러한 관념은 당시 공리주의에 반대한 선험주의자나 자연주의자들의 주장이다. 이들은 정의가 공리와 별개의 것이며, 사물의 본성에 따라 인간에게 선험적으로 주어진 것으로 보는 정의의 절대성을 주장했다.

리 문제의 궁극적인 판단 근거로 보지만, 그 공리란 진보적인 존재인 인간의 항구적 이익에 근거를 두는 가장 넓은 의미의 공리여야 한다. 나는 그러한 이익은 각자의 행동 중 타인의 이익과 관련되는 부분에 한해서만 개인의 자발성을 외부 통제에 복속시키는 것을 정당화한다고 주장한다.

만일 누군가가 타인에게 해가 되는 행동을 하는 경우, 법이나 법적 처벌이 확실하게 적용될 수 없다면 일반의 비난에 의해 그를 응징해야 한다는 것은 일단 진리인 것으로 보인다. 또한 타인에게 이익이 되므로 누구에게나 강요해도 정당성을 획득하는 그런 적극적인 행동들도 많다. 가령 법정에서 증언하는 경우, 자신을 보호해주는 사회의 이익을 위해 필요한 국방이나 여러 가지 공동 사업에 참여하여 응분의 의무를 분담하는 경우, 같은 인간의 생명을 구한다거나 무방비 상태의 약자를 학대로부터 보호하기 위해 개입하는 자선 행동의 경우 등이 거기에 해당된다. 이런 행동들은, 한 인간으로서 명백히 실천해야 할 의무임에도 그가 그것을 실행하지 않는다면 당연히 그것에 대한 사회적 책임을 져야 하는 그런 행동들이다.

사람은 무언가 행동함으로써 타인에게 해를 끼칠 수도 있지만, 행동하지 않음으로써 해를 끼칠 수도 있다. 둘 중 어느 경우라도 그는 당연히 피해를 입은 타인에게 책임을 져야 한다. 하지만 강제를 행사할 때 후자(행동하지 않음)의 경우에는 전자(행동함)의 경우보다 더욱 신중해야 한다. 타인에게 해를 끼치는 사람에게 책임을 지우는 것이 원칙이라면, 가해를 막지 못한 데 대해 그에게 책임을 묻는 것은 상대적으로 예외에 속한다. 하지만 그 예외를 정당화하기에 충분할 만큼 명백하고도 중대한 사례들은 많다. 개인은 자신의 외부와 맺는 모든 관계에서 이해관계의 당사자에 대해 법적 책임을 져야 하고, 필요하다면 그들의 보호자 격인 사회에 대해서도 법적 책임을 져야 한다.

가끔은 그에게 책임을 묻지 않아도 될 정당한 사유가 있을 수 있다. 하지만 그러한 사유는 책임을 묻지 않는 편이 더 나을 수 있다는, 그 경우만의 특수한 편의성으로부터 생겨난 것이어야만 한다. 즉 사회가 어떤 식으로든 나서서 개인을 통제하는 쪽보다 그 스스로 분별해 가며 행동하도록 내버려둘 때 대체로 그가 더 나은 행동을 할 가능성이 높은 경우이거나, 또는 통제를 시도하면 그 통제가 예방할 수 있는 해악보다 더 큰 해악을 낳을 가능성이 있을 경우이다.

이러한 이유로 책임을 묻지 못하는 경우 행동의 주체가 되는 사람의 양심이 사회를 대신해서 심판의 주인공이 되어야 한다. 그리고 이 경우에는 타인에 대한 판단에 스스로 책임을 물을 수 없기 때문에 그만큼 더 엄격하게 자신을 심판하여 아무런 외적 보호도 받지 못하는 타인의 이익을 보호해 주어야 한다.

그러나 개인과 구별되는 사회가 오로지 간접적인 이해관계밖에 갖지 않는 행동 영역이 있다. 개인의 생활과 행동 중에서 오로지 그 사람 자신에게만 영향을 미치는 모든 부분이 이 영역에 포함되고, 또 타인에게 영향을 미치는 경우라 하더라도, 모든 것이 투명한 상태에서 그들의 자유롭고 자발적인 동의와 참여가 전제 조건으로 충족된다면 이 영역에 포함될 수 있다.

내가 위에서 '그 사람 자신에게만'이라고 한 것은 그것이 '직접적'이고 '무엇보다도 먼저'라는 의미이다. 자신에게 영향을 미치는 것은 모두 자신을 통해서 타인에게 영향을 미칠 수 있기 때문이다. 이러한 우발적인 영향 때문에 제기될 수도 있는 반대 의견에 대해서는 뒤에서 고찰하도록 한다.

어쨌든 그렇다면 이것이야말로 인간 자유의 고유 영역이다. 그것은 첫째, 의식의 내면적 영역을 포함한다. 즉 가장 넓은 의미의 양심의 자유를 요구한다. 거기엔 사상과 감정의 자유, 그리고 실제적인 주제든 아니면 생각으로만 존재하는 주제든 과학·도덕·종교상의 모든 문제에 관한 의견과 감정의 절대적 자유가 포함된다. 자신의 의견을 표명하고 출판할 자유는, 그것이 개인의 행동 중 타인과 관련되는 부분에 속하기 때문에 다른 원리에 의해 지배되는 것처럼 보일지도 모른다. 하지만 그것은 사상의 자유 그 자체에 버금가는 중요성을 지니고 있을 뿐만 아니라, 대체로 동일한 근거에 기초하기 때문에 실제로 사상의 자유와 분리될 수 없다.

둘째, 이 원리는 취향과 추구의 자유를 요구한다. 즉 우리의 삶을 우리 자신의 성격에 맞도록 계획할 자유, 그 결과를 감수하면서 우리가 하고 싶은 대로 행동할 자유, 비록 타인들이 우리의 행동을 어리석고 어딘가 비뚤어져 있고 그릇되었다고 생각한다고 해도 우리가 그들에게 해를 끼치지 않는 한 그들에게 방해받지 않을 자유를 요구한다.

셋째, 역시 동일한 한계 내에서이지만, 각 개인의 이러한 자유로부터 개인들 간에 결합할 자유가 뒤따른다. 그것은 타인에게 해를 끼치지 않는 어떤 목적을 위해서 단결할 자유이다. 물론 여기에서 결합하는 개인들은 강요당하거나 기만당하지 않은 성인들이다.

이러한 자유가 전반적으로 존중되지 않는 사회는 그 통치 형태와 무관하게 자유롭다고 할 수 없다. 그리고 그 자유가 절대적이고 무조건적으로 존재하지 않는 곳에서는 완전한 자유가 있다고 할 수 없다. 자유라는 이름으로 불릴 자격이 있는 유일한 자유는 우리가 타인에게서 이익을 빼앗으려 하지 않거나 그들의 이익 추구 노력을 방해하지 않는다는 조건 하에서 우리가 스스로의 방식에 따라 이익을 추구하는 자유다. 각자는 육체의 건강이든 정신의 건강이든 영혼의 건강이든 자신의 건강을 지키는 본연의 보호자다. 인류는 타인에게 이익이 되는 듯 보이는 삶을 살도록 각 개인을 강요하는 것보다는 각자가 자신에게 이익이 되는 듯 보이는 삶을 살도록 서로를 용인함으로써 더 많은 것을 얻을 수 있다.

이러한 학설은 전혀 새로운 게 아니어서 경우에 따라서는 진부하게 보일 수도 있지만, 기존의 견해와 관행의 일반적인 경향에 대해 이처럼 정반대의 입장을 취한 학설은 찾아볼 수 없다. 사회는 나름의 관점에 따라서 사회의 우월성이라는 개념 못지않게 개인의 우월성이라는 개념을 사람들이 받아들이도록 강제하는 데 많은 노력을 쏟아 왔다.

고대에는 국가가 구성원 각자의 육체적·정신적 훈련 전반에 깊은 관심을 갖고 있기 때문에 공권력이 모든 개인적 행동을 통제하는 권한을 갖는다고 생각했고, 고대 철학자들(대표적인 인물이 플라톤)도 이를 지지했다. 이러한 사고방식은 강력한 적국에 둘러싸인 채 외부의 공격이나 내부 폭동에 전복될 위험이 상존하는, 따라서 잠시라도 국가의 활력이 가라앉거나 자제력이 느슨해지면 너무도 쉽사리 치명적인 결과를 안게 되기 때문에 자유가 가져다주는 유익한 항구적 효과를 느긋이 기다릴 여유가 없는, 작은 공화국(그리스의 도시국가)이라면 받아들일 만한 것이었다.

하지만 근대 세계에서는 정치적 공동체의 규모가 더욱 커진 데다 무엇보다도 영적 권위와 세속의 권위가 분리되었다. 그래서 결국 인간의 양심을 통솔하는 역할이 인간의 세속사를 관리하던 자의 손에서 다른 사람들에게 넘어감으로써 개인 생활의 세부적인 부분까지 법이 지나치게 간섭하는 일은 사라졌다. 하지만 도덕적 억압의 기구는 사회적 문제보다는 개인의 자존과 관련된 문제에서 그 사회의 지배적 여론을 거역하지 못하도록 더욱 엄청난 통제를 가해 왔다. 도덕적 감정의 형성에 관여하는 요소 중에서도 가장 강력한 실체라 할 수 있는 종교를 거의 언제나 지배해 온 것, 인간 행동의 모든 부문을 통제하려는 교권 계급(가톨릭)의 야심 아니면 청교도주의 정신이었기 때문이다.

따라서 과거의 종교들에 대해 가장 강경하게 반대했던 근대 종교개혁가들 중 일부는 영적 지배의 권리를 주장하는 데 결코 기성 종교나 종파 못지않았다. 그런 측면은 콩트[15]에게서 특히 두드러진다. 그가 주장하는 사회 체제는 그의 저서 『실증 정치 체계Traité de politique positive(1851~1854)』에서 언급되고 있듯이, 개인에 대한 사회의 전제주의를 수립(법적 수단보다는 도덕적인 수단을 동원하는 것이기는 하지만)하는 것을 목적으로 삼았다. 그 전제주의는 고대 철학자 가운데서도 엄격하기로 손꼽히는 규율주의자들의 정치적 이상 속에 그려진 전제주의를 능가하는 것이었다.

이러한 개별 사상가들의 특이한 경향성을 제외한다고 해도, 이 세계에서는 전반적으로 여론의 힘, 심지어는 법의 힘을 빌려 개인에 대한 사회의 권력을 부당하게 신장시키려는 경향이 증대하고 있다. 더욱이 세계에서 일어나는 모든 변화가 사회를 강화하고 개인의 힘을 약화시키려는 경향성을 갖고 있는 이상, 개인에 대한 침해는 자동적으로 소멸될 해악의 하나가 아니라, 반대로 더욱 더 가공

---

15) Auguste Comte; 1789~1857, 프랑스의 철학자이자 사회학자. 밀은 콩트에게도 영향을 받았다.

할 만한 것으로 성장할 해악 가운데 하나다.

인류에게는 지배자로서든 동포 시민으로서든, 자신의 의견이나 성향을 행동의 준칙으로 타인에게 강요하려는 경향이 있다. 이는 인간의 본성에 수반되는 최선의 감정 일부와 최악의 감정 일부에 의해 매우 강력하게 지지되고 있어서 권력의 폐지 외에는 그 어떤 것으로도 억제될 수 없다. 그런데 권력이란 게 쇠퇴하기는커녕 도리어 점점 더 힘을 얻어 가는 상황에서 그 폐해에 맞서서 도덕적 신념이라는 강력한 장벽을 구축할 수 없는 한, 우리는 권력의 폐단이 앞으로도 증대하리라고 예상하지 않을 수 없다.

여기서 바로 일반론으로 들어가기보다 우선, 비록 충분하지는 않다고 해도 어느 정도는 기존의 견해들에 의해 인정받고 있는 부문에 한정해 고찰하는 것이 우리의 논의를 전개하는 데 편리할 것이다. 여기서 말하는 그 부문이란 사상의 자유다. 그리고 말하고 쓰는 자유 역시 사상의 자유와 같은 뿌리를 두고 있는 까닭에 따로 분리해 생각할 수 없다.

이러한 자유는 종교적 관용과 자유로운 제도를 갖추었다고 공언하는 모든 나라에서 상당한 정도로 정치 도덕의 일부를 형성하고 있다. 그럼에도 불구하고 그 자유가 자리 잡고 있는 철학적, 실천적 근거는 일반인들에게는 그다지 익숙지 않은 것이며 이른바 여론 주도층의 많은 사람들조차도 예상 밖으로 그것을 제대로 이해하지 못하고 있다. 사실 그러한 근거들은 제대로 이해만 된다면 그 주제의 한 부문을 넘어서 훨씬 더 폭넓게 적용될 수 있을 것이다.

따라서 문제의 이 부분에 대한 철저한 고찰은 나머지 부문에 대한 가장 좋은 길잡이가 될 것이다. 이제 나는 지난 300년의 세월 동안 자주 논의되어 온 이 하나의 주제에 감히 한 가지 논의를 더 하고자 한다. 내가 지금부터 말하고자 하는 것들이 새로울 게 전혀 없다고 생각하는 사람들에게는 양해를 구하고 싶다.

제 2 장

사상과 토론의 자유에 대하여

지금은 이미, 부패하거나 압제적인 정부가 들어서지 못하도록 사전에 예방하기 위한 장치로써 "출판과 언론의 자유"를 애써 주장하고 옹호할 필요가 없는 시대인지 모른다. 또 인민의 이해관계와 상반되는 입법부나 행정부가 인민의 여론을 특정 방향으로 유도하고 인민에게 특정 이론이나 주장만을 듣도록 강제하는 시대도 아니어서 그에 대항하는 논조를 펼 필요조차 없다고 가정해도 될지 모른다.

더욱이 이는 그동안 여러 저술가들이 앞다투어 강조해 온 문제라서 여기서 그것을 특별히 주장할 필요도 없을 듯하다. 영국의 법은 언론·출판 문제에 대해 지금까지도 튜더 왕조[16] 때와 마찬가지로 자주적이지 못하지만, 내란이 일어날지도 모른다는 공포로 인해 장관이나 법관들이 적절한 판단력을 잃는 일시적 공황의 시기가 아니라면 법이 정치적 토론을 억압하기 위해 실제로 집행될 위험은 거의 없다.[17]

---

16) the Tudors: 영국에서 1485년부터 1603년까지 지배한 절대주의 왕조.

일반적으로 말해, 입헌 국가에서 정부가 인민에 대해 완전히 책임을 지든 그렇지 않든, 의견의 표현을 통제하려 할 우려는 없다. 예외가 있다면 인민 전체가 어떤 편협성에 사로잡혀 있는 상황에서 국가가 그 편협성을 대변하기 위해 의견 표현을 통제하는 경우다.

따라서 국가는 인민과 완전히 일체가 되어 있다는 가정과 함께, 스스로 인민의 소리라 여기는 것에 근거해서만 강제 권력을 행사할 것이라는 가정을 해보자. 물론 나는 그러한 강제를 행사할 권리가 인민에게 있다고는 생각하지 않는다. 그것이 인민에 의해 행해지든, 인민의 국가에 의해 행해지든 마찬가지이다. 이는 그러한 강

---

17) [원주 1] 내가 이 글을 쓰자마자 마치 강력하게 반박이라도 하듯이 1858년 '국가의 언론고발 (Government Press Prosecution)' 사건이 터졌다. 이렇듯 공적 토론의 자유에 대한 불법적 간섭이 있었지만, 나는 이 구절의 한 글자도 고칠 필요를 느끼지 않는다. 또한 공황의 경우를 제외하면, 이로 인해 정치적 토론에 대한 고통과 형벌의 시대는 영국에서는 이미 지나갔다는 확신도 전혀 약화되지 않는다. 첫째, 그러한 고발은 철저하게 행해지지 않았고, 둘째, 정확히 말해서 그것은 정치적 고발이 아니었기 때문이다. 고발된 범죄는 제도를 비판하거나 통치자의 행동이나 인물을 공격한 것이 아니라 부도덕한 논설로 간주된 것, 즉 압제자 살해의 합법성을 유포한 것이었다.

제2장의 논의가 어느 정도 타당하다면, 어떤 논설이 부도덕하다고 간주된다고 해도 그것은 윤리적 확신의 문제이며, 그 논설을 발표하고 토론하는 완전한 자유가 존재해야 한다. 따라서 압제자 살해에 관한 논설을 부도덕하게 간주하는 것이 옳은지 여부를 여기서 검토하는 것은 부적절하고 또 필요하지도 않다. 단지 나는 다음과 같이 말하는 것에 그치려고 한다. 즉 이 문제는 종래 도덕상의 미해결 문제 중 하나였고, 스스로 법을 초월하여 법에 의한 형벌이나 통제를 받지 않는 범죄자를 보통시민이 타도하는 행위는 국민 전체에게도, 가장 선하고 어진 사람들에게도, 범죄가 아니라 숭고한 덕행으로 간주되어 왔으며, 그것이 옳건 그르건 암살의 성격이 아니라 내란에 속한다는 것이다.

따라서 압제자의 살해를 교사하는 것은 특정한 경우 정당한 처벌의 대상이 될 수 있다. 하지만 그것은 명백한 행동이 뒤따라야 하고, 적어도 그 행동과 교사 사이에 개연적 관계가 있다고 확인되는 경우라야 한다. 심지어 그런 경우라 할지라도 국가가 자신의 존재를 부인하려고 행해진 공격에 대해 자위권을 행사해 합법적으로 처벌할 수 있는 것은 오로지 공격을 당한 국가뿐이지, 그 밖의 국가일 수는 없다고 생각한다.

제 권력 자체가 불법이기 때문이다. 따라서 가장 선량한 국가라고 해도, 가장 불량한 국가와 마찬가지로 그러한 강제 권력을 행사할 권리를 갖지 못한다.

나아가 그러한 강제 권력이 비록 여론을 등에 업고 행사된다고 해도, 그것이 여론을 거슬러 행사되는 경우와 마찬가지로, 아니 때로는 그 이상으로 해롭다. 설령 단 한 사람을 제외한 모든 인류가 동일한 의견이고, 그 한 사람만이 반대 의견을 갖고 있다 해도, 인류에게는 그 한 사람에게 침묵을 강요할 권리가 없다. 이는 그 한 사람이 권력을 장악했을 때, 전 인류를 침묵시킬 권리가 없는 것과 마찬가지다.

하나의 의견이 그 의견을 갖는 자 외에게는 무가치한 것이라면, 또 그러한 의견을 갖지 못하게 하는 것이 오직 개인적인 피해에 그친다는 경우라면, 피해의 대상이 소수인지 다수인지의 여부는 얼마간 고려의 대상이 될지 모른다. 하지만 어떤 의견의 표현을 침묵시키는 데 따른 특별한 해악은 그것이 곧 전 인류의 권리를 강탈하는 것에 다름 아니라는 점이다. 즉 기성세대와 마찬가지로 미래 세대, 또 그러한 의견에 찬성하는 사람들은 물론 그것에 반대하는 사람들의 권리까지 강탈한다는 것이다. 만일 그 의견이 옳다고 하면, 인류는 오류를 진리로 바꿀 기회를 빼앗기는 셈이 된다. 반대로 그 의견이 그르다고 해도 인류는 마찬가지로 엄청난 이익, 즉 진리가 오류와 충돌함으로써 생기는 진리에 대한 더욱 명확한 이해와 더욱 생생한 인상을 얻지 못하게 된다.

위의 두 가지 가설은 그 각각에 상응하는 상이한 논의의 영역을 가지므로 하나씩 나누어 고찰할 필요가 있다. 우리는 우리가 짓밟아 버리려는 의견이 그릇된 것이라고 결코 확신할 수 없다. 혹시 그렇게 확신한다고 해도 그 의견을 억누르는 것은 역시 나쁜 일이다.

첫째, 권위를 동원해 억압하려는 의견이 진리일 수도 있다. 그 의견을 억압하려는 자들은 물론 그 의견이 진리임을 부정하겠지만, 그들에게도 오류가 전혀 없는 것은 아니다. 그들은 전 인류를 대신해 문제가 된 견해의 진리 여부를 결정할 권한을 갖고 있지 않다. 따라서 다른 모든 사람에게서 판단에 필요한 수단을 박탈할 권한을 갖고 있지 않다.

어떤 의견이 틀렸다고 확신한다며 그 의견을 들으려 하지 않는다면, 그것은 곧 그들이 믿는 확실성이 절대적인 것이라고 가정하는 것에 다름 아니다. 토론을 침묵시키는 것은 어떤 경우에든 절대로 오류가 없다고 가정하는 것이다. 토론을 침묵시키는 일을 비판하는 데는 이렇듯 평범한 논거를 드는 것만으로도 충분할지 모른다. 논거가 평범하다고 해서 달라질 것은 없다.

인류의 분별력이라는 측면에서 본다면 불행한 일이지만, 인간이 오류를 범하기 쉽다는 점은 이론상으로는 언제나 중요시되면서도, 실제 판단에서는 전혀 그 중요성을 인정받지 못한다. 왜냐하면 누구나 자신이 오류를 범하기 쉽다는 것을 알면서도, 그 점에 미리

주의할 필요가 있다고 생각하는 사람은 거의 없고, 자신이 굳게 믿는 의견이 그러한 오류의 하나일 수 있다고 가정하는 사람도 거의 없기 때문이다.

절대 군주, 또는 평소 남으로부터 무제한적으로 존경받는 데 익숙한 사람들은 거의 모든 문제에서 자신의 의견에 이렇듯 완전한 확신을 느끼는 것이 보통이다. 종종 자신의 의견이 논의되는 것을 듣고, 자기 의견이 틀렸을 경우 종종 수정을 받기도 하는 사람들은 그나마 행복한 입장이지만, 그들 역시도 자기를 둘러싼 사람들이나 평소에 별 생각 없이 의지해 온 사람들 모두와 공유하는 자기 의견에는 마찬가지로 무제한적인 확신을 갖는다. 왜냐하면 인간은 자신의 독자적인 판단에 자신감을 잃으면 그럴수록 '세계' 전반의 무오류성에 맹목적인 신뢰감을 갖고 의지하려는 것이 보통이기 때문이다. 하지만 각 개인에게 '세계'란 스스로 접촉하는 일부 세상, 즉 그의 정당, 그의 종파, 그의 교회, 그의 사회적 계급을 뜻한다.

그 '세계'를 자신의 나라나 시대와 같이 좀 더 포괄적인 의미를 지니는 것으로 받아들이는 사람이라면 그는 상대적으로 훨씬 관대하고 도량이 넓은 사람이라 할 수 있으리라. 그러나 이 '세계'라는 집단적 권위에 대한 개인의 신뢰는, 다른 시대, 다른 나라, 다른 종파, 다른 교회, 다른 계급, 다른 당파가 자신과는 전혀 다른 생각을 해 왔고 지금도 그렇다는 것을 알게 되어도 전혀 흔들리지 않는다. 그는 의견을 달리하는 다른 사람들의 '세계'에 맞서 자기를 옳다고 내세우는 책임을 그 자신의 '세계'에 맡겨 버린다.

그리고 이 수많은 '세계' 중에서 어느 '세계'를 자신의 신뢰의 대상으로 결정짓는 요인이 참으로 단순한 우연에 불과하다는 것, 따라서 그를 런던의 영국 국교도로 만드는 원인이 동일하게 작동해서 그를 베이징의 불교도나 유교도로 만들었을지도 모른다는 것은, 그에게는 조금도 신경 쓸 일이 아니다. 그러나 시대라는 것도 개인과 마찬가지로 오류를 갖는다는 점은 조금만 논의해도 밝힐 수 있을 정도로 자명하다. 즉 어느 시대든 뒤따라오는 여러 시대의 입장에서 볼 때 그릇되었을 뿐 아니라 터무니없기도 한 많은 의견들을 갖고 있다. 따라서 종래 일반적이었던 많은 의견이 오늘의 시대에는 배척된다는 것이 확실하듯이, 오늘의 일반적 의견도 미래에는 배척받게 될 게 분명하다.

이러한 논의에 대해 반대론이 제기된다면 대체로 다음과 같은 형태일 것이다. 공권력이 자신의 판단과 책임 아래 행하는 다른 일과 비교할 때, 오류의 전파를 금지하는 행위가 무오류성을 더 많이 상정하고 있다고 할 수는 없다. 인간에게 판단력이 부여되어 있는 것은 인간이 그것을 사용하도록 하기 위해서다. 판단력이 잘못 사용될 수 있다고 해서 그것을 절대 사용해서는 안 되는 것일까? 사람들이 유해하다고 생각하는 것을 금지하는 것은, 그럴 경우 오류에서 벗어날 수 있다고 생각해서가 아니라, 비록 오류를 범한다고 해도 그들의 양심적 신념에 따라 행동할 그들에게 부과된 의무를 이행하기 위해서이다.

우리 의견이 잘못된 것일지 모른다고 해서 그 의견에 따라 행동하지 않는다면 우리의 모든 이익은 보호받지 못하게 되고, 우리에게 부과된 의무도 전혀 이행되지 못한 채 방치되는 사태가 벌어진다. 모든 행동에 적용되는 반대의 근거는 어떤 특정한 행위에 대한 타당한 반대 근거가 아닐 수도 있다. 되도록 진실에 가까운 의견을 형성해 내는 것, 말하자면 최대한 신중히 의견을 형성해 내는 것, 그리고 스스로 옳다고 확신하지 않는 한 그 의견을 타인에게 강요하지 않는 것이 국가와 개인의 의무이다.

그러나 그 의견이 옳다고 확신하면서도(반대론자들은 이런 식으로 말할 것이다), 비교적 미개했던 시대에 박해를 받았던 의견이 지금은 진리로 받아들여지고 있다는 이유를 내세워, 자기 의견에 따라 행동할 것을 회피하고, 진실로 현재나 미래의 인류 복지에 위험하다고 생각하는 이론들을 아무런 규제도 없이 널리 전파되도록 방치하는 행위는 양심적이라 할 수 없는 비겁한 행위이다.

같은 잘못을 되풀이하지 않도록 주의하자고 말할 수는 있다. 따져 보면 국가나 인민은 권력 행사의 적합한 대상으로 인정될 만한 다른 사항에서도 오류를 범해 왔다. 예를 들어 부당한 조세를 부과한다든가, 정당하지 못한 전쟁을 저지르기도 했다. 하지만 그렇다고 조세를 부과해서는 안 되고, 다른 나라가 어떤 도발을 해도 전쟁을 해서는 안 된단 말인가?

인민도 국가도 최대한 능력을 발휘하여 활동해야 한다. 세상에는 절대적인 확실성 같은 것은 없지만, 인간의 삶이 추구하는 목적을 달성하기에 충분할 정도의 확신은 있다. 우리는 자신의 의견이 자신의 행동에 일정한 지침이 될 수 있다고 가정해도 좋고, 당연히 그렇게 가정해야 한다. 우리가 거짓되고 해롭다고 생각하는 의견을 누군가가 널리 알려 사회를 타락시키려 할 때 그 행동에 제동을 거는 일도 사실 이 정도의 가정에 바탕을 두고 있을 뿐이다.

이상의 반대론에 대해 나는 그것이 지나치게 많은 가정을 하고 있다고 답한다. 충분한 논의의 기회가 주어졌음에도 어떤 의견이 논박되지 않아 옳다고 가정하는 것과, 처음부터 그런 논박을 허용하지 않기 위해 어떤 의견이 옳다고 가정하는 것 사이에는 큰 차이가 있다. 우리 의견의 잘못을 논박하고 그 반증을 들 수 있는 완전한 자유야말로, 행동을 목적으로 그 의견이 옳다고 가정하는 것을 정당화하는 조건이다. 이러한 조건을 결여한다면 인간으로서 갖추어야 할 능력을 가진 한 존재가 자신이 옳다는 어떤 합리적인 확신도 가질 수 없다.

인간이 펼쳐 온 견해 혹은 여론의 역사나 인간의 일상적 행동을 살펴볼 때, 엇갈린 두 의견 어느 쪽이나 오로지 그에 합당한 평가를 받고 있음을 알 수 있다. 이는 무엇에서 기인하는 것일까? 그것이 인간의 천부적인 분별력에 의한 것이 아님은 확실하다. 왜냐하면 자명하지 않은 어떤 문제에 대해 그것을 판단할 수 있는 사람이 한 사람이라면, 제대로 판단할 수 없는 사람이 99명이기 때문이다. 게다가 그 백 명 중 한 사람의 판단 능력도 오직 상대적인 것일 뿐이다. 왜냐하면 모든 과거 세대의 뛰어난 인물들도 대부분 지금은 잘못이라고 명백하게 밝혀진 의견을 자기 의견으로 내세웠고, 지금은 아무도 정당하다고 보지 않는 수많은 일을 행하거나 인정했기 때문이다.

그렇다면 인간 사이에서 합리적 의견과 합리적 행동이 대체로 우세한 이유는 무엇인가? 적어도 인간 사회가 지금까지 언제나 절망적이라 할 만한 상황에 빠져 있지 않았다면, 그리고 지금도 그렇다면 그런 일이 당연한 현상일 수도 있을 것이다. 어쨌든 합리적 의견 및 행동이 실제로 우세하다면 그 이유는 무엇일까? 그것은 인간 정신의 한 가지 특성, 즉 지적 또는 도덕적 존재로서 인간을 근원적으로 존경할 만한 존재로 만들어 주는 특성, 말하자면 인간의 오류는 교정될 수 있다는 특성 덕분이다.

인간은 자신의 잘못을 토론과 경험을 통해 고칠 수 있다. 단순히 경험만으로는 그런 수정이 불가능하다. 경험이 어떻게 해석되어야 하는가를 밝히려면 반드시 토론이 필요하다. 잘못된 의견과 관행은 사실과 논증 앞에 점차 무릎을 꿇겠지만, 사실과 논증이 인간 정신에 어떤 영향을 미치려면 먼저 그것이 인간 정신 앞에 제시되어 판단되어야 한다. 어떤 사실이 갖는 의미를 드러내려면 그에 대한 논평이 필요하다. 자신에 내재해 있는 의미를 스스로 풀어낼 수 있는 사실이란 거의 존재하지 않는다.

그렇다면 인간의 모든 판단력과 판단의 가치가, 그 판단이 오류일 경우에는 시정될 수 있다는 특징에 의거하는 이상, 인간의 판단에 대해 신뢰할 수 있는 것은 오직 이를 시정할 방법이 가까이에 항상 갖추어져 있는 경우뿐이다. 어떤 사람의 판단이 참으로 믿을 만하다고 간주되는 경우, 그것을 가능하게 해주는 것은 무엇일까? 그것은 그가 자신의 의견과 행동에 대한 비판에 항상 마음의 문을 열어 놓았기 때문이다. 또 자신에 반대하는 모든 의견에 귀를 기울여, 옳은 부분은 자신의 자양분으로 삼는 동시에 잘못된 부분이 있을 경우 그 이유를 스스로 깨우치고 필요에 따라서는 타인에게 설명해 왔기 때문이다. 또한 인간이 어떤 문제 전반을 이해할 수 있는 유일한 방법은, 그 문제에 대해 다른 의견을 갖는 사람들의 의견을 되도록 많이 듣고, 다양한 개성의 정신들이 그 문제를 바라보는 다양한 방식들을 연구하는 데 있음을 느껴 왔기 때문이다.

아무리 현명한 사람이라도 이러한 방식 이외의 방식으로 지혜를 얻은 적이 없었다. 인간 지성의 성격상 인간은 오로지 이러한 방식을 통해서만 현명해질 수 있다. 자신과 타인의 의견을 대조하여 자신의 의견에 잘못이 있으면 바로잡아 완성하는 지속적인 습관이야말로, 그 의견을 실천할 때 전혀 회의하거나 주저하지 않고 자기 의견에 대해 올바른 신뢰를 갖도록 해주는 유일한 기초다. 왜냐하면

적어도 자신에 대한 반대 의견을 모두 알고 있고, 또 그가 반대나 이견異見을 회피하기는커녕 오히려 앞장서 찾아다녔을 뿐 아니라 제기된 문제에 해결의 열쇠를 제시해 주는 것이라면 무엇이든 기꺼이 그것을 수용해 왔음을 모든 상대가 알고 있는 상황에서 자신의 입장을 꿋꿋이 지켜온 사람이라면, 그와 비슷한 과정을 거친 적이 없는 사람이나 집단의 판단보다도 자신의 판단이 더 옳다고 확신할 권리를 갖기 때문이다.

인류 가운데 가장 현명한 사람들, 즉 자신의 판단을 신뢰할 최고의 자격을 갖춘 사람들이 자신의 판단을 믿을 만한 것으로 보증하기 위해 필요하다고 생각한 것이라면, 소수의 현명한 사람들과 다수의 어리석은 사람들로 잡다하게 구성되는 이른바 공중이라는 집단도 그것을 따라야 한다고 요구하는 것도 결코 무리가 아니다.

교회 중에서 가장 편협한 교회인 로마 가톨릭 교회도 성인을 지명하는 경우 '악마의 대변인Devil's advocate'[18]을 승인하고 그 말에 참을성 있게 귀를 기울인다. 가장 신성한 사람이라고 해도 그에게 가해질 수 있는 악마의 모든 반대론이 청취되고 숙고되기 전에는 추서追敍를 승인받지 못한다는 뜻이 담겨 있는 듯하다. 뉴턴의 철학도 그것에 대한 의문이 허용되지 않았다면 인류는 지금까지도

---

18) Devil's advocate: 가톨릭에서 성인을 지명하는 경우 그 후보자에게 성인의 자격이 없다고 비난하는 역할을 하는 자를 말한다.

그것이 진리임을 완전히 확신할 수 없었을 것이다.

우리가 가장 굳게 믿는 신념도 그것이 근거 없음을 증명해 보라고 끝없이 세상을 향해 요구하는 것 외에 달리 그 신념을 지킬 방도를 갖고 있지 않다. 만일 이러한 도전이 수용되지 않고, 또 수용되었다고 해도 그 시도가 좌절되는 경우, 우리는 여전히 확실성을 확보하지 못한다. 그러나 이 경우에 우리는 현 상태의 인간 이성이 허용하는 한 최선을 다한 것이다. 즉 진리가 우리에게 다가올 수 있는 기회를 제공하는 것이라면 아무것도 무시하지 않은 것이다.

진리의 목록이 계속 열린 장으로 존재하고 더 훌륭한 진리가 존재한다고 할 때, 우리는 인간 정신이 그것을 충분히 받아들일 수 있을 때가 되면 그 진리가 발견될 것이라고 희망할 수 있다. 하지만 그때까지는 우리 시대에 가능한 수준에서 진리에 접근해 왔음을 받아들여야 할지 모른다. 오류를 범할 수 있는 인간이란 존재가 도달할 수 있는 확실성은 여기까지이며, 또한 이것이 확실성에 도달하는 유일한 길이다.

이상하게도 사람들은 자유로운 토론을 옹호하는 주장에 대해서는 그 타당성을 인정하면서도 그 주장이 '극단에 이르는 것'에는 반대한다. 이는 어떤 논거가 극단적인 경우에는 통할 수 없는 것이라면, 그 밖의 다른 경우에도 통할 수 없다는 것을 모르는 탓이다. **의심의 여지가 있는** 모든 문제에 대해 자유로운 토론이 필요하다는 점을 인정한다면 무오류성을 가정하지 않아야 마땅함에도 불구하고 어떤 특수한 주의나 교의에 대해서는 그것이 매우 **확실하다는** 이유에서, 즉 그것이 **확실하다고** 그들이 **확신한다는** 이유에서, 이의 제기를 금지해야 한다고 생각하는 것은 이상한 일이다. 어떤 명제의 확실성에 대해, 만일 허용된다면 그 확실성을 부정하고 싶은데도, 허용되지 않기 때문에 부정하지 못하는 사람도 있다. 그럼에도 우리가 그 명제를 확실하다고 말한다면, 우리 자신과 우리 의견에 찬성하는 사람들을 상대방의 말을 들어보지 않고도 확실성을 판단할 수 있는 존재로 가정하는 것에 다름 아니다.

"믿음을 잃고 의심에 떨고 있는 시대"로 묘사되어 온 현대는, 사람들이 자신의 의견을 진리로 확신한다기보다는 오히려 그 의견이라도 없으면 아무것도 할 수 없을 것이라고 확신하는 시대다. 이런 시대에 하나의 의견을 대중의 공격에서 보호해야 한다는 요구는, 그 의견이 진리인가 아닌가에 의거한다기보다는 오히려 사회에 대해 그 의견이 갖는 중대성에 의거한다. 행복한 삶을 위해 필수불가결하다고 할 수는 없지만 매우 유용하다고는 할 수 있는 어떤 신념을 지지하고 옹호하는 일은, 사회의 여타 이익을 보호하는 것과 마찬가지로 국가의 의무가 되어야 한다고 사람들은 말한다.
따라서 그럴 필요가 있을 경우, 더욱이 그것이 국가의 직접적인 의무에 속한다고 보이는 경우, 국가는 굳이 무오류성을 가정하지 않더라도 인류의 일반적 여론을 등에 업고 자체의 의견에 따라 정당하게 활동할 수 있고, 심지어 그렇게 할 의무를 지고 있다고도 사람들은 말한다. 또한 적어도 악인이 아닌 한 그 누구도 그런 유익한 신념을 약화시키려 하지 않을 것이라고 주장하는 사람들이 종종 있고, 단순히 그렇게 생각하는 사람들은 훨씬 더 많은 게 사실이다. 따라서 악인을 규제하고, 악인이 아닌 이상 결코 행하지 않는 일을 금지하는 데는 아무런 잘못도 없다고 생각한다.

이러한 사고방식의 소유자들은, 토론 금지의 정당성 여부를 그 이론의 진리성이 아닌 유용성에 달린 문제로 변화시키고는 이를 통해 모든 의견에 대해 무오류의 판단자를 표방하고 나서야 하는 책임을 면할 수 있다고 뿌듯해 한다. 하지만 이들은 그렇듯 자기만족에 빠진 채, 무오류라는 가정이 사실은 어떤 한 점에서 다른 점으로 이동했을 뿐이라는 사실을 깨닫지 못하고 있다.

어떤 의견의 유용성 여부는 그 자체가 의견의 문제로서, 의견 그 자체의 경우와 마찬가지로 불확정한 것이고, 토론의 여지가 있으며, 토론이 필요한 문제이다. 어떤 의견을 해롭다는 이유로 배척하려면 먼저 그 의견에게 충분한 자기방어의 기회를 주어야 한다. 그런 기회를 주지 않는 한, 어떤 의견을 오류라고 결정하는 경우와 마찬가지로, 해롭다고 판단할 무오류의 판단자가 필요하게 된다. 그리고 이단자가 자기 의견을 진리라고 주장하는 것은 금지되어도, 그 공리성이나 무해성無害性은 주장할 수 있다고 말하는 것은 아무런 의미도 없다.

어떤 의견이 갖는 진리성은 그 의견이 갖는 공리성의 일부이다. 만일 우리가 어떤 명제에 대해 믿을 만한 가치가 있는지 아닌지를 안다고 해서, 그것이 진실인지 아닌지를 고려하지 않아도 좋은가? 악인이 아니라면, 진정 선한 사람이라면 누구나, 진리에 반하는 어떤 신념도 진실로 유용할 수 없다고 말할 것이다. 따라서 이들 선인이 어떤 의견이 유용하다는 말을 들었지만 스스로 그것이 오류라고 믿는 경우, 그들이 그 의견을 부정했다고 책망을 받을 때, 진리가 아닌 것은 유용할 수 없다며 항변하는 것을 그 누가 막을 수 있을 것인가?

일반적인 통념의 편에 서 있는 사람들은 언제나 그러한 항변을 충분히 활용한다. 그들은 공리성 문제를 진리성 문제로부터 따로 떼어내 다룰 수 있다고 생각하지 않는다. 오히려 반대로 자신들의 이론에 대한 지식이나 신념이 필수불가결한 것은 다름 아닌 그것이 '진리'이기 때문이라고 주장한다.

어떤 결정적 논의가 어느 쪽에서는 가능하고 다른 쪽에서는 가능하지 않다면 유용성 문제에 대한 공정한 토론은 행해질 수 없다. 사실상 법이나 공적 감정이 어떤 의견의 진리에 대해 토론하는 것을 허용하지 않을 때, 그 의견의 유용성을 부인하는 것 역시 대체로 허용하지 않는다. 법이나 공적 감정이 허용할 수 있는 한계는, 그 의견이 꼭 절대적 필연은 아닐 수도 있다거나 혹은 그 의견을 배척할 경우 반드시 명문화해서 처벌하지 않을 수도 있다는 식으로 한걸음 물러서는 정도이다.

　우리 생각에 옳지 않다는 이유로 그 의견에 귀를 기울이지 않는 데서 오는 폐해를 좀 더 충분하게 설명하려면, 논의를 어떤 구체적인 경우에 한정하는 편이 좋을 듯하다. 나는 일부러 나에게 가장 불리한 사례를 택할까 한다. 즉 진리성과 공리성 둘 모두와 관련해서 의견의 자유에 대한 반대론이 가장 강력하다고 생각되는 경우를 택하고자 한다. 그래서 반박되는 의견이 신이나 내세에 대한 신앙이라고 가정해 보자. 또는 세상에서 일반적으로 인정되는 도덕론 가운데 하나라고 해도 무방하다.

　이러한 사례를 두고 논쟁을 한다면 정정당당하지 못한 적에게는 매우 큰 이점이 있다. 왜냐하면 그는 반드시 이렇게 말할 것이기 때문이다. 물론 불공정한 싸움을 원치 않는 사람들 중 상당수도 내심 같은 말을 할지 모른다. 즉 "이것이 법의 보호를 받기에는 뭔가 불확실하다고 그대들이 생각하는 그 이론인가?" 혹은 "어떤 의견에 대해 확신하는 일이 곧 무오류성을 가정하는 것이라고 믿는 당신에게는 신을 믿는다는 것도 결국 그런 의견 가운데 하나인가?"

　그러나 내 생각은 이렇다. 내가 무오류성을 가정한다고 말할 때, 그 말은 어떤 이론이든 그 이론을 확신하는 것을 의미하는 것이 아니라 그 이론에 대해 반대편의 생각을 듣지 못하도록 사람들의 귀를 차단한 채로 **그들을 대신해서** 무오류성을 결정하겠다고 자처한다는 의미이다.

혹시 내가 철두철미 확신하고 있는 어떤 의견에 대해서 누군가 그런 태도를 취한다 해도 그가 비난받고 질책당해야 마땅하다는 내 입장에는 변함이 없을 것이다. 어떤 의견의 오류성뿐만 아니라 그 유해한 결과에 대해 또 그 유해한 결과뿐만 아니라, 내가 아주 싫어하는 표현을 빌리자면, 그 부도덕성과 불경성에 대해 어떤 사람이 설득하는 바가 아무리 확고부동하다고 해도, 또 그의 사적 판단이 그의 나라나 동시대인들의 공적 판단에 의해 지지받고 있다 해도, 그가 오로지 자신의 사적 판단만을 믿고 그 의견을 옹호하는 사람들의 주장을 배척하고 듣지 않는다면, 그는 바로 무오류성을 가정하는 것이 된다.

나아가 그 의견이 부도덕하거나 불경한 것으로 일컬어진다고 해서 그 무오류성이라는 가정의 허구성이나 위험성이 감소하지는 않는다. 오히려 이러한 사례가 그 어떤 경우보다도 무오류성의 가정이 가장 치명적으로 작용하는 사례이다. 어떤 세대 사람들이 후대 사람들의 경악과 공포를 불러일으킬 만큼 무서운 잘못을 저지르는 경우가 바로 이에 해당된다. 역사 속에서 우리는 이렇듯 우리의 뇌리에 남을 만한 숱한 사례를 보아 왔다. 역사적으로 위대한 개인들을 박해하고 고귀한 견해를 뿌리 뽑기 위해 법이라는 무기가 동원된 것도 그 일부라 할 수 있다.

개탄스러운 일이지만 이런 사례에서 주장하는 사람들을 근절하는 데는 대체로 성공하게 된다. 다만 그 학설의 일부는 살아남아, 이번에는 반대로 마치 우롱이나 하듯, **그 학설**에 따르지 않거나 그 학설에 대한 종래의 해석에 따르지 않는 사람들에 대해 유사한 행동이 취해질 때, 그 행동을 변호하는 역할을 맡게 된다.

저 옛날 소크라테스라는 사람이 있었고, 그가 당시의 사법당국 및 여론과 확실한 충돌을 빚었다는 사실을 인류는 깊이 명심해야 한다. 그는 위대한 개인을 많이 배출한 시대와 나라에서 태어났다. 그와 그 시대를 잘 아는 사람이라면 누구나 그를 그 시대에 가장 덕망 있는 인물로 꼽는 데 주저하지 않았다. 따라서 우리는 그를 후세 도덕가들의 스승이자 원형으로 알고 있다. 그는, 윤리학을 비롯한 모든 철학의 두 원천, 이른바 '모든 지식인의 스승'[19]으로 불리는 플라톤과 아리스토텔레스를 낳은 인물로, 사실상 플라톤의 고매한 영감과 아리스토텔레스의 분별력 있는 공리주의는 소크라테스의 가르침에 힘입은 바 크다.

후세를 살다 간 모든 탁월한 사상가들의 공인된 스승인 그는 2천 년이란 세월이 흐른 지금까지도 그 명성에 빛을 더하고 있고 자신의 고향 도시를 그 누구보다도 빛낸 인물로 추앙받고 있지만 그 당

---

19) i mastri di color che sanno: 이것은 단테의 『신곡』 「지옥편」 제4절 13행에 나오는 말이다.

시에는 불경과 부도덕을 이유로 유죄를 선고받고 그 나라 사람들에게 죽임을 당했다. 불경이란 국가가 공인한 신을 부정했다는 것이었다. 실제로 그를 고발한 자들은 그가 결코 신을 믿지 않는다고 주장했다(『소크라테스의 변명』을 보라). 그리고 부도덕이란 그가 이론과 교육을 통해 '젊은이들을 타락시켰다'는 것이다. 사법당국이 그의 이러한 혐의에 대해 나름의 공정한 판단에 따라 유죄를 선고했을 것이라 믿을 만한 근거는 충분하다. 아마도 당시 생존한 모든 사람들 가운데 가장 위대한 사람이었을 그를 범죄인으로 몰아 사형에 처한 행위가 그들에게는 어느 모로 보나 떳떳한 것이었음에 분명하다.

여기서 사법 심문의 다른 예를 들어보자. 이는 1800년도 더 전에 갈보리Calvary[20]에서 일어난 사건으로 소크라테스에 대한 유죄 평결 이후 그에 버금가는 사건으로 거의 유일한 사례라 할 만하다. 그는 그의 삶과 대화를 증언한 사람들의 기억에 도덕적으로 위대하다는 인상을 강렬히 심어줌으로써 그 후 18세기 동안 인격신으로 숭배되었음에도 불구하고 당시 참으로 굴욕적인 죽임을 당했다. 다름 아닌 그가 신을 모독했다는 이유에서였다. 사람들은 자신들의 은인을 단순히 오해한 정도가 아니었다. 사람들은 그를 본모습과는 정반대되는 사람으로 오해하고 그를 불경한 기인으로 취급

---

20) Calvary: 이 말은 라틴어인데, 그리스도가 십자가에 못 박혀 처형된 언덕을 가리킨다. 희랍어로는 골고다Golgotha라고 한다.

했다. 그러나 지금은 그렇게 한 사람들이 그를 그렇게 취급했다는 이유로 불경한 자들로 취급받는다.

오늘날 인류는 이 개탄스런 사건들, 특히 둘 중 후자에 대해 갖는 감정으로 인해, 불운했던 당시 사람들에 대해 지극히 불공정한 판단을 하게 된다. 그들은 어느 모로 보나 악인들이 아니었다. 우리 보통 사람들보다 더 나빴다고 할 수도 없을뿐더러 도리어 그 반대였다. 그들 역시 그 시대가 갖고 있던, 또한 동시대인들이 갖고 있던 종교적·도덕적·애국적 감정을 충분하다는 말로는 모자랄 정도로 갖고 있었다. 그들은 오늘날을 포함해 모든 시대를 통틀어 평생 어떤 비난도 받지 않고 존경을 받으며 살 가능성이 충분한 그런 사람들이었다.

유대의 모든 관념에 비추어 최악의 죄가 될 만한 말을 예수에게서 듣고 자신의 옷을 찢어발겼다는 대제사장[21]은, 오늘날 존경받을 만한 사람들이나 경건한 사람들이 대체로 자신의 종교적·도덕적 감정을 나타낼 때 그러하듯 참으로 진지하게 자신의 공포와 분노를 나타냈음에 틀림없다. 그리고 지금 그의 행동에 전율하는 사람들 대부분도, 만일 그들이 그 시대에 유대인으로 태어나 살았다면 그와 똑같이 행동했을 것이다. 정통파 기독교도들은 최초의 순교자들에게 돌을 던져 죽게 한 사람들이 자기들보다 더 나쁜 사람들이었

---

21) 「마태복음」 26장 65절: 대제사장이 예수에게 "네가 하나님의 아들 그리스도냐?"라고 묻자 예수가 "그렇다"고 답했고 이 말에 대제사장이 자기 옷을 찢었다.

던 게 분명하다고 생각하고 싶겠지만, 성 바울도 그런 박해자 가운데 한 사람이었음을 상기해야 할 것이다.

또 다른 예를 들어보자. 그것은 오류에 빠진 사람이 지혜와 덕성을 갖췄을 때 그 오류의 엄숙성이 더욱 부각되는 경우로, 그 어떤 오류보다도 두드러져 보일 수 있다. 과거 권력을 쥐었던 자로서 스스로를 동시대 사람들 가운데 가장 선량하고 개명한 사람이라고 자처할 만한 자격을 갖춘 인물이 있다면 그는 바로 마르쿠스 아우렐리우스 황제Marcus Aurelius[22]다.

그는 당시 문명세계 전체를 지배하던 절대 군주이면서도 평생 올곧게 정의를 지켰을 뿐만 아니라, 그가 받은 스토아학파식 교육에서는 기대하기 어려운 인자한 마음의 소유자였다. 그의 탓이라 할 만한 과실이 몇 가지 있다면 그것은 모두 그의 관대함에서 비롯된 것이었다. 그의 저술은 고대의 지혜를 최고도로 표현한 윤리적 소산으로서, 그리스도 특유의 가르침과 비교할 때 그 차이를 쉽사리 구별해 낼 수 없을 정도다.

기독교도란 단어를 교조적으로 해석하지만 않는다면 그는 이후 기독교라는 허울을 쓰고 통치자가 된 그 어느 군주보다도 더 신실

---

22) Marcus Aurelius: 121~180, 로마시대 소위 5현제(五賢帝) 중 마지막 황제.

한 기독교도라 할 만한 인물이었다. 그런 그가 기독교를 박해했다. 그는 이전의 인류가 인간성이란 측면에서 성취한 모든 성과물의 절정에 섰고, 개방적이고 자유로운 지성을 가졌으며, 자신의 윤리적 저술에서 기독교의 이상을 구현할 정도의 인격을 지녔으면서도, 세상에 대해 자신이 지고 있는 의무에 지나치게 사로잡힌 나머지 기독교가 세상에 악이 아닌 선이 될 것이라는 사실을 미처 깨닫지 못했다.

그는 당시의 사회를 개탄스럽게 보고 있었다. 하지만 개탄스러운 사회일망정 그 사회가 하나로 결속되어 더 나쁜 상태로 빠져들지 않는 것은 공인된 신들을 믿고 숭상하기 때문이라고 보았다. 그는 인류를 통치하는 자로서 사회를 분열시키지 않는 것이 자신의 의무라고 생각했고 기존의 결속이 와해되면 사회를 어떻게 다시 결속시킬지 그 방도를 알지 못했다.

그 새로운 종교는 공공연하게 그러한 결속을 와해시키려고 했다. 따라서 그 종교를 받아들이는 것이 그의 의무가 아닌 이상, 그것을 탄압하는 것이 그의 의무라고 생각했다. 게다가 그에게는 기독교 신학이 진리나 신성한 것으로 보이지 않았고, 또한 십자가에 못 박힌 신의 기괴한 역사가 그에게 믿음을 주지 않았다. 그로서는 도무지 믿을 수 없는 기초에만 전적으로 의존하고자 한 하나의 교리 체계가 한동안 위축의 길을 걷다가, 결국에는 역사가 증명하듯, 사회 혁신의 동인이 되리라고는 예견할 수 없었기 때문에 철학자와 통치자 중에서 가장 너그럽고 온건했던 그가 엄숙한 의무감에서 기독교 탄압을 승인했던 것이다.

이는 모든 역사를 통틀어 가장 비극적인 사건이었다. 만일 기독교 신앙이 콘스탄티누스 황제[23]가 아닌 마르쿠스 아우렐리우스의 보호 아래 로마제국의 종교로 채택되었다면 세계의 기독교가 얼마나 달라졌을까를 생각하는 건 가슴 아픈 일이다. 하지만 기독교도가 반기독교적 가르침을 탄압하면서 방편으로 삼은 구실을 마르쿠스 아우렐리우스는 기독교 전파를 탄압할 당시 이미 동원하고 있었다. 만약 그러한 사실을 부인한다면 이는 불공평한 처사이자 사실과도 맞지 않는 것이다. 사실 그는 당시를 살던 그 어떤 이보다 기독교를 가장 잘 이해하는 인물로 여겨질 만했다. 하지만 그는 기독교가 허위이고 사회 붕괴를 촉진한다고 확고히 믿고 있었고 그 믿음의 정도는 기독교도들이 무신론에 대해 갖고 있던 똑같은 믿음보다 더하면 더했지 결코 덜하지 않았다.

따라서 의견을 전파한 자에게 형벌을 가해야 한다고 보는 사람은, 자신이 마르쿠스 아우렐리우스 황제보다 더 현명하고 선량한 사람이라고 자신하지 않는 이상, 즉 당시의 지혜에 그 이상으로 능통하고, 지적으로 뛰어남을 보여주며, 진리의 탐구에서 그 이상으로 진지하고, 발견된 진리를 신봉하는 데 그 이상으로 전념할 수

---

23) Constantinus: 재위기간 306~337년까지의 로마 황제로서 기독교를 공인했다.

있다고 자신하지 않는 한 자신과 다수자를 묶어 무오류의 확실성을 가정하는 짓은 그만두어야 한다. 위대한 안토니우스도 그러한 가정으로 매우 불행한 결과를 초래했다.

종교적 자유를 적대시하는 사람들은 마르쿠스 아우렐리우스를 정당화하지 않고는 그 어떤 주장을 펼쳐도 반종교적인 견해에 대한 억압을 옹호할 수 없음을 알고 있다. 따라서 그들은 궁지에 몰리게 되면 종종 그러한 결론을 인정하고, 존슨 박사[24]처럼 다음과 같이 말한다.

"기독교도에 대한 박해는 정당했다. 박해란 진리가 통과해야 하는 가혹한 시련으로서, 진리는 항상 그 시련을 성공적으로 극복한다. 결국 법적 형벌은 유해한 오류에 적용될 때 간혹 유효하지만, 진리에 대해서는 무력하다."

이것은 종교적 불관용을 옹호하는 주장의 한 형태로 충분히 주목할 만하다. 진리에 대해서는 박해가 아무런 손상도 가하지 못하므로 그것을 시인해도 무방하다는 이러한 이론에 대해, 새로운 진리 수용을 고의적으로 막는다는 혐의를 씌울 수는 없다. 그러나 우리는 인류가 크나큰 은혜를 입고 있는 사람들을 그런 식으로 대우

---

24) Samuel Johnson: 1709~1784, 영국의 작가로 최초의 『영어사전』을 편찬했다.

한다는 점에서 그 관대함을 칭찬할 수도 없다. 세계와 깊은 관계에 있으면서도 지금까지 알려지지 않았던 무언가를 세상에 선보이는 것, 세속적이든 정신적이든 세상에 이익이 되는 매우 중요한 문제에 대해 세계가 지금까지 오류를 범해 왔음을 세계에 증명하는 것은 인류가 그의 동포에게 베풀 수 있는 가장 중요한 봉사다. 그리고 존슨 박사와 생각을 함께하는 사람들은 초기 기독교도나 종교개혁가들의 봉사가 인류에게 주어진 가장 고귀한 선물이었다고 믿는다.

그런데 위 이론에 따르면, 인류를 위해 이처럼 빛나는 혜택을 베푼 사람들이 그 보상으로 순교를 당하고 극악무도한 범죄인으로 취급당하는 일이 당연하다는 것이다. 말하자면 사람들이 상복 차림으로 재를 덮어쓰고 통곡해야 할 개탄스런 실수나 불행이 아니라 정상적이고 정당한 상태라는 것이다. 이 이론에 따르면 결국 새로운 진리의 제안자는, 마치 고대 그리스의 로크리에서 새로운 법을 제안한 주민들이 당한 것과 같은 운명에 처해져야 한다.[25] 그들은 목에 교수형 밧줄을 걸고 나와서 법안을 설명했는데, 만일 공중이 그의 제안 이유를 듣고 즉시 그 제안을 채택하지 않으면 당장 교살당하게 되어 있었다. 인류의 은인을 이렇게 처리하는 방식을 옹호하는 사람들이, 그 은인이 베푼 혜택의 가치를 존중하리라

---

25) 동 로크리스나 오푼티스 로크리스인에 의해 B.C. 683년경에 세워졌다. 로크리 법전은 잘레우쿠스(Zalucus, B.C.660년경)가 발의한 것으로, 무법천지였던 당시 정치적 질서를 부여하기 위한 것이었다. 이것은 유럽에서 최초의 성문법으로 알려져 있으며, 보복의 원칙을 승인했다.

고는 믿을 수 없다. 그러한 견해는 대체로 "새로운 진리는 과거에는 필요했을지 모르지만 지금은 충분해서 더는 필요 없다"고 생각하는 사람들에 한정된 견해라고 나는 믿는다.

사실 진리는 항상 박해를 이긴다고 하는 격언은, 인류가 여러 사람의 입을 통해 자주 들어 왔으므로 이미 진부하게 된, 듣기 좋은 거짓말의 하나가 되었지만, 우리의 경험은 모두 이와 반대다. 역사는 박해에 의해 억압된 진리의 사례로 가득하다. 진리가 영원히 억압되지는 않는다고 해도 몇 세기 동안 억압당할 수는 있다. 종교적 견해와 관련해서만도, 종교개혁은 루터 이전에 이미 적어도 스무 차례 시도되었지만 모두 억압되었다. 가령 브레시아의 아르날도Arnaldo da Brescia,[26] 돌치노 수사Fra Dolcino,[27] 사보나롤라Girolamo Savonarola,[28] 알비주아 파Albigenois,[29] 발도 파

---

26) 아르날도(1100?~1156)는 이탈리아의 수도사로서 교황의 정치 간섭과 부패에 맞서 교회의 재산 소유 포기를 요구하고 로마에서 반란을 일으켰다가 화형당했다. 브레시아(Brescia)는 이탈리아 북부 롬바르디 지방의 지명이다.

27) 돌치노 수사(?~1307)는 이탈리아 노바라 출신 사제로 피에몬테에서 일어난 종교개혁 교단인 아포스트릭크 브레즈렌을 창립했다가 화형당했다. 단테의 『신곡』 지옥편 제28장에 그에 대한 이야기가 나온다.

28) 사보나롤라(1452~1498)는 이탈리아 피렌체 출신 도미니크회 사제. 루터 이전에 가장 적극적으로 교회를 개혁하려고 했고, 한때 피렌체 시를 지배했으나 화형당했다.

29) 알비주아 파(또는 Albigenses, Catharists)는 12세기 말 프랑스 남부 알비 지방에서 생긴 이교도로서 로마 교회의 규율에 복종하지 않고 소박한 생활과 엄격한 도덕을 실천했다. 13세기에 교황 인노첸시오 3세의 종교법원에 의해 파멸되었다.

Vaudois,[30] 롤라즈 파Lollards,[31] 후스 파Hussite[32] 모두 억압되었다. 심지어 루터 이후에도 박해가 끈질기게 계속되어 계속 성공을 거두었다. 스페인, 이탈리아, 플랑드르Flanders,[33] 오스트리아 제국에서는 신교가 사라졌다. 영국에서도 메리 여왕[34]이 더 오래 살았거나 엘리자베스 여왕이 더 일찍 죽었더라면 똑같은 사태가 벌어졌을 것이다. 이교異敎 집단이 매우 강력해서 박해가 효과적으로 행해질 수 없었던 경우를 제외하고는 박해는 항상 성공했다. 역사를 냉정하게 바라보면 기독교가 로마제국 시대에 이미 사라졌을 수도 있었음을 의심할 수 없을 것이다. 기독교가 널리 전파되어 우세하게 된 것은, 박해가 오직 단기간에 걸쳐 간헐적으로 행해졌을 뿐이고, 박해와 박해 사이의 긴 기간에는 거의 자유롭게 포교할 수 있었기 때문이다.

---

30) 발도 파(또는 Waldenses)는 12세기 말 프랑스 남부에서 생긴 이교도 집단. 리옹 출신 상인인 발데스(Waldes of Waldus, Peter Waldo, Pierre de Vaud)가 1170년경에 세웠다. 성경의 가르침을 문자 그대로 지킨 금욕적 단체로서 그 뒤 박해를 받고 피에몬테로 피신해 종교개혁 이후 프로테스탄트에 병합되었다. 중세 개혁파 중 유일하게 살아남은 교파이다.

31) 영국의 종교개혁가 위클리프(John Wycliffe, 1330~1384)가 창시한 단체로 기독교적 공산주의의 성격을 띠었기 때문에 탄압을 받았지만, 종교개혁의 선구적 역할을 수행했다.

32) 보헤미아의 종교개혁가 요하네스 후스(Johannes Huss, 1369~1415)의 교파로서 혹독한 탄압을 받았으나, 이후 토마스 뮌처(Thomas Münzer)의 농민반란에 촉매제가 되었다.

33) Flanders: 벨기에 북부, 네덜란드 남서부, 프랑스 북부를 포함한 중세 국가

34) 영국의 종교개혁은 튜더 왕조의 헨리 8세(1491~1547)의 수장령(首長令, 1534)에 의해 이루어졌으나, 에드워드(Edward) 6세의 뒤를 이어 왕이 된 헨리 8세의 딸 메리 여왕(Queen Mary, 재위 1553~1558)은 가톨릭교도로 신교를 박해했고, 스코틀랜드에서 쫓겨나 잉글랜드로 도망쳤지만, 그 뒤를 이어 왕이 된 이복동생 엘리자베스 여왕에 대해 반역을 꾸미다가 1587년 사형당했다. 엘리자베스는 신교로 되돌아가 통일령을 발표하고 영국 국교(성공회)의 기초를 닦았다.

진리에는, 오직 진리로서 오류에는 허락되지 않는 고유의 힘, 즉 감옥과 화형에도 이겨낼 수 있는 힘이 있다고 하는 것은, 한갓 부질없는 감상에 불과하다. 인간이 진리에 대해 보이는 열의는 인간이 가끔 오류에 대해 보이는 열의와 그 정도에서 크게 다르지 않다. 따라서 법에 의한 처벌과 함께 사회적 응징까지 충분히 적용되는 경우, 대체로 진리와 오류 모두 성공적으로 저지될 수 있다.

진리가 갖는 참된 강점은 다음과 같은 것이다. 즉 어떤 의견이 진리인 경우, 그것은 한두 번 혹은 몇 번에 걸쳐 사그라질 수 있으나 세월이 변함에 따라 대체로 그것을 되살리는 사람들이 나타나게 되고, 그러한 재발견이 되풀이되는 동안 한 번쯤은 유리한 사정 덕분에 박해를 모면하는 시대를 만나게 되어, 마침내 그 진리를 억압하려는 모든 시도에 저항할 수 있을 만큼 발전하게 된다는 것이다.

이에 대해 다음과 같이 말하는 사람이 있을 수도 있다. 우리는 이제 새로운 의견의 주창자를 사형에 처하지 않는다. 우리는 예언자를 처형한 조상과는 다르다. 우리는 그들 예언자를 위해 무덤까지 만들어 준다. 물론 우리가 더는 이단자를 사형에 처하지 않는 것은 사실이다. 그리고 가장 해로운 이론이라 할지라도, 아마도 오늘날의 정서가 용인할 정도의 형벌로는 그것을 근절할 수 없음도 사실이다.

하지만 우리가 이제는 법을 동원한 박해라는 오점으로부터 자유롭다고 자만해서는 안 된다. 의견에 대한 형벌 혹은 적어도 의견의 표현에 대한 형벌은 여전히 법에 존재한다. 그리고 오늘날에도 그러한 형벌의 집행은 그다지 예외적이지 않기 때문에 언젠가 의견에 대한 형벌이 그 세력을 온전히 만회해서 되살아날지도 모른다는 생각은 전혀 터무니없는 것이 아니다.

1857년 콘월 주의 여름 순회재판에서, 모든 일상생활에서는 전혀 나무랄 데 없는 어떤 불운한 사람[35]이, 기독교에 대해 불경스런 말을 하고 대문에 낙서를 했다는 이유로 21개월 징역형을 선고받았다. 그로부터 한 달도 지나지 않아 '올드 베일리Old Bailey'[36]에서는, 두 사람이 각각 두 별도의 사건에서,[37] 자신이 그 어떤 신학적 믿음도 갖고 있지 않다고 정직하게 말했다는 이유로 배심원이 되는 것을 거부당했고, 그중 한 사람은 판사와 변호사에게 크게 모욕을 당했다.

세 번째는 한 외국인[38]의 사례로, 그는 같은 이유로 도둑을 상대로 낸 소송을 기각당했다. 기각 이유는 신(어떤 신이라도 무방하다)과 내세를 믿는다고 고백하지 않으면 누구든 법정에서 증언할

---

35) [원주 2] 토머스 풀리(Thomas Pooley)는 1857년 7월 31일, 보드민(Bodmin) 순회법원에서 재판을 받았으나 12월에 국왕의 특사를 받았다.

36) Old Bailey: 런던의 중앙형사법원.

37) [원주 3] 조지 제이콥 홀리오크(George Jacob Holyoake)는 1857년 8월 17일, 에드워드 트루러브(Edward Truelove)는 1857년 7월.

38) [원주 4] 1857년 8월 4일 말보로(Marlborough)의 〈경찰법원〉에서 드 글라이첸(de Gleichen) 남작의 경우.

수 없다는 법리 때문이었다. 그것은 그런 사람들을 법정의 보호에서 배제하는 권리상실자outlaws[39]로 선고하는 것과 같은 것이다. 이런 사람들의 경우 강도를 당하거나 습격을 당한다 해도, 그들 자신 혹은 그들과 비슷한 의견을 갖는 사람들 외에는 아무도 범행 현장에 없었다면 그 범인은 아무런 처벌도 받지 않을 수 있다. 또한 타인이 강도를 당하거나 습격을 받아도 그 사실을 입증하는 데 그들의 증언에만 의존할 경우 범인은 처벌되지 않을 수도 있다.

이러한 법리에 깔린 가정은 내세를 믿지 않는 사람의 선서는 무가치하다는 것이다. 하지만 이런 가정은 그것에 동의하는 사람들이 역사에 대해 얼마나 무지한지를 보여준다. 왜냐하면 어느 시대건, 무신론자 대부분이 진실과 명예를 남달리 존중하는 사람들이었다는 게 역사적 진실이기 때문이다. 따라서 적어도 가까운 친지들 사이에서는 무신론자로 잘 알려져 있는데도 덕행과 학식 면에서 최고의 명예를 얻은 사람들이 이 세상에 얼마나 많은지 알고 있는 사람이라면 누구도 이러한 주장을 하지 않을 것이다.

뿐만 아니라 이러한 명제의 규칙은 자멸적인 것이어서 그 자체의 기반을 파멸시킬 요소를 내포한다. 즉 그것은 무신론자는 반드시 거짓말쟁이라는 부당한 주장을 바탕으로, 기꺼이 거짓말을 하고자

---

39) outlaws: 법의 보호 밖에 있다는 선고를 부여받은 자.

하는 모든 무신론자의 증언은 인정하지만, 거짓말을 하느니 차라리 혐오의 대상이 될 자신의 신조를 공개적으로 고백하는 치욕을 감수하려는 사람들을 배척하게 된다. 따라서 그 공언된 목적에 관한 한 자가당착에 빠지게 되는 그 규칙은 증오의 증표 혹은 박해의 유물로서만 계속 유효할 수 있다. 이 경우 박해를 받을 만한 죄가 없다는 것이 명백히 증명되는 순간 박해를 받을 자격을 획득하게 되는, 이를테면 박해만이 갖고 있는 특수성이 그대로 드러난다.

그런 규칙과 그것에 포함된 이론은, 무신론자에 대해서와 마찬가지로 신자에게도 모욕을 준다. 왜냐하면 만일 내세를 믿지 않는 자가 반드시 거짓말을 하게 되어 있다고 한다면, 내세를 믿는 사람들의 경우 오로지 지옥에 대한 공포가 그들의 거짓말을 막고 있다고 볼 수 있기 때문이다. 우리는 그 규칙을 만든 자들과 그것을 교사한 자들이 기독교의 덕성으로 이해하는 개념이 다름 아닌 그들 자신의 의식에서 도출된 것이라고 상정함으로써 그들을 모욕할 생각은 없다.

사실 이러한 것들은 박해의 파편이자 잔재에 불과하다. 또한 이는 박해를 가하려는 의지를 보여주는 것이라기보다는, 영국인 사이에서 자주 볼 수 있는 정신적 결함의 한 사례라고 할 수 있다. 영국인들은 자기들이 어떤 나쁜 원칙을 실행에 옮기고 싶어 할 만큼 사악한 상태가 아닐 경우 그런 나쁜 원칙을 그저 주장만 하는 데서 터무니없는 희열을 느낀다.

그렇다면 거의 한 세대 가까이 중단되어 온 나쁜 형태의 법적 박해가 앞으로도 계속 우리 앞에 모습을 드러내지 않을 것인가? 불행히도 대중의 정신 상태로 미루어 볼 때 그러리라는 보장이 없다. 오늘날에는 새로운 편익을 선보이려는 시도만큼이나 과거의 해악을 부활시키려는 시도로 인해 평온하던 일상의 수면에 자주 파문이 일곤 한다. 오늘날 종교 부흥이라고 널리 떠들어대는 것들도 그 편협하고 교양 없는 사고방식에 비추어 볼 때 사실상 지독한 편견의 부활 그 이상은 아니다. 따라서 이 나라 중산계급에 항상 둥지를 틀고 있는 강력하고도 영원한 불관용이라는 효모가 국민의 감정 속에 존재하는 한, 인민을 도발하여 그들이 늘 박해의 적당한 대상이라 여겨 온 사람들에게 실제로 박해를 가하도록 하기란 아주 쉬운 일이다.[40] 왜냐하면 영국을 참된 정신적 자유의 나라로 만

---

40) [원주 5] 인도에서 '세포이 반란'(1857~1858)이 일어났을 때, 박해 감정이 심히 분출되었고, 그 것이 영국 국민성의 가장 나쁜 부분과 결합되어 널리 나타난 것에서 충분한 경고를 얻을 수 있다. 광신자나 협잡꾼이 설교 단상에서 중얼거리는 헛소리는 문제 삼을 가치가 없다고 해 도, 복음교회파 지도자가 힌두교도와 이슬람교도를 통치하기 위한 원리로 공언한 바에 따르면, 성경을 가르치지 않는 학교는 공공비용으로 유지되어서는 안 되고, 또 그 필연적 결과로서 진정한, 또는 위장한 기독교도가 아닌 자에게는 어떤 공직도 부여할 수 없다고 했다.
어느 국무차관은 1857년 11월 12일, 선거구민에게 행한 연설에서 다음과 같이 말한 것으로 보도되었다.
"영국이 인도인의 신앙(대영제국 국민 중 1억의 신앙), 즉 그들이 종교라고 부르는 미신을 관용했기 때문에, 영국이라는 이름의 명성이 선양되지 못했고, 기독교의 유익한 성장이 저해되는 결과가 초래되었다. ……관용은 이 나라의 종교적 자유의 위대한 초석이지만, 인도인이 그 관용이란 말을 남용하게 해서는 안 된다. 내가 이해하는 한 이 말은 동일한 기초에 입각해서 예배하는 기독교들 사이에서는 누구에게나 부여된 완전한 자유, 예배의 자유를 뜻한다. 그것은 신과 인간 사이의 유일한 조정자를 신봉하는 모든 종파의 기독교인 사이의 관용을 뜻한다."

들지 못하는 것은 바로 이런 것, 즉 자기들이 중요하다고 여기는 믿음에 등을 돌리는 자들에 대해 이 나라 국민들이 갖는 견해와 감정이기 때문이다.

　법에 의한 형벌의 중요한 폐해는, 그것이 과거 오랫동안 사회적 낙인을 가중시켰다는 점에 있다. 참으로 효과적인 것이 바로 이 사회적 낙인이란 것이다. 따라서 영국에서는 사회가 금지하는 의견을 표명하는 경우가, 다른 여러 나라에서 사법적 처벌을 받을 위험이 있는 의견을 공공연히 주장하는 경우보다 훨씬 드물다. 이 주제와 관련해서는, 금전적으로 풍족한 덕분에 타인의 호의에 의존할 필요가 없는 사람들을 제외한 모든 사람들에게 여론은 법만큼이나 효과적이다. 그들은 빵을 얻을 수단을 빼앗기느니 차라리 투옥되는 쪽을 선택할 사람들이다. 한편 빵을 이미 확보한 사람들, 그리고 권력자나 특정 집단 혹은 사회로부터 아무런 은전도 바라지 않는 사람들은 아무 두려움 없이 어떤 의견이라도 공공연히 주장할 수 있다. 그들이 두려워하는 것이 있다면 자신의 견해가 소홀히 다뤄지거나 악평을 듣는 경우뿐이다. 하지만 그런 무시나 악평도 그들에게는 참아 내기가 그리 어려운 일이 아니다. 그런 사람들은 누군가가 그들을 대신해서 동정에 기댄 호소를 해줄 필요가 없는 사람들이다.

　오늘날 우리와 다른 의견을 갖는 사람들에 대해, 과거 우리가 마치 관습처럼 그랬듯이 그렇게 커다란 해를 가하지는 않는다고 해도, 그들에 대한 우리의 잘못된 대우를 통해 여전히 그들에게 해를 가하고 있는지도 모른다. 소크라테스는 사형에 처해졌지만, 그의 철학은 하늘의 태양처럼 높이 떠올라 모든 지성의 창공에 그 빛을 비춘다. 기독교도는 사자의 밥이 되었지만, 기독교 교회는 당당하고 거대한 나무로 자라나 낡고 활기 없는 나무들 위에 우뚝 솟아 자기의 그늘로 그 나무들을 질식시켰다. 우리의 단순한 사회적 불관용은 그 누구도 죽이지 않고 어떤 의견도 근절시키지 않지만, 사람들에게 의견을 위장하게 하거나 의견을 적극 전파하려는 노력을 못하게 만든다.

영국에서는 이단적 견해들이 10년 혹은 한 세대 안에 괄목할 만한 입지를 마련하지도 심지어는 눈에 띄게 입지를 잃지도 않는다. 이들 견해는 활활 불타올라 멀리 넓게 번지지도 않고, 그 견해의 시발점이 된 사상가나 연구자들만의 좁은 집단 내에서 연기만 피워낼 뿐, 인류의 보편적 사안에 옳건 그르건 밝은 빛을 비추지는 못한다.

그래서 어떤 사람들에게는 매우 만족스러운 사태가 지속된다. 사상의 열병을 앓고 있는 소수에게 어느 정도 의견 개진의 기회를 열어 주면서도 누군가에게 벌금형이나 감금형을 내리는 불쾌한 과정이 없이, 현재의 모든 지배적인 여론이 표면상 아무런 방해도 받지 않고 유지될 수 있기 때문이다.

이는 지성의 세계에 평화를 가져오고, 그 안에서 모든 일을 과거처럼 진행하는 데 편리한 방책이기는 하다. 하지만 이런 종류의 지적 평화에 대해 지불해야 할 대가는 인간의 도덕적 용기 모두를 희생해야 할 정도로 크다. 가장 적극적이고 탐구심 강한 지식인들 대부분이, 스스로 확신하는 바의 진정한 원칙과 근거를 오직 자기의 가슴속에 깊이 간직하는 것이 바람직하다고 생각하고, 대중을 상대할 때에는 마음속으로는 배척하는 전제에 자신의 결론을 가능한 한 꿰어 맞추는 것이 상책이라고 생각하는 상태에서는, 한때 사상계를 수놓았던 저 개방적이고 두려움을 모르는 지성, 논리적이고 일관성 있는 지성이 배출될 수 없다.

이러한 상태에서 우리가 기대할 수 있는 부류는 단순히 세속에 영합하는 자이거나 진리를 시류에 꿰맞추는 기회주의자들이다. 모든 중요 문제에 대해 그들이 펼치는 논의는 청중을 위한 것이지, 스스로 확신하는 것이 아니다. 그리고 이런 부류에 들고 싶지 않은 사람들은 원칙의 영역에 들어가지 않고서도 말할 수 있는 사항들, 즉 사소하고 실용적인 문제에 자신들의 사고와 관심을 한정할 것이다. 하지만 그 사소하고 실용적인 문제란 것은 인류의 지성이 강화되고 확대될 경우 저절로 풀릴 문제이다. 그렇게 되기 전에는 결코 완전히 풀릴 문제가 아니다. 결국 중요한 것은 인류의 지성을 강화하고 확대하는 것, 가장 고차원적인 문제에 대한 자유롭고도 대담한 사색이라 할 수 있지만 그들이 그런 사소하고도 실용적인 문제에 매달리는 사이 그것들은 뒷전으로 밀려난다.

이단자 쪽의 이러한 침묵이 해로울 게 없다고 보는 사람들은 무엇보다도 다음을 고려해야 한다. 즉 그 침묵의 결과, 이단자 쪽의 의견이 공정하고 철저한 토론을 전혀 거치지 못하게 되고, 그렇듯 토론에 부쳐지지 못한 의견들은 확산되지는 못할지언정 결코 사라지지는 않는다는 사실이다. 그러나 결과적으로 정통파의 결론과 합치하지 않는 모든 탐구를 금지함으로써 가장 큰 손해를 보는 것은 이단자 쪽이 아니다. 그러한 금지가 가져다주는 가장 큰 해악은 이단자가 아닌 사람들, 즉 이단을 두려워한 나머지 모든 지적 발달이 저지당하고 이성이 위축되는 사람들에게서 나타난다.

앞날이 촉망되는 지식인이면서도 불경이나 부도덕이라는 낙인이 두려워 활기차고 자유로운 사상의 줄기를 철저히 탐구하려 하지 않는 수많은 소심한 자들 때문에 이 세계가 얼마나 큰 손실을 입고 있는지 그 누가 계산할 수 있을까? 그들 중에서 우리는 종종 속 깊은 양심과 치밀하고도 세련된 이해력을 가진 사람을 볼 수도 있지만 그들은 억누를 수 없는 자신의 지성을 동원해 궤변을 늘어놓으면서 평생을 보내며, 자신의 양심과 이성이 지시하는 바를 정통적 견해와 조화시키고자 독창적 재능을 낭비하지만 십중팔구 결국은 실패로 돌아가고 만다.

자신의 지성이 어떤 결론에 이르든, 그 지성에 따르는 것이 사상가로서 첫째 의무임을 인식하지 못하면 위대한 사상가일 수 없다.

진리란, 스스로 사색하지 않은 견해를 자기 것이라며 내세우는 일밖에 할 수 없는 사람들의 진실한 의견보다는, 적절한 연구와 준비를 바탕으로 스스로 생각하는 사람들의 오류를 통해 더 많은 것을 얻게 된다. 사상의 자유는 오로지, 또는 주로 위대한 사상가들을 길러내기 위해서 존재하는 것이 아니다. 보통 사람들이 자신들의 능력이 미치는 한에서 일정한 지적 수준에 이를 수 있도록 하기 위해서도 사상의 자유는 필요하고, 필수불가결하다면 후자의 경우가 오히려 더하다.

정신적 노예 상태가 사회 전반을 지배하는 상황에서도 위대한 사상가 개인은 존재했고, 앞으로도 존재할 것이다. 그러나 그런 환경에서 지적으로 활발한 국민은 존재한 적이 없었고, 앞으로도 존재하지 않을 것이다. 어떤 국민이 일시적으로나마 그런 성격에 근접했다면, 그것은 이단적인 생각을 하는 데 따르는 공포가 일시 정지되었기 때문이었다. 따라서 원칙들은 토론의 대상이 될 수 없다는 암묵적인 관습이 존재하거나, 전 인류의 관심사가 될 만한 매우 중대한 문제는 이미 토론이 끝난 것으로 간주되는 곳에서는, 역사상 주목할 만한 특정 시대에 찾아볼 수 있는 전반적으로 높은 수준의 정신활동을 기대할 수 없다.

사람들의 열정에 불을 붙일 만한 크고도 중요한 주제들을 토론이 피해갈 때, 국민의 정신이 그 근저로부터 각성된 경우는 없었으며, 가장 평범한 지성의 소유자에게까지도 생각하는 존재라는 자부심을 갖게 해준 경우도 없었다. 이와 관련해서 우리는 몇 개의 모범 사례를 갖고 있다. 그 하나는 종교개혁 직후 유럽의 상태에서 찾을 수 있다. 또 하나는 18세기 후반의 사상운동에서 찾아볼 수 있는데, 그것은 오직 대륙 쪽 유럽에서, 그것도 비교적 높은 교양을 지닌 계급에 한정되었다. 그리고 세 번째 사례는 훨씬 짧았지만, 괴테와 피히테가 살았던 독일에서 생긴 지적 발흥에서 찾아볼 수 있다.

각 시대는 당시 어떤 견해들이 특히 발전했는가 하는 점에서는 큰 차이를 보이지만 권위의 속박을 파기했다는 공통점을 갖고 있다. 세 시대 모두 낡은 정신적 전제주의를 떨쳐 버렸지만, 그것을 대신할 새로운 무언가가 아직은 대두되지 않은 상황이었다. 오늘의 유럽은 그 세 시대가 준 자극에 의해 탄생했다.

그 후 인간의 정신이나 제도에서 이루어진 모든 개선은 그 연원을 따져 보면 분명히 그 세 시대 중 어느 하나에서 비롯된 것이었다. 그러나 세 시기가 준 자극도 이제 거의 소진되어 가고 있다는 것을 최근 얼마간의 상황이 말해 주는 듯하다. 이제 우리는 또 다시 정신적 자유를 주창하지 않는 한 그 어떤 새로운 출발도 기대할 수 없는 시점에 와 있다.

여기서 우리는 두 번째 논의로 들어가자. 즉 세상에 받아들여진 의견이 잘못일지도 모른다는 가정을 버리고, 그 의견을 모두 진리라고 가정하자. 그리고 그 의견의 진실성이 자유롭고도 공개적으로 논의되지 않는 경우, 사람들이 그 의견을 어떤 태도로 받아들이는지 살펴보도록 하자. 확고부동한 의견을 갖는 사람이라면 자신의 주장이 잘못일지도 모른다는 가능성을 인정하기 싫겠지만, 그래도 당연히 받아들여야 할 점이 있다. 즉 그의 의견이 아무리 진리라고 해도, 충분히, 자주, 두려움 없이 토론되지 않는 한, 죽은 독단론으로 간주될 뿐, 살아 있는 진리로 간주될 수 없다는 점이다.

다행히도 옛날만큼 많지는 않지만 이 세상에는 아직도 이런 사람들이 있다. 즉 그들이 진리라고 믿는 의견에 어떤 사람이 아무런 의심 없이 동의하기만 하면, 비록 그가 그 의견의 근거에 대해 아는 바가 전혀 없고 아주 피상적인 반대론에 대해서도 조리 있게 대응하지 못한다 해도, 그것으로 충분하다고 생각하는 사람들이다. 그런 사람들은 일단 권위 있는 사람에게서 어떤 신조를 전수받게 되면, 그 신조에 대해 의문을 허용하는 것이 무익할 뿐 아니라 자신들에게 피해를 줄 수도 있다고 자연스럽게 생각한다. 그들의 영향력이 지배적인 곳에서는, 이미 용인되고 있는 의견이 성급하고 무지하게 폐기되는 경우는 있어도 현명하고 신중하게 폐기되는 경우는 거의 없다. 왜냐하면 토론을 완전히 봉쇄한다는 것은 거의 불가능하고, 일단 토론에 들어가면 확신에 근거하지 않은 신념은 가장 피상적인 논의 앞에서도 쉽게 무너져 내리기 때문이다.

그러나 이러한 가능성을 배제하는 것, 즉 진실한 의견이란 마음속에 일종의 편견으로, 어떤 논의도 필요 없는 믿음으로, 논의에 대한 반증으로 자리 잡고 있다고 가정하는 것은 적어도 이성적인 존재가 진리를 신봉하는 방법일 수 없다. 이는 진리를 아는 것이 아니다. 이러한 방식으로 신봉되는 진리는, 어떤 진리를 말할 때 그 말에 우연히 부착된 하나의 미신에 불과하다.

적어도 신교도라면 부인하지 못하겠지만, 자신과 중대한 관련이 있는 문제에 대해 자기 의견을 갖는 것만큼 지성과 판단력 연마에 도움이 되고 따라서 인류의 지성과 판단력 계발에 도움이 되는 것이 있겠는가? 만일 이해력의 계발에 필요한 것을 딱 하나만 들라고 한다면 그것은 자기 의견의 근거를 아는 것이다. 믿음의 대상이 무엇이든, 올바르게 믿는 것이 그 무엇보다도 중요한 주제와 관련해 일반적인 반론 정도는 거기에 맞서 방어는 할 수 있어야 한다.

어떤 이는 이렇게 말할지도 모르겠다. "그들에게 그들 의견의 근거를 가르쳐 주면 된다. 그 의견이 반박당하는 것을 들어보지 못했다고 해서, 사람들이 하나같이 그 의견을 단순히 앵무새처럼 반복한다고 볼 수는 없다. 기하학을 배우는 사람들은 정리定理를 단순히 외우기만 하는 것이 아니라, 그것을 증명하는 것도 이해하고 배운다. 따라서 누군가 기하학적 진리의 근거를 부정하거나 반박하는 것을 그들이 들어본 적이 없다고 해서, 그들이 그 근거를 알지 못한다고 단정함은 어리석은 일이다."

의심의 여지없이 옳은 말이다. 즉 문제의 그릇된 측면과 관련해서 할 말이 아무것도 없는 수학과 같은 주제에서는 그러한 가르침만으로도 충분하다. 수학적 진리의 증명이 갖는 특징은 모든 논의가 일방적이라는 점이다. 반론도 없고, 반론에 대한 답도 있을 수 없다.

그러나 의견 차이가 있을 수 있는 모든 문제에서 진리는, 서로 상반된 논거를 가진 두 집합을 비교, 청산함으로써 탄생한다. 심지어 자연철학에서도 언제나 동일 사실에 대해 가능한 서로 다른 설명 방법이 있다. 가령 지구중심설에 대해 태양중심설이 있고, 가연물의 요소에서 '산소설'과 '플로지스톤설Phlogiston'[41]이 있다. 따라서 다른 하나의 학설이 왜 진실일 수 없는가 하는 이유가 증명되어야 한다. 그것이 증명되기 전에는, 또 어떻게 증명되는지를 우리가 알기 전에는 우리 의견의 근거를 이해했다고 말할 수 없다.

그러나 한없이 복잡한 문제인 윤리, 종교, 정치, 사회관계, 일상사로 눈을 돌리면, 모든 논쟁적 의견에 대한 논의의 4분의 3은 그 의견과는 다른 어떤 의견에 유리한 듯 보이는 것들을 떨쳐내는 데 집중되어 있음을 알 수 있다. 단 한 사람[42]을 제외한다면 고대 최고

---

41) 플로지스톤(Phlogiston)은 1770년대에 산소가 발견되기 이전에 연소 현상을 설명하기 위해 고전적인 4대 물질인 흙, 물, 불, 공기 외에 연소의 원인이 되는 다섯 번째 물질 원소로 생각된 것으로 가연성 물질 속에 포함된 그것이 방출되는 고정이 연소라고 생각됐다. 반면 산소설은 가연성 물질이 산소와 빠르게 결합하면서 생기는 것이 연소라고 보았다.

42) 고대 그리스의 정치가이자 웅변가였던 데모스테네스(Demosthenes, 384?~322 B.C.)를 가리킨다.

의 웅변가로 손색이 없던 인물[43]은 언제나 자기 주장을 연구하는 것보다 훨씬 더 열심히, 아니 그 정도까지는 아니더라도 최소한 그 비슷한 정도의 열의로 상대방의 주장을 연구했다는 기록을 남겼다. 따라서 적어도 진리에 도달하려고 무언가를 연구하는 사람들이라면 키케로가 변론가로서 성공하기 위해 실천했던 방법을 본받을 필요가 있다.

어떤 문제를 자기 관점에서만 알고 있는 사람은 그 문제에 대해 거의 알고 있지 못한 것이나 마찬가지다. 그의 논거가 옳을 수도 있고, 누구도 그것을 반박할 수 없었을지 모른다. 그러나 만일 그가 상대의 논거를 논박할 수 없다면, 또 그 논거가 무엇인지 알지 못한다면 그는 어느 쪽 의견이든 선택할 근거를 갖지 못한다. 그 경우 그가 취할 수 있는 합리적인 입장이란 판단을 유보하는 것이다. 하지만 스스로 판단 유보에 만족하지 못한다면 권위에 따르거나, 아니면 마음 가는 대로 어느 한 쪽을 선택하게 될 것이다.

그렇다고 자신을 가르친 선생들로부터 상대방의 주장을 있는 그대로 듣는다거나, 또는 그 주장에 대해 선생들이 반론으로 제시하는 것을 받아들이는 것도 제대로 된 해결책은 아니다. 이는 상대방의 주장에 올바르게 대처하는 방식도 아니고, 자신의 정신이 상대

---

43) 키케로(Marcus Tullius Cicero, 106~43 B.C.)를 말한다.

방의 주장과 참되게 만나는 방법도 아니다. 그는 그러한 주장을 실제로 믿는 사람들, 열성을 다해 그것을 변호하는 사람들, 그것을 위해 최선을 다하는 사람들에게서 그 주장을 직접 들어야 한다.

그는 그 반론을 가장 이치에 맞고 납득하기 쉬운 형태로 파악해야 한다. 그 주제와 관련해서 진실한 견해가 봉착하고 극복해야 할 난관을 온전히 느껴야 하기 때문이다. 난관을 만나서 그것을 극복하는 것도 진리의 한 부분이다. 따라서 난관을 온전히 느끼지 못한다면 진리의 그 부분을 진정한 자기 것으로 만들지 못한다.

이른바 교육받은 사람 백 명 가운데 99명은 이러한 상태에 있다. 이는 자신의 의견을 유창하게 변호할 수 있는 사람의 경우도 마찬가지다. 그들의 결론은 진리일 수도 있지만, 그들이 무엇을 알고 있든 어쩌면 오류이었을지도 모른다. 그들은 자기들과 다른 생각을 갖는 사람들의 정신적 입장에 서 본 적도 없고 그런 사람들이 무엇을 이야기할지 생각해 본 적도 없다. 따라서 '알다'라는 단어를 어떤 의미로 풀이하든 그들이 스스로 공언하는 이론의 본질에 대해 알지 못한다는 사실에는 변함이 없다. 그들은 이론의 특정 부분이 나머지 부분을 설명하고 뒷받침하는 경우에도 바로 그 요점이 되는 부분이 무엇인지 알지 못한다. 즉 다른 의견과 모순되는 것처럼 보이는 어떤 사실이 그것과 충분히 조화될 수 있음을 보여주거나, 또는 언뜻 둘 다 강력해 보이는 논거이지만 하나는 채택하고 다른 하나는 버려야 함을 입증해 주는, 따라서 절대 놓쳐서는 안 될 부분을 알지 못한다. 진리의 형세를 결정하고 그 진리에 정통한 사람의 판단을 결정하는 부분이 있어도 그들에게는 그 모두가 생소할 따름이다. 사실 양 측면에 동등하고 공정하게 주의를 기울이고 양쪽 모두의 논거를 투명하게 샅샅이 살피려 노력한 사람이 아니라면 그 부분을 제대로 탐색해 낼 수 없다.

이러한 훈련은 도덕적 주제와 인간적 주제를 참되게 이해하는 데 필수적이다. 만일 모든 중요한 진리에 반대자가 존재하지 않는다면, 상상 속에서라도 일부러 그런 반대자를 만들어서, 가장 노련한 악마의 변호인이나 생각해 낼 수 있는 가장 강력한 반론의 논거를 그들에게 제공할 필요가 있다.

자유 토론을 반대하는 사람들은 지금까지 고찰해 본 사항들을 무력화하기 위해 다음과 같이 주장할지도 모르겠다.

일반 사람들은 그들의 의견을 반박하거나 옹호하기 위해 철학자와 신학자들이 하는 말 모두를 알거나 이해할 필요가 없다. 보통 사람들은 영리한 반대자의 잘못된 설명이나 그릇된 의견을 전부 간파할 수 있는 힘을 구태여 가질 필요가 없다. 잘못된 설명이나 그릇된 의견에 올바르게 답할 수 있는 사람이 있고, 그들이 무지한 사람들을 잘못 인도하기 쉬운 의견에 대해 철저히 반박하기만 하면 그것으로 충분하다. 단순한 사람들의 경우 진리의 명백한 근거에 대해 가르침을 받았다면, 그 밖의 것은 모두 권위자에게 일임해도 좋다. 게다가 그들이 몹시 어려운 문제에 부딪힐 때마다 그것을 해결할 지식이나 재능을 갖고 있지 않다는 사실을 그들 스스로도 잘 아는 만큼, 제기되는 모든 어려운 문제는 지금까지 그러한 과제에 특별히 단련된 사람들이 해결해 왔고, 앞으로도 그들이 해결할 수 있다고 믿고 살면 된다.

어떤 진리를 믿을 수 있다면 그 진리를 이해한 것이나 다름없다고 생각하고 그 정도 선에서 쉽사리 만족하는 사람들의 이러한 견해를 최대한 인정한다 하더라도 자유로운 토론에 대한 옹호론이 힘을 잃는 것은 아니다. 왜냐하면 위와 같은 견해조차, 사람들이 지금까지 모든 반대론에 대해서 만족스러운 답변이 이루어져 왔다는 합리적인 확신을 가져야 한다는 점을 인정하고 있기 때문이다.

그러나 답변을 필요로 하는 반대론을 누군가 나서서 발언하지 않는다면, 즉 반대론 자체가 허용되지 않는다면 어떻게 모든 반대론에 답변할 수 있겠는가? 또 만일 반대론자가 그 답변이 불만족스럽다는 점을 입증할 기회를 얻지 못한다면, 어떻게 그 답변이 만족할 만한 것인지 알 수 있을 것인가? 일반 대중이라면 몰라도, 적어도 그 반대론이라는 난제들을 해결할 의무를 지고 있는 철학자와 신학자는 그것이 아무리 풀기 어려운 형태로 존재한다 하더라도 그러한 난제들에 익숙해 있어야 한다.

하지만 그들이 난제에 익숙해지려면 그 난제들이 자유롭게 진술되고 가능한 한 유리한 입장에서 조명받을 수 있어야 한다. 가톨릭교회는 이 어려운 문제를 처리할 수 있는 나름의 방법을 갖고 있다. 즉 확신을 바탕으로 그 교리를 수용하도록 허용된 사람들과, 교리를 무조건 믿고 그것을 인정해야 하는 사람 사이를 폭넓게 구분하는 것이다. 물론 쌍방 모두 각자가 원하는 것을 자유롭게 선택할 수는 없다.

하지만 사제, 적어도 충분히 신뢰받는 사제는 반대론의 주장에 답변하기 위해 그것에 친숙해지도록 공개적으로 허용되고, 또한 그것은 장려되는 사항이기도 하다. 따라서 이단적인 책을 읽을 수도 있다. 그러나 평신도들은, 지극히 얻기 어려운 특별 허가라도 받지 않는 한 그렇게 할 수 없다. 이러한 규율은 반대자 주장에 대한 지식을 갖는 것이 종교지도자에게는 유익하다고 인정하는 동시에 큰 무리 없이 나머지 사람들에게는 상대방 주장이 알려지지 않도록 해준다.

이로써 소수 엘리트 집단에게는 다수 군중보다 더 많은 정신적 자유는 아닐지라도 더 많은 정신적 교양을 줄 수 있게 되며 이런 장치를 통해 가톨릭 교회는 자체의 목적 달성에 필요한 정신적 우위를 확보하는 데 성공한다. 왜냐하면 자유를 수반하지 않는 교양은 결코 폭넓고 개방적인 정신을 창조해 낼 수는 없지만, 배심 재판에서 어떤 대의를 슬기롭게 옹호해 줄 만한 사람을 낳을 수는 있기 때문이다.

그러나 개신교를 표방하는 국가에서는 이런 전략이 부정된다.

개신교는 적어도 이론상으로는 종교 선택의 책임을 각자가 져야 하며, 그 책임을 종교 지도자에게 전가할 수 없다고 주장하기 때문이다. 게다가 오늘날에는 교육받은 사람들이 읽는 책을 교육받지 못한 사람들은 읽을 수 없도록 하는 일이 사실상 불가능하다. 만일 인류의 스승이라 할 만한 사람들이 스스로 알아 마땅한 모든 것을 알아야 한다면, 모든 것이 자유롭게 저술되고, 또 모든 것이 아무런 제약 없이 출판되어야 한다.

이미 수용된 의견이 진리일 때, 자유 토론의 결여로 인한 폐해가 그러한 의견의 근거를 알지 못하도록 사람들을 방치하는 선에 그친다면, 인간의 자질에 미치는 영향이라는 점에서 그것은 지적 폐해이기는 해도 도덕적 폐해는 아니라고 생각될 수 있다. 따라서 그 의견의 가치가 조금도 손상되지 않는다고 볼 수 있다. 그러나 자유로운 토론의 결여는 의견의 근거를 망각시키는 데 그치지 않고, 흔히 의견 그 자체의 의미를 망각하게 한다.

의견의 의미를 전달하는 언어는 거기에 담긴 사상을 암시해 주지 못하거나, 암시한다고 해도 본래 전하고자 했던 사상의 일부만을 전하게 된다. 여기서 생생한 개념과 살아 있는 믿음 대신 암송에 의해 전달된 문구 몇 개만이 남게 된다. 설령 그중 어떤 부분이 남는다고 해도, 그것은 의미의 껍데기일 뿐이고 그 순수한 알맹이는 상실되고 만다. 따라서 이러한 현상으로 가득 찬 인류 역사의 중대한 장은 마땅히 철저하게 연구되고 숙고되어야 한다.

이러한 사실은 거의 모든 윤리적 교의와 종교적 신조가 거쳐 온 역사적 경험을 통해 분명히 증명된다. 모든 교의와 신조는 그것을 처음 제창한 사람과 직계 제자들에게는 의미와 생명으로 충만해 있다. 적어도 그 교의와 신조를 다른 것보다 우월하게 만들고자 하는 투쟁이 계속되는 동안은 그 의미가 여전히 강하게 느껴지며 충분히 의식되기도 한다. 결국 그것은 세력을 얻어 일반 여론으로 변하거나 진전이 중지된다. 즉 그 자체가 확보한 기반을 계속 보유하기는 하지만, 그 이상으로 확산되지는 않는다.

이러한 결과 중 어느 쪽이 현실화되든, 그 주제에 대한 논쟁은 활기를 잃고 점차 소멸하게 된다. 그리고 그 교의는 비록 일반적으로 인정된 의견이 아니라고 해도, 공인된 여러 종파가 갖는 의견의 하나로 확고한 자리를 차지하게 된다. 그 교의를 신봉하는 사람들은 대개 그것을 스스로 채택한 것이 아니라 물려받은 것으로 보유한다. 따라서 어느 교의에서 다른 교의로 바꾼다는 것은 이제 신봉자들의 사고 속에서 거의 일어나지 않는 예외적인 일이 된다.

그들은 최초의 제창자와 그 제자들처럼 잔뜩 긴장한 채 세계를 향해 자기 교의를 변호하고 세계를 자기편으로 끌어들이기 위해 끊임없이 노력하는 대신, 묵종에 안주하여 자신들의 신조에 반하는 목소리에 귀 기울이지 않는 반면, 혹 이단자들이 존재하더라도 자기 신조를 들이대며 그들을 괴롭히지도 않는다. 대체로 이 시점으로부터 그 교의가 갖는 생명력은 쇠퇴의 길을 걷기 시작한다.

우리가 모든 신조의 지도자들에게서 이런 탄식을 흔히 듣는다. 그들은 신자들이 형식적으로 이해하고 있는 진리를 신자들의 마음속에 생생하게 심어줌으로써, 그 생생한 진리가 그들의 감정에 스며들어 그들 행동을 실질적으로 지배할 수 있도록 하기가 매우 어렵다고 한탄한다. 신조가 여전히 생존을 위해 분투하는 동안은 그런 어려움을 불평하는 소리가 전혀 들리지 않는다. 그런 상황에서는 나약한 투사라고 해도 자신이 무엇을 위해 싸우는지, 자신이 갖고 있는 신조와 다른 신조 간의 차이는 무엇인지 알고 또 느끼고 있다. 따라서 모든 신조의 발전 과정 중 특히 이 시기에는, 온갖 형태의 사고를 통해 그 신조의 근본 원리를 깨닫고, 그것들을 다각도로 저울질하고 고찰하며, 그 신조에 대한 믿음이 신조에 완전히 물든 사람의 품성에 미치도록 돼 있는 효과를 철저히 체험한 사람들이 적지 않게 존재한다.

그러나 신조를 물려받음으로써 이제 그 신조가 능동적인 것이 아닌 수동적으로 받아들이는 신조가 되면 인간 정신은 더 이상 그 신조를 믿는 데 따른 의문점에 대해 초창기만큼 생생한 힘을 발휘하도록 압력을 받지 않게 된다. 그렇게 되면 믿음의 모든 것이 망각되고 형식만이 남거나, 또는 그 신조에 대해 무감각하게 동의하는 경향, 다시 말해 마치 그 신조를 자신의 의식을 통해 실감할 필요도, 자신의 경험을 통해 실험해 볼 필요도 없다는 듯 그 신조를 무조건적으로 받아들이는 경향이 점점 더 강하게 나타나게 된다. 결국 그 신조는 인류의 내면적 삶과 아무런 연관성도 갖지 못하게 된다.

그리하여 오늘날과 같은 시대에는 빈번하다 못해 하나의 흐름이 되었을 정도로 인간의 신조는 마치 우리의 정신 밖에 있는 듯 존재한다. 이제 신조는 인간 본성의 보다 고결한 부분을 겨냥하고 있는 여타의 모든 영역으로부터 영향받기를 거부함으로써 인간 정신에 두꺼운 껍질을 씌워 그것을 화석화시킨다. 말하자면 기존의 신조는 그 어떤 생생히 살아 있는 확신도 인간 정신에 새로이 깃들 수 없도록 하는 가운데 새삼 자신의 힘을 확인할 뿐이다. 이제 신조는 인간의 정신과 마음을 텅 빈 상태로 유지시키도록 감시하는 일 말고는 그것들을 위해 아무런 일도 하지 않는다.

본질적으로는 사람의 정신에 가장 깊은 인상을 심어 주기에 적합한 교의들이 어떻게 인간의 상상과 감정과 오성 속에 실현되지 못하고 죽은 신앙으로 정신 속에 머물 수 있는지는, 기독교 신자 대다수가 기독교 교리를 믿는 태도에서 잘 엿볼 수 있다. 여기서 내가 기독교라고 함은, 모든 교회와 종파가 기독교라고 여기는 것, 즉 『신약성경』에 기록되어 있는 금언과 계율을 말한다. 기독교도를 자처하는 모든 이들은 이 금언과 계율을 신성시하고 율법으로 받아들인다.

그러나 이러한 율법에 의거해 자신의 행동을 다스리거나 검증하는 기독교도는 천 명 가운데 단 한 사람도 없다고 해도 과언이 아니다. 사실상 기독교도들의 행동 기준은 자기 나라, 자기 계급, 자기 종파의 관습이다. 그 결과 기독교도는 한편으로는 자기 행동을 규율하는 하나의 규범으로 '무오류의 지혜'인 신에게 받았다고 믿는 윤리적 금언들의 묶음을 갖게 되고, 다른 한편으로는 그들 금언과 상당히 합치되거나, 그다지 합치하지 않거나, 또는 정반대되는, 여하튼 대체로 기독교 신조와 세속적 삶의 이해관계, 그리고 그 삶이 요구하는 것 사이의 타협에 불과한, 일상적인 판단과 관행이라는 묶음을 갖게 된다.

  이 두 가지 기준 가운데 전자, 즉 신에게 받았다는 윤리적 금언에 대해서는 경의를 표하지만, 실제로 충성을 바치는 쪽은 후자, 즉 일상생활의 규범이다. 모든 기독교도는 다음과 같이 믿는다. 즉 가난하고 미천한 자, 세상에서 버림받은 자에게 복이 있고(「마태복음」 5장), 부자가 천당에 가기란 낙타가 바늘구멍을 통과하기보다 어렵고(「마태복음」 19장 24절), 자기가 심판받지 않으려면 남을 심판하지 말아야 하고(「마태복음」 7장 1절), 절대로 맹세하지 말며(「마태복음」 5장 34절), 이웃을 자신처럼 사랑하고(「마태복음」 19장 19절), 속옷을 가지려는 자에게는 웃옷까지 내주어야 하고(「마태복음」 5장 40절), 내일 일을 걱정하지 말아야 하고(「마태복음」 6장 34절), 스스로 완전하기를 바란다면 가진 것을 모두 팔아 가난한 사람에게 주어야 한다(「마태복음」 19장 20절)고 믿는다.

  기독교도가 이러한 것들을 믿는다고 말한다 해서 그들이 위선적인 것은 아니다. 세상 사람들이 늘 찬사만을 들어 왔고, 토론된 적이 없는 것을 믿는 것처럼, 기독교도들은 그것을 믿는다. 그러나 행동을 규제하는 살아 있는 믿음이라는 의미에서 말한다면, 그들이 이러한 교의를 믿는 것은 바로 그것에 근거해서 습관적으로 행동하는 범위 안에서이다. 기독교 교리는 그 자체로서 온전히 적을 공격하기에 좋은 무기다. 사람들은 스스로 찬양할 만한 일이라고 생각하는 것을 행할 때는 언제나 기독교 교리를 그 근거로 제시할 수 있다고 생각한다.

하지만 누군가 나서서 기독교의 금언들은 사람들이 실천할 생각조차 해본 적이 없는 무한한 무언가를 요구한다고 상기시킨다면, 그는 남보다 더 잘난 사람인 척하는 매우 밉살스러운 사람으로 몰리는 것 외에 아무것도 얻는 바가 없을 것이다. 기독교 교리는 일반 평신도들을 사로잡지 못하고 있으며 그들 마음속에서 힘이 되지도 못한다. 물론 그들은 그 교리를 들을 때마다 습관적으로 경의를 표한다. 그러나 그 말의 의미를 올바르게 파악하여 마음으로 받아들임으로써 자신을 그 정형화된 문구에 합치시키고자 하는 감정을 갖지 않는다. 실제로 무언가를 실천해야 할 상황에 봉착하면 그들은 언제나 그리스도에 어디까지 복종해야 하는지 알려줄 사람을 찾아 주위를 두리번거린다.

이제 우리는 초기 기독교도의 경우 이와는 전혀 달랐음을 확신할 수 있다. 만일 초기 기독교가 지금과 같은 모습이었다면 기독교는 멸시의 대상이었던 저 히브리 민족의 한 이름 없는 종파에서 로마 제국의 종교로까지 확산되지 못했을 것이다. 지금으로서는 그 누구도 쉽사리 하지 못할 말이지만 당시 기독교도의 적들이 "이 기독교도들이 서로 얼마나 사랑하는지 보라"고 했던 사실로 미루어 볼 때, 초기 기독교도들은 확실히 이후의 기독교도들보다 그 신조의 의미를 더욱 더 생생하게 느끼고 있었음에 틀림없다.

아마도 바로 이 이유로 인해, 기독교가 오늘날 교세를 거의 확장하지 못하고 있고, 18세기가 지났음에도 여전히 유럽인과 유럽인의 자손에게만 그 교도가 한정되어 있다고 생각된다. 기독교 교리에 훨씬 열심이고 많은 교리에 대해 다른 일반인들보다 더욱 큰 의미를 부여하는 엄격한 신자들의 경우에도, 그들 정신 속에서 상대적으로 더 활기찬 부분은 대체로 칼뱅[44]이나 녹스[45] 또는 성격상 훨씬 더 그들 자신과 가까운 어떤 인물에 의해 형성된 것이다.

그리스도의 말은 수동적으로 그들 마음속에 공존할 뿐, 매우 사랑스럽고 부드러운 말을 들을 때 느끼는 것 이상의 감흥을 불러일으키지 못한다. 종교의 표상이라 할 교리가 어떤 종파에서는 모든

---

44) Jean Calvin: 1509~1564, 프랑스의 신학자이자 종교개혁가.
45) John Knox: 1505~1572, 스코틀랜드의 종교개혁가로서 신교를 탄압한 메리 여왕에 대항해 종교개혁에 성공했다.

공인받은 타 종파의 공통된 교리보다 더 많은 활력을 유지하는가? 왜 그 종파의 지도자들은 그 교리의 의미를 계속 살려 나가려고 더 많은 고통을 감수하는가? 물론 많은 이유가 있음은 의심할 여지가 없다. 그러나 그중 확실한 이유 하나는, 그 종파 특유의 교리가 다른 종파들의 공통된 교리보다도 의문시되는 경우가 더 많고, 따라서 노골적인 반대자들에 대항해서 방어되어야 할 경우도 더 많다는 점이다. 전쟁터에서 적이 사라지는 순간 교리를 가르치는 자도 배우는 자도 모두 그 자리에서 잠들어 버린다.

일반적으로 모든 전통적 가르침, 즉 도덕적, 종교적 교의뿐 아니라 일상생활에서의 분별과 지식의 가르침에 대해서도 같은 말을 할 수 있다. 모든 언어와 문학은 인생이란 무엇인가, 사람은 어떻게 살아야 하는가라는 두 질문과 관련된 삶에 대한 일반적인 관찰로 가득 차 있다. 그 관찰이란 모든 사람이 알고 누구나 되풀이하며 묵묵히 듣고 자명한 이치로 믿는 것이다. 그러나 대부분의 사람들은 일반적으로 고통스러운 경험을 통해 그런 관찰의 내용을 현실 속에서 만났을 때 그 의미를 처음으로 배우게 된다. 사람들은 생각지도 못한 불행이나 절망에 부딪혀서 번민하게 될 때, 평소에 친숙했던 어떤 격언이나 속담을 곧잘 떠올린다. 결국 그것들이 갖는 의미란 만일 오래전부터 지금처럼 그것을 느꼈더라면 그런 재난을 당하지 않았을 것이라는 점이다.

물론 거기에는 토론의 부재 말고도 여러 가지 이유가 있다. 즉 개인의 경험을 통해 마음속 깊이 느끼지 않고서는 그 의미를 충분히 **깨달을 수 없는** 진리가 얼마든지 있다. 그러나 만일 그가 그 의미를 잘 이해하는 사람들이 주고받는 찬반 토론을 평소 자주 들었다면 그 의미를 더욱 잘 이해하고, 그 이해한 점을 훨씬 더 깊이 마음속에 새겼을 것이다. 어떤 것에 대해 더 이상 의문을 품을 필요가 없게 되면, 그것에 대해 더는 생각하려 하지 않는 인류의 파멸적인 경향이야말로, 인류가 저지르는 오류의 절반을 낳는 원인이다. 우리 시대의 어느 저술가가 "이미 결정된 견해는 깊은 잠에 빠진다"고 한 것은 정곡을 찌른 말이다.

그러나 "그게 무슨 소리인가?"라며 다음과 같이 반문하는 사람이 있을 수 있다. "참된 지식의 불가결한 조건이 의견의 불일치란 말인가? 누군가를 진리로 인도하려면 인류의 일부분이 계속 오류에 빠져 있어야 한다는 말인가? 믿음이란 것은 그것이 일반적으로 용인되는 순간 곧바로 진실성과 활기를 상실한다는 말인가? 명제라는 것도 그것에 대한 약간의 의심이 남아 있지 않는 한 철저하게 이해되고 실감되지 않는다는 말인가? 인류가 만일 일치하여 하나의 진리를 승인하면 바로 그 진리는 그들 마음속에서 사라진다는 말인가? 지금까지 사람들은 모든 중요한 진리들을 승인함으로써 더욱 더 인류를 단합시키는 것이야말로 진보된 지성의 최고 목적이자 최선의 결과라고 생각해 왔다. 그런데도 지성은 그 목적을 달성하지 않는 동안에만 존속한다는 말인가? 정복의 열매는 바로 그 승리의 완성과 함께 소멸되고 마는 것인가?"

나는 그러한 반문을 전혀 인정할 수 없다. 물론 인류가 진보함에 따라 더는 토론되지 않고 의문의 여지가 없는 이론의 수는 끝없이 증가할 것이다. 그리고 인류의 복지는 더는 논의의 여지가 없는 진리의 수와 그 중대성에 의해 대체로 측정될 수 있을 것이다. 의문이 꼬리를 물고 계속되는 문제에 대해 심각한 논란을 중지시키는 일은 의견 강화를 위해 필요한 부대조건 중 하나라 할 수 있다. 하지만 의견의 강화는 그 의견이 진실한 경우에는 유익하나 오류인 경우에는 그만큼 유해하다.

의견의 다양성이 점차로 그 범위를 좁히는 것은, '필요하다necessary'는 단어의 두 가지 의미에서, 즉 불가피하고inevitable 동시에 필수적indispensable이라는 의미에서 필요하기는 하지만, 그렇다고 해서 그 모든 결과가 반드시 유익하다는 결론은 나올 수 없다. 반대자를 상대로 어떤 진리를 설명하거나 변호하는 과정에서 우리는 그 진리를 지적으로 생생하게 이해하는 데 큰 도움을 받는다. 그런데 그러한 도움을 잃는 데 따른 손실은 그 진리가 보편적으로 인정됨으로써 얻는 이익을 상쇄하고 남을 정도로 심각한 것은 아니지만 그 이익을 적잖이 축소시킨다.

이러한 이익을 더는 기대할 수 없는 경우, 나는 인류의 지도자들이 그 이익을 대신할 대용물을 제공하기 위해 노력해 주기를 희망한다. 즉 그들이 가르치는 사람들의 의식 속에, 마치 그 사람들의 굴복을 간절히 바라는 반대론자들이 그 문제의 난점을 제시하듯, 그것들을 생생하게 보여줄 수 있는 어떤 방안을 제공해 주기 바란다.

하지만 인류의 지도자들은 이러한 목적을 달성하기 위해 어떤 방안을 모색하기는커녕, 과거에 가졌던 방안마저도 상실하고 말았다. 플라톤의 『대화』 속에서 훌륭히 예시된 소크라테스의 변증법이 바로 그러한 방안 가운데 하나였다. 그것은 본질적으로 철학과 인생의 중대 문제를 부정적 입장에서 풀어 보는 토론이었다. 그것은 당시 일반적으로 공인된 의견을 무조건 받아들인 모든 사람에게, 그가 그 문제를 이해하고 있지 않다는 점, 즉 그가 공언한 이론에 대해 스스로도 아직 어떤 명확한 의미를 부여하지 못하고 있음을 납득시키려는 고도의 기법에 바탕을 두고 있었다. 이를 통해 토론 상대방은 자신의 무지를 깨닫는 한편 이론의 의미와 그 증명의 의미를 모두 명확히 이해함으로써 안정적인 믿음을 향해 나아갈 수 있게 된다.

중세의 학교 토론도 대체로 유사한 목적을 갖고 있었다. 그 토론은 학생들이 자신의 의견을 이해하는지, 또 그것과 필연적으로 관련되어 생기는 반대론을 이해하는지, 나아가 자기 의견의 근거를 공고히 하고 반대론의 논거를 충분히 논박할 수 있는지를 확인하고자 한 것이었다. 이 토론은 그것이 근거로 삼은 전제가 이성이 아니라 권위라는 결정적인 결함을 갖고 있었다. 또한 지성의 단련 방법으로서는 어느 모로 보나 '소크라테스 사람들'의 지성을 형성시켜준 저 강력한 변증법보다 못한 것이었다.

오늘날의 인간 정신이 이 양자에 힘입은 바는, 일반적으로 인정되는 것보다 훨씬 큰 것이었다. 그러나 오늘날의 교육법은 전자나 후자를 대신할 그 무엇도 갖고 있지 못하다. 교사나 책을 통해 모든 교육을 받는 사람은, 혹시 주입식 지식에 만족하려는 끈질긴 유혹은 피해갈 수 있을지 몰라도, 양쪽 의견에 모두 귀를 기울여야 한다는 강박감에 사로잡히지는 않는다. 따라서 심지어 사상가들 사이에서도 양쪽 의견을 골고루 아는 경우는 매우 드물다. 그래서 모든 사람이 자기 의견을 변호할 때 하는 말 중 가장 취약한 부분은, 반대자에 대한 답변으로 하는 말이라고 할 수 있다.

오늘날 부정적 논리, 즉 적극적으로 진리를 확립하고자 하지 않고 어떤 이론상의 약점이나 실천상의 오류를 지적하는 논리를 멸시하는 풍조가 유행하고 있다. 이러한 부정적 비판은 확실히 궁극적인 결과로서는 빈약하기 짝이 없는 것일 수 있지만, 명실상부한 어떤 적극적인 지식이나 확신에 이르기 위한 수단으로서는 달리 비할 바 없이 소중하다. 따라서 사람들이 다시금 체계적으로 이 부정적 비판을 익히지 않는 한, 수학이나 물리학 부문을 제외한 어떤 부문의 연구에서도 위대한 사상가가 배출될 수 없고, 평균 지능이 전반적으로 낮은 수준에 머물 것이다.

실제로 반대론자와 적극적으로 논쟁하면서 거치게 되는 것과 동일한 정신적 과정을 타인의 강요에 의해서든 아니면 자발적으로든 거치지 않고는 그 어떤 주제에 대한 그 누구의 견해도 지식이라는 이름으로 불릴 자격이 없다. 따라서 그런 정신적 과정이 없다면 어렵지만 일부러라도 만들어내야 할 상황인데, 그런 기회를 자발적으로 제공하겠다는데도 이를 활용하지 않고 버린다는 것은 얼마나 어리석은 짓인가!

만일 여기에 일반적으로 공인된 의견에 이의를 제기하거나, 법 혹은 여론이 허용한다면 그렇게 할 뜻이 있는 사람이 있다면 우리는 그런 이유에서 그들에게 감사하고, 허심탄회하게 그들에게 귀를 기울여야 할 것이다. 그리고 신념의 확실성이나 지속력에 조금이라도 관심을 갖고 있는 사람이라면 몇 배의 노력을 기울여 일부러라도 해야 할 일을 누군가 대신해 주고 있다는 사실에 감사해야 할 일이다.

의견의 다양성이 인류에게 이롭게 작용하도록 해주는 주요한 원인 가운데 하나에 대해서는 아직 언급하지 않았다. 그것은 인류가 현재로서는 무한히 멀리 있는 것처럼 보이는 지적 진보의 단계에 들어서기까지는 여전히 유효한 원인이다. 우리는 지금까지 두 가지 경우만을 고찰했을 뿐이다. 그 하나는 일반적으로 공인된 의견이 오류일 수 있고, 따라서 그 밖의 다른 의견이 결과적으로 진리일지도 모르는 경우다. 다른 하나는 비록 일반적으로 공인된 의견이 진리라고 해도 그 진리성을 명확하게 이해하고 깊이 느끼기 위해서는 반대쪽 오류와의 논쟁이 반드시 필요한 경우다.

그러나 그 어떤 경우보다 더욱 일반적인 경우가 있다. 즉 서로 대립하는 이론의 진위가 확실하게 나뉘지 않고 두 이론이 진리를 나누어 가지고 있어서, 이미 공인된 이론이 진리의 일부만을 구현하고 있기 때문에 진리의 나머지 부분을 보완하기 위해 상대방 의견을 필요로 하는 경우다.

감각적으로 명료하지 않은 문제에 대해서는 여론이 종종 진리인 경우도 있지만, 그것이 전적으로 진리인 경우란 거의 없거나 아예 없다. 여론은 진리의 일부에 불과하다. 물론 어느 경우에는 좀 더 큰 일부이고 어느 땐 조금 작은 일부이기는 하지만 과장되거나 왜곡되어 있고, 진리를 뒤따르고 진리에 의해 제한받아야 함에도 불구하고 그 진리로부터 유리되어 있다.

한편 이단적인 의견은 대체로 압박받고 무시된 진리라 할 수 있는데, 그것을 억눌렀던 속박을 벗어나 일반의 의견에 포함된 진리와 화해하려 애쓰거나 또는 그것을 적대시해 진리와 비슷한 배타성을 내세우며 스스로 진리 전체임을 자처하기도 한다. 지금까지는 후자의 경우가 더 흔했다. 왜냐하면 인간의 정신 속에서는 언제나 일면적인 것이 규범이고 다면적인 것은 예외였기 때문이다.

따라서 심지어 의견의 거대한 변혁기에도 진리의 일부가 힘을 잃으면 진리의 다른 부분이 떠오르는 게 보통이다. 옛것에 새것을 보태는 것이 원칙인 진보라는 것조차, 하나의 부분적이고 불완전한 진리를 다른 진리로 대체하는 경우가 대부분이다. 그러니까 주로 진보의 과정에서 이루어지는 개선이란 결국 옛 진리의 조각이, 시대가 더 많이 요구하고 시대의 요구에 더 적합한 새로운 진리의 조각으로 대체되는 현상이다.

세상에 널리 유포되어 있는 의견은, 그것이 비록 진실한 토대에 근거하는 경우에도, 그렇듯 부분적이고 불완전하다는 특징을 갖고 있기 때문에 적어도 그 여론에 결여된 부분의 진리를 조금이라도 포함한 모든 의견 역시 소중히 여겨야 한다. 이로 인해 진리에 아무리 많은 오류와 모순이 섞여 든다 해도 그렇다.

인간사를 냉철하게 판단하는 사람이라면 그 누구도, 우리가 간과할 뻔했던 진리를 주목하게 해준 사람이 이번에는 우리가 아는 어떤 진리를 간과했다고 해서 그에게 분노를 느끼지는 않을 것이다. 오히려 그는 여론화되어 있는 진리가 일면적이라면 여론화되어 있지 않은 진리에도 역시 일면적인 주창자가 있는 쪽이 그렇지 않은 경우보다 바람직하다고 생각할 것이다. 그것이, 그들이 마치 전체인 양 주장하는 지혜의 조각에, 내키지는 않겠지만 주의를 기울일 수밖에 없도록 만드는 가장 효과적이고 가능성 높은 방안이기 때문이다.

그리하여 18세기에 교양인 거의 전부와, 그들이 이끄는 교양 없는 사람들 모두가 이른바 문명이라는 것을 찬양하며 현대과학, 현대문학, 현대철학의 경이를 찬미하는 데 넋을 잃고, 현대인과 고대인의 차이를 과대평가하여 그 차이의 전부가 자신의 우월성을 보여주는 것이라고 만족하고 있을 때, 루소의 역설('자연으로 돌아가자'라는 설)이 하나의 건전한 충격으로 그 한복판에 폭탄처럼 터졌다. 루소의 역설은 급기야 일면적인 의견들로 응축된 덩어리에 균열을 일으켰지만 그 의견의 요소들에 다른 요소들까지 첨가해서 더욱 좋은 형태로 재결합시켰다.

물론 당시 통용되던 의견들이 루소의 의견보다 전반적으로 진리로부터 더 멀리 떨어져 있던 것은 아니었다. 오히려 그 의견들이 진리에 더 가까웠다. 거기엔 결정적인 진리가 더 많이 포함되어 있었고 오류는 적었다. 그럼에도 루소의 이론에는 당시 여론에 결여되어 있던 진리의 상당 부분이 정확히 포함되어 있었고, 그것이 루소의 주장과 더불어 의견의 강물을 타고 흘러내려와 오늘에 이르렀다. 이는 마치 홍수가 지나간 뒤에 남은 퇴적물과도 같다.

루소의 글이 세상에 선을 보인 이래로, 단순한 삶이 우월한 가치를 지니고, 인위적 사회의 속박과 위선은 인간을 무기력하고 퇴폐적으로 만든다는 사상이 교양인의 마음속에서 완전히 사라진 적이 없다. 이러한 관념들은 오늘날에도 예전만큼 주장될 필요가 있지만 이 주제와 관련해서 말이 지닌 힘이 이미 거의 소진되었기 때문에 이제는 행동을 통해 주장될 필요가 있다. 그리고 언젠가 때가 되면 이러한 관념들은 그에 합당한 효과를 나타낼 것이다.

또한 정치에서도 질서나 안정을 추구하는 정당과 진보나 개혁을 추진하는 정당 가운데 어느 하나가 정신적 장악력을 확대해서 보존할 것과 일소해야 할 것을 잘 파악하고 구분함으로써, 질서와 진보를 함께 표방하는 정당이 될 때까지는 두 정당 모두 정치생활을 건전한 상태로 유지하는 데 필요한 요소라는 사실이 이제는 거의 상식이 되었다. 이들 두 사고방식은 서로 상대방의 결함으로부터 일종의 공리성을 이끌어내지만, 두 사고방식이 이성과 분별력의 범위 내에서 유지되는 것은 다름 아닌 상대방의 반대가 존재하는 데서 힘입은 바 크다.

민주주의와 귀족주의, 사유재산과 평등, 협동과 경쟁, 사치와 금욕, 사회성과 개별성, 자유와 규율, 기타 실생활에 상존하는 대립적 요소들이 각자의 입장에서 동등하게 자기 의견을 표현하고, 동등한 재능과 힘으로 주장되고 옹호되지 않는 한 쌍방의 요소들이 자기에게 주어진 정당한 몫을 차지할 기회란 존재하지 않을 것이다. 그렇게 되면 저울의 한 쪽은 올라가고 다른 한 쪽은 내려갈 게 분명하다.

실제 삶의 중대 관심사에서, 진리는 대체로 서로 대립하는 것들의 조정과 결합의 문제이다. 그러나 올바른 접근으로 그러한 조정을 해낼 만큼 포용력이 있고 공정한 정신을 가진 사람은 그다지 많지 않다. 따라서 이러한 조정은 결국 서로 적대적인 깃발 아래 싸우는 투사들 사이의 치열한 투쟁을 통해서 이루어질 수밖에 없다.

바로 위에서 열거한 중대한 미해결 문제에서도, 만일 양측 의견 중 어느 쪽이 관용의 차원을 넘어 장려되고 지원받을 권리를 갖느냐고 묻는다면 그것은 마땅히 특정 시기와 장소에서 소수파에 속하는 의견이라 할 수 있다. 이는 등한시된 이해관계, 즉 제 몫을 다 받지 못할 위험에 처한 인간복지의 일면을 당분간 대변해 줄 의견이다.

영국에는 위에서 열거한 문제들 대부분에 대해, 의견 차이에 따른 불관용이 전혀 없음을 나는 안다. 그러한 대립적 문제들을 인용한 것은 결국, 인간 지성의 현 상태에서는 오로지 의견의 다양성을 통해서만 진리의 모든 측면을 공정하게 다룰 기회가 주어진다는 그 보편적인 사실을, 명백하고도 다양한 사례를 통해 보여주기 위해서였다. 어떤 주제에 대해 세상 사람들이 명백히 일치된 의견을 갖고 있는 가운데 어떤 예외적인 사람들이 존재할 때, 비록 일반 세상 사람들 편이 옳다고 해도, 반대론자에게는 직접 말하고 싶은 무언가가 있을 가능성이 언제나 있고 세상 사람들은 그의 말에 귀를 기울일 만한 가치가 있다. 그들 반대론자를 침묵시킬 때 진리는 무언가를 잃게 된다.

이에 대해 다음과 같은 반대론이 있을 수 있다. "그러나 특히 고차원적이고도 중대한 주제와 관련해서 이미 공인된 원칙들은 반쪽 진리 이상의 것이다. 가령 기독교 윤리는 그 주제에서 완전한 진리이다. 만일 누가 그것과 다른 윤리를 가르친다면 그는 완전히 오류에 빠진 것이다.”

　이는 어떤 경우보다도 실제로 가장 중요한 사례이므로, 보편적인 금언을 시험하는 데는 그보다 더 적당한 것이 있을 수 없다. 그러나 무엇이 기독교 윤리인지 아닌지를 공언하기 전에, 기독교 윤리란 말이 뜻하는 바가 무엇인지를 먼저 규정하는 게 바람직할 듯싶다. 만약 그것이 『신약성경』의 윤리를 뜻한다면, 『신약성경』 자체에서 기독교 윤리에 대한 지식을 얻은 사람들 모두가 과연, 그 책이 애초에 하나의 완전한 윤리적 교리로 공언되었거나 의도되었다고 가정할 수 있는지 의심스럽다.

　복음서에 언급되고 있는 윤리들은 모두 과거부터 존재해 온 윤리들이다. 복음서가 교훈을 제시하는 경우는 그 윤리들이 수정되거나 더 광범하고 고차원적인 도덕으로 대체되어야 하는 특정 사안을 다룰 때뿐이다. 게다가 복음서는 가장 일반적인 말, 흔히 글자 그대로는 해석할 수 없는 말로 표현되어 있고, 율법의 엄밀성을 추구한다기보다는 시나 웅변이라는 인상을 풍긴다. 매우 정교하지만 여러 측면에서 야만적이고 오로지 한 야만 민족을 위해 기술된 『구약성경』의 내용을 차용하지 않았더라면 『신약성경』에서 어떤 윤리적 교리 체계를 끄집어내는 일은 불가능했을 것이다.

　성 바울은 유대교식으로 교리를 해석하고 유대교식으로 신의 계획을 채우는 데 노골적으로 반대한 인물이지만 그 역시도 전 시대 윤리인 그리스인과 로마인의 윤리를 답습했다. 따라서 기독교도에 대한 그의 충고는 노예제도를 명백히 승인할 정도로 기존의 윤리에 순응하는 체계로 이루어졌다. 기독교 윤리라기보다는 오히려 신학적 윤리라고 해야 할 이 윤리는 그리스도와 사도들의 작품이 아니었으며 그 기원을 훨씬 뒷날에 두고 있다. 기독교 윤리는 초기 5세기 동안 가톨릭 교회에 의해 점진적으로 구축되었다.

그리고 이러한 기독교 윤리가 근대인과 신교도에 의해 맹목적으로 받아들여지지는 않았지만, 거기에 수정이 가해진 것은 예상보다 훨씬 적었다. 대체로 볼 때 사실상 그들은 중세에 새로이 추가된 내용들을 다시 떼어내 버리고, 대신 종파별로 각각의 특징과 성향에 적합한 새로운 내용을 추가하는 데 만족했다.

인류가 이 윤리와 그 초기 지도자들에게서 힘입은 바가 크다는 것을 부정하지 않는다. 내가 서슴없이 말할 수 있는 것은, 이 윤리가 여러 중요한 점에서 불완전하고 일면적이며, 기독교 윤리의 승인을 받지 못한 사상과 감정이 유럽인의 생활과 성격 형성에 공헌하지 않았다면, 인간사는 지금보다 더 열악한 상황에 처해 있을 것이라는 점이다.

이른바 기독교 윤리는 어떤 대상에 대한 반작용의 성격을 두루 갖추고 있다. 그것은 대체로 이교도 신앙에 대한 이의 제기이다. 기독교 윤리의 이상은 적극적이기보다는 소극적이고, 능동적이기보다는 수동적이다. 또한 고결한 것이 아니라 결백한 것이고, 거침없이 선을 추구하는 것이 아니라 악행을 삼가는 것이다.

기독교 윤리의 훈계(참으로 적절한 표현이다)에는, '무엇을 하지 마라'가 '무엇을 하라'보다 압도적으로 많다. 기독교 윤리는 육욕을 두려워한 나머지 금욕주의라는 우상을 만들었지만 점차 타협의 과정을 거치면서 일종의 형식적 계율로 남았다. 기독교 도덕은 천국에 대한 희망과 지옥에 대한 공포를 윤리적인 생활로 이끄는 하나의 적절한 동기로 내세우는데, 그런 점에서 기독교 윤리는 고대인의 도덕적 장점에도 훨씬 못 미친다. 기독교 윤리는 어떤 이기적인 동기에 이끌려 동포의 이해관계를 고려하게 되는 경우를 제외하면, 각 개인의 의무감을 그 동포들의 이해관계에서 분리함으로써 인간 윤리에 본질적으로 이기적인 특징을 부여한다.

기독교 윤리는 본질적으로 수동적 복종의 교리로서 모든 기성의 권위에 복종하도록 가르친다. 물론 그 권위가 종교가 금지하는 것을 명령하는 경우라면 그것에 능동적으로 따를 필요는 없지만, 그런 경우가 아니라면 우리 자신에 미칠 해악이 아무리 크다고 해도 그 권위에 저항해서는 안 된다. 하물며 반란을 일으킨다는 것은 상상할 수도 없다.

또한 주요 이교도 국가들의 윤리에서는, 국가에 대한 의무가 과도하게 중시되어 개인의 자유를 침해할 정도인데 반해, 순수한 기독교 윤리에서는 이 중대한 의무의 부분이 거의 주목되지도 않고, 인정되지도 않는다. "통치자가 어떤 사람을 공직에 임명한 경우, 그 직무에 더 적합한 다른 사람이 그 나라에 있다면, 그 통치자는 신과 국가에

죄를 범하는 것"이라는 금언을 접할 수 있는 경전은 『신약성경』이 아니라 다름 아닌 『코란』이다. 공중에 대한 의무 관념이 다소나마 현대 윤리에서 인정되고 있다면, 그것은 기독교에서 비롯되는 것이 아니라 그리스와 로마에서 비롯된 것이다. 이는 심지어 개인생활의 윤리에서도 마찬가지다. 관대함, 고결함, 개인의 존엄성, 심지어 명예심에 이르기까지 거기에 무언가 존재한다면 모두 우리 교육의 종교적 부분에서 비롯된 것이 아니라, 순수 인간적인 부분에서 비롯된 것이다. 공개적으로 인정되는 유일한 가치가 복종인 기독교 윤리 기준에서는 그 어느 것도 절대로 나올 수 없는 것이기 때문이다.

나는 이러한 결점들이 아무리 생각해 보아도 기독교 윤리에 필연적으로 내재한다든가, 또는 기독교 윤리가 결여하고 있는 완전한 도덕적 교리의 필수 요건들 중 상당 부분이 기독교 윤리와 조화될 수 없다고 주장할 생각은 조금도 없다. 하물며 그리스도 자신의 교리와 계율에 대해 넌지시 그러한 암시를 할 생각은 더더욱 없다.

나는 그리스도의 말이 의도한 내용을 밝힐 증거로 내가 들 수 있는 것은 오로지 그의 말뿐이고, 그리스도의 말은 포괄적인 윤리가 요구하는 어떤 것과도 조화를 이룰 수 있다고 믿는다. 또한 나는 윤리적으로 탁월한 모든 것을 그리스도의 말 속으로 끌어들일 수 있다고 믿는다. 설사 그런 시도가 그리스도의 말에 폭력을 가하는 것이라 할지라도 그 폭력의 정도는 그리스도의 말로부터 어떤 실천 윤리 체계를 도출해 내려고 시도했던 사람들이 그 말에 가한 폭력 이상은 아니다.

한편으로 나는 그리스도의 말 속에는 진리의 일부만이 담겨 있고, 사실 일부만을 담으려 했다고 믿는다. 또 최고 윤리의 근본 요소는 그 대부분이 기독교 창시자의 설교 기록에 제시되어 있지 않았고, 또 그것을 제시하려고도 하지 않았다고 믿으며, 따라서 그런 것은 그리스도의 설교를 기초로 하여 기독교 교회가 수립한 윤리 체계에서는 완전히 배제되어 왔다고 믿는다. 하지만 나의 이런 믿음은 앞서 진술한 믿음과 조금도 모순되지 않는다.

따라서 교리의 창설자가 그 교리를 통해 어떤 완벽한 규칙을 승인하고 이행하려 했지만, 단지 부분적으로만 제시했기 때문에 기독교 교리 중에서 우리를 이끌 완벽한 규칙을 발견하고자 고집하는 일은 중대한 잘못이라고 생각한다. 나는 또한 이 편협한 이론이 지금 수많은 선의의 사람들이 힘을 쏟고 있는 도덕적 훈련과 인격 도야의 가치를 현저히 떨어뜨려 그 자체로 엄청난 실질적 폐해가 되고 있다고 믿는다.

내가 크게 두려워하는 점은, 오로지 종교적 틀에 맞춰 정신과 감정을 형성하고자 시도하고, 또한 지금까지 기독교 정신의 일부를 받아들이고 기독교 정신에 자기들 정신의 일부를 주입하면서 기독교 윤리와 상호보완적으로 공존관계에 있던 세속적 기준(더욱 적합한 말을 찾을 수 없어 이렇게 부르기도 한다)을 포기함으로써,

저급하고 비열하기 짝이 없는 노예적 성격이 그 결과로 나타날 것이고, 이미 나타나고 있다는 사실이다. 여기에서 노예적 성격이란 최고의지로 보이는 것에 복종할 수는 있어도, 최고선의 개념에 이르거나, 그것에 공감할 수는 없는 것을 이른다.

나는 오로지 기독교적 원천을 통해서만 발전할 수 있는 윤리와는 전혀 다른 종류의 윤리와 기독교 윤리가 병존하지 않으면 인류의 도덕적 부활을 이룰 수 없다고 믿는다. 또한 인간 정신이 불완전한 상태에서, 진리를 위해서는 의견의 다양성이 필요하다는 원칙에 기독교 체계도 예외일 수 없다고 나는 믿는다. 나아가 기독교에 포함되지 않은 도덕적 진리를 더 이상 무시하지 않는다 해서 기독교에 포함된 진리를 반드시 무시해야 하는 것은 아니다.

바로 이러한 편견이나 착오는, 그것이 발생할 때 하나의 폐해로 나타난다. 그러나 이러한 폐해를 우리가 언제나 비껴갈 수는 없는 일이고, 따라서 더 없는 선을 위해 지불하는 대가로 받아들여야 할 것이다.

진리의 일부를 전부인 양 내세우는 독단적인 가식은 반드시 항의할 필요가 있고, 또한 항의하는 것이 당연하다. 하지만 이번에는 항의자들이 반동적인 충동으로 인해 불공정한 태도를 보인다면 물론 그 항의자의 일면적인 주장도 전자의 그것과 마찬가지로 개탄해야 할 성질의 것이기는 하지만 관용될 필요가 있다.

만일 기독교도들이 신앙심 없는 자들에게 기독교를 공정하게 다루도록 가르치려면 그들 스스로도 신앙심 없는 자들에게 공정한 태도를 취해야 한다. 인문의 역사에 대해 지극히 평범한 지식밖에 갖고 있지 않은 사람이라도 누구나 알고 있는 사실이지만, 이 세상에 존재하는 가장 고귀하고 가치 있는 도덕적 가르침의 대부분이 기독교 신앙을 알지 못하는 사람들과 함께 그것을 알고도 배척한 사람들의 손에 의해 이룩되었다는 사실에 눈을 감는다면 그것은 결코 진리에 충실한 태도라고 할 수 없다.

있을 수 있는 모든 의견을 자유롭게 발표할 수 있도록 무제한적으로 허용하면 종교적·철학적 분파주의의 폐해가 근절될 수 있다는 말은 아니다. 식견이 좁고 편협한 사람들이 열렬히 주장하는 진리가, 마치 그것 외에는 이 세상에 다른 진리가 존재하지 않는 것처럼, 또는 적어도 자신의 주장을 제한하거나 거기에 단서를 달 만한 힘을 갖는 진리는 존재하지 않는 것처럼 주장되고 주입되고, 심지어는 여러 가지 방법으로 실천되고 있음이 확실하다. 나는 모든 의견에는 이런 분파적 성향이 존재하며 그런 성향은 가장 자유로운 토론으로도 교정될 수 없다는 사실을 인정하며 오히려 그런 경향이 종종 자유로운 토론을 통해 강화되고 악화되기도 한다는 사실 또한 인정한다. 당연히 이해되어야 했음에도 이해받지 못한 진리가 반대 쪽 사람들에 의해 선언되었다는 이유로 더욱 더 맹렬히 배척을 받기 때문이다.

그러나 이러한 의견 충돌은, 열렬한 분파주의자들에게는 유익한 효과를 가져다주지 않겠지만 침착하고 이해관계가 없는 방관자에게는 유익하게 작용한다. 가공할 만한 폐해는, 진리의 여러 부분들 사이에 격렬한 투쟁이 벌어지는 경우가 아니라, 진리의 절반을 소리 없이 억압하는 경우에 발생한다. 그러나 사람들이 양쪽 의견을 듣도록 내몰릴 때는 언제나 희망이 있다. 반면에 오류가 편견으로 굳어지고, 진리가 허위로 과장되어 진리로서 효과를 갖지 못하게 되는 것은, 사람들이 어느 한쪽에만 귀를 기울이는 경우이다.

어떤 문제에 대해 서로 대립된 양쪽 가운데 어느 한쪽만 자기 의견을 옹호해 줄 대변자를 갖고 있는 상황에서 양쪽에 개입해 지적인 판단을 내릴 수 있는 일종의 사법적 능력은 좀처럼 찾아보기 힘든 정신적 속성이다. 따라서 진리가 진리로 인정될 수 있는 기회란, 진리의 모든 측면들, 즉 진리의 몇 분의 일이라도 구현하는 모든 의견이 그 대변자를 만나고 타인의 경청을 이끌어낼 수 있을 만큼 충분히 변호를 받는 것에 비례하여 무르익게 된다.

이제 지금까지 언급된 내용을 요약해 보자. 우리는 아래에 기술되는 네 가지 명백한 이유 때문에 의견의 자유와 의견 표현의 자유가 인간의 모든 복지에 우선하는 정신적 복지를 위해 필수불가결하다는 사실을 인식하게 되었다.

첫째, 어떤 의견이 침묵을 강요당한다면 아마도 그 의견은 진리일지도 모른다. 우리가 이를 부정함은 자신의 무오류를 가정하는 것이다.

둘째, 비록 침묵당한 의견이 오류라고 해도, 거기에는 진리 일부가 포함되어 있을 수도 있고, 사실 대체로 포함되어 있다. 그러므로 어떤 주제에 대해 일반적이거나 우세한 의견이라고 해도 그 전부가 진리인 경우는 드물거나 전무하기 때문에, 그 나머지 진리가 보충될 기회는 서로 반대되는 의견들의 충돌에 의해서만 기대될 수 있다.

셋째, 설령 일반적으로 공인된 의견이 단순히 진실하다는 차원을 넘어서 완전한 진리라고 해도, 그것이 활발하고 진지하게 토론되도록 허용되지 않고, 실제로 토론되지 않는다면, 그 의견을 받아들인 사람들 대부분은 그 합리적 근거를 전혀 이해하지 못하거나 느끼지 못함으로써 그 의견은 결국 그 사람들 내부에 일종의 편견으로 자리잡게 될 것이다.

넷째, 더 나아가 그 이론 자체의 의미가 상실되거나 약화되면서 결국 사람들의 성격과 행동에 미치는 생생한 영향력을 박탈당할 위험에 직면하게 될 것이다. 즉 그 독단적 이론은 생명력을 영구히 상실한 단순한 형식적 선언에 불과하게 될 뿐만 아니라, 이성이나 개인적 경험으로부터 형성된 근거를 무너뜨리고, 또 그 이성이나 경험으로부터 어떤 진정한 확신이 성장하는 것을 방해한다.

의견의 자유라는 주제를 마치기 전에, 모든 의견의 자유로운 표현은, 태도가 절제되어 있고 공정한 토론의 범위를 넘지 않는다는 조건 하에서만 허용되어야 한다고 말하는 사람들에게 주목할 필요가 있다. 어디까지가 공정한 토론의 범위인지 결정하는 문제와 관련해서 많은 논란이 있을 수 있다. 만일 그 기준을 자기 의견이 공격받을 때 모욕을 느끼느냐 않느냐에 둔다고 하면, 나는 경험에 비추어 다음과 같이 생각한다. 즉 만일 그 공격이 유효하고 강력하다면 언제나 모욕을 느끼게 될 것이고, 상대를 강하게 밀어붙이면서 아무런 답도 할 수 없을 정도로 추궁하는 반대론자가 해당 주제에 대해 강한 감정 표시를 하면 그는 공격당하는 사람에게 반드시 무절제한 사람으로 보인다는 것이다.

그러나 이는 실질적 관점에서 보면 중요한 고려 사항이지만, 반론을 펴는 모든 경우에 기본적으로 포함된 요소라 할 수 있다. 물론 비록 어떤 의견이 진실한 것이라고 해도 그것을 주장하는 태도가 불쾌감을 줌으로써 심각한 반발을 불러일으키는 경우가 분명 있을 수 있다. 가장 일차적인 불쾌감이라 할 이런 종류의 불쾌감이 형성된다면 우연한 경우가 아닌 한 상대방을 설득하는 것이 대체로 불가능하다. 그중에서 가장 중대한 것은 궤변을 일삼고, 사실과 논증을 은폐하며, 사안의 요소들을 그릇되게 진술하거나, 반대 의견을 왜곡하여 틀리게 전하는 것이다.

그러나 무지하다거나 무능하다고 생각되지 않을 뿐 아니라 다른 여러 측면에서도 결코 그렇게 여겨질 수 없는 사람들이 오로지 선의에서 이런 모욕 행위를 부단히, 그것도 매우 악질적으로 저지르고 있다. 따라서 양심에 따라 충분한 근거를 갖고 그러한 허위 진술을 도덕적으로 유죄라 낙인 찍는 일이 거의 불가능하다. 하물며 논쟁에서 생기는 이러한 종류의 잘못된 행태를 법이 간섭한다는 것은 더더욱 힘든 일이다.

세상이 이른바 지나치게 무절제한 토론 행태라고 보는 것, 가령 악담을 하거나 빈정대거나 비난을 퍼붓는 행태, 풍자, 인신공격 등을 쌍방 모두가 할 수 없도록 금지한다면 그러한 조치는 더욱 공감을 얻을 만하다. 하지만 그런 무기가 우세한 의견을 공격하는 데 사용되는 경우만을 규제하려는 것이 실상이다. 즉 우세하지 않은 의견에 대해서는 그런 공격들이 일반의 비난을 받지 않고 사용될 수 있을 뿐만 아니라, 이를 사용하는 사람들은 오히려 정직한 열정과 의분을 가진 자로 칭찬을 받는 경향까지 있다. 물론 이런 무기를 사용함으로써 많은 폐해가 따를 수 있지만, 그중에서 가장 큰 폐해는 상대적으로 방어수단을 갖지 못한 자에 대한 공격에 사용될 때 생긴다. 어떤 의견을 이러한 방식으로 주장해서 얻을 수 있는 부당한 이익은 무엇이든 거의 독점적으로 이미 공인된 의견에 돌아가게 된다.

논쟁자가 범할 수 있는 이러한 모욕 행위 중 최악은, 반대 의견을 가진 자에게 사악하고 부도덕한 자라는 오명을 덮어씌우는 것이다. 대중적이지 않은 의견을 갖는 사람들이 특히 그런 중상모략을 당하기 쉽다. 왜냐하면 그들은 일반적으로 소수이고 무력하며, 그들 자신 외에는 아무도 그들이 공정하게 대우받아야 한다는 데 관심을 갖지 않기 때문이다. 반면에 이러한 무기는 일의 성격상 우세한 의견을 공격하는 사람에게는 사용이 거부된다. 그래서 그들은 아무런 해도 입지 않고는 그 무기를 사용할 수 없으며, 설령 사용할 수 있다고 해도 자신의 명분에 대한 반발만을 초래할 따름이다.

일반적으로 말해, 세상 사람들이 이미 공인한 의견에 대립하는 의견을 가진 사람들은, 언어를 섬세하게 절제하고 불필요한 자극을 신중히 삼갈 때만 비로소 발언 기회를 얻게 되며, 이러한 태도에서 조금이라도 벗어나면 거의 예외 없이 그들의 의견은 입지를 상실한다. 반면에 우세한 의견 쪽에서 동원하는 무한한 독설은 사람들에게 실제로 반대 의견을 발표하지 못하게 하는 한편, 반대 의견을 발표하는 사람이 있다면 그들에게 귀를 기울이지 못하게 한다.

그러므로 진리와 정의를 구현하고자 한다면 이런 독설이 담긴 언어를 규제하는 것이 다른 무엇보다도 중요하다. 따라서 예를 들어 양자택일을 해야 할 처지라면, 종교에 대한 공격을 규제하기보다 무신론에 대한 공격을 규제하는 것이 훨씬 더 필요하다.

그러나 다음 사실은 명백하다. 즉 법과 권력은 두 경우 어느 쪽도 규제할 권리를 갖지 않기 때문에 모든 경우에 여론이 나서서 개별 사안의 상황에 따라 판단을 내려야 한다는 사실이다. 여론은 어떤 사람이 자기 주장을 옹호하는 과정에서 공정하지 못하고 악의적이며 편협하고 불관용적인 태도를 보인다면 그가 논쟁의 어느 편에 서 있든 그를 비난해야 한다.

하지만 여론은 누군가가 우리와는 반대되는 입장을 취하고 있다 해서 그 입장 자체가 이미 그러한 폐해를 갖고 있다는 선입견을 가져서는 안 된다. 그리고 자기가 어떤 의견을 갖고 있든, 자기와는 반대되는 의견의 주창자가 누구이며 그 의견은 실제로 어떤 것인지 냉정하게 관찰하고 정직하게 논의함과 동시에, 반대론자에 대한 불신을 야기할 그 어떤 과장도 전혀 하지 않고, 반대론자에게 유리하거나 유리하다고 생각되는 것을 은폐하지 않는 사람이 있다면 여론은 그에게 합당한 경의를 표해야 한다.

바로 이것이 공개적 토론의 참된 윤리이다. 비록 이것이 가끔 침범된다고 해도 이를 준수하는 논객들이 상당히 많고 또 진지하게 이를 지키려고 노력하는 사람은 더욱 많다는 것은 다행스런 일이 아닐 수 없다.

제 3 장

복지의 요소인 개성

앞에서는 인간이 자유롭게 의견을 형성하여 아무런 제약 없이 그 의견을 표현하는 것이 왜 필요한지에 대해 설명했다. 그리고 이러한 자유가 허용되지 않거나, 금지와는 상관없이 의견이 주장되지 않는다면, 인간의 지적 본성뿐만 아니라 도덕적 본성에도 해로운 결과가 초래된다고 설명했다.

이제 그와 동일한 이유에서, 인간에게는 마땅히 자신의 견해를 바탕 삼아 행동할 자유가 주어져야 하는지, 즉 책임과 위험을 스스로가 부담하는 한, 그들의 동포에게서 육체적으로나 정신적으로 아무런 방해도 받지 않고 자기 삶 속에서 그 견해를 실천할 자유가 마땅히 주어져야 하는 것인지에 대해 검토해 보기로 하자.

"책임과 위험을 스스로가 부담하는 한"이라는 조건은 물론 불가결한 것이다. 그 누구도 행동이 의견만큼의 자유를 누려야 한다고는 주장하지 않는다. 오히려 견해 자체도 그 표현이 어떤 유해한 행동을 적극적으로 선동하는 상황에서는, 자유의 특권을 상실하게 된다. 가령 '곡물 상인이야말로 빈민을 굶주리게 하는 장본인'이라는 견해나 '사적 소유는 약탈 행위'라는 견해는, 그것들이 단지 언론을 통해서만 유포된다면 간섭받지 않고 방임되어야 한다. 그러나 곡물 상인의 집 앞에 모여든 흥분한 군중에게 그런 견해가 구두로 전달되거나, 또는 군중 사이에서 그런 견해가 플래카드 형태로 옮겨 다닐 때면 마땅히 처벌을 받는 것이 옳을 수 있다.

정당한 이유 없이 남에게 해를 끼치는 행동은 그것이 어떤 종류든 나쁘다고 보는 일반의 정서에 기대어, 그리고 필요하다면 인류의 적극적 간섭을 통해 통제될 수 있고, 사안이 비교적 중대한 경우에는 절대로 억제될 필요가 있다. 개인의 자유가 제한받아야 하는 것은 여기까지다. 개인은 다른 사람에게 폐가 되는 존재가 되어서는 안 된다.

그러나 만일 그가 타인과 관련된 사안에서는 그들을 괴롭히지 않고, 오로지 자기 자신과 관련된 사안에서만 자신의 성향과 판단에 따라 행동할 뿐이라면, 그의 견해는 자유로워야 한다는 것과 같은 이유에서, 자기 책임 하에 아무런 간섭도 받지 않고 자기 견해를 실행할 수 있어야 한다.

다음과 같은 원칙들은 인간의 견해에 대해서와 마찬가지로 행동의 양식에도 적용될 수 있다. 즉 인간은 오류를 면할 수 없다. 그들이 주장하는 진리란 대부분 반쪽 진리에 불과하다. 견해 통일이란, 상반되는 견해들을 가장 충분하고도 자유롭게 비교 검토한 결과가 아닌 한, 바람직한 것이 못 된다. 여러 가지 이론이 나오는 것은 나쁘다고 할 수 없고, 오히려 인간이 현재보다 진리의 전모를 훨씬 잘 인식할 수 있는 단계에 이르기까지는 유익한 것이다.

적어도 인류가 여전히 불완전한 상태에 있는 동안에는 여러 가지 상이한 견해들이 존재하는 게 유익하듯이, 삶의 다양한 실험들이 공존하는 것 역시 유익하다. 또한 타인에게 해를 끼치지 않는 한, 다양한 성격의 자유로운 영역이 부여되어야 한다. 그리고 삶의 다양한 양식을 경험해 볼 만하다고 생각하는 사람이 있다면, 그런 가능성을 열어줌으로써 실제로 그 가치를 입증할 수 있도록 해야 한다. 요컨대 본질적으로 타인과 관련되지 않는 사안에서는 각 개성이 마땅히 스스로를 주장할 수 있어야 바람직하다. 각 개인 고유의 성격이 아닌, 타인의 전통이나 관습이 행동의 규범으로 자리 잡고 있는 곳에서는, 인간 행복의 중요한 요소 중 하나이자 개인적·사회적 진보의 주된 요소라 할 수 있는 것이 결여될 수밖에 없다.

이상의 원칙을 지지하는 가운데 우리가 부딪히게 되는 최대의 난관은, 이미 인정받은 목적을 달성하는 데 필요한 수단들을 제대로 통찰하는 데 있지 않고, 그 목적 자체에 대해 일반인이 무관심하다는 점에 있다. 만일 개성의 자유로운 발달이 인간 행복의 유력한 요소 가운데 하나이고, 문명, 교훈, 교육, 교양이라는 말로 표현되는 모든 것과 동격의 요소일 뿐 아니라, 그 자체가 그 모든 것의 필요한 일부이며 조건이라는 사실을 인식한다면 자유가 경시될 우려도 없고 자유와 사회적 통제 사이의 경계를 조정하는 일도 그리

어렵지 않게 될 것이다. 그러나 통상적인 사고방식에 따르면 안타깝게도 개인의 자발성이라는 것이 그만의 고유한 가치를 갖는 것이라거나, 그 자체로 존중받을 만한 것이라고는 거의 인정받지 못하고 있다.

다수파에 속한 사람들은 인류의 관습을 지금의 모습으로 만든 장본인이기 때문에 지금 있는 그대로의 관습에 만족함으로써 그 관습이 왜 모든 사람에게 충분히 유익할 수 없는지 이해할 수 없다. 더욱이 자발성은 대다수 도덕적·사회적 개혁가들이 추구하는 이상에도 포함되지 못하는 것으로, 그들 개혁가들은 그들 나름의 판단에 따라 인류에게 가장 유익하다고 생각되는 것을 일반에 주입시키고자 할 때, 그 자발성이 성가신 장애물, 나아가서는 그것에 저항하는 방해물이 될 수 있다며 오히려 경계심을 드러낸다.

따라서 석학이자 정치가로 저명했던 빌헬름 폰 훔볼트가 한 논문의 주제로 삼았던 이론의 의미를 이해만이라도 한 사람이 독일 밖에서는 아주 드물었다. "인간의 목적은, 구체적으로 말해 모호하고 일시적인 욕망에 의해 제시된 목적이 아니라 이성이 내리는 영원불변의 명령에 따라 규정된 목적은, 인간의 능력을 최고도로 가장 조화롭게 발달시킴으로써 완전하고도 모순 없는 전체를 형성하는 데 있다." 따라서 "모든 인간이 끊임없이 힘써 추구해야 할 뿐만 아니라, 자기 동포에게 무언가 영향을 미치고자 하는 사람이라면 언제나 마음속에 간직해야 할 목적은 자기만의 능력과 발전을 보여줄 개성이다."

　개성을 발전시키기 위해서는 두 가지 조건이 필요하다. 즉, "자유 그리고 상황의 다양성"이 그것이다. 그 두 가지가 결합해서 '개인의 활력과 다면적인 다양성'이 생겨나며, 이 둘이 결합해서 "독창성"을 낳는다.[46]

　그러나 사람들은 훔볼트류의 이론에 익숙하지 않다. 또 개성에 대해 그처럼 높은 가치를 부여하는 데 놀란다. 하지만 이는 역시 정도의 문제이다. 서로 모방하는 것 외에는 절대로 그 어떤 일도 하지 않는 것을 훌륭한 행위로 여기는 사람은 아무도 없다. 또한 사람들이 자신의 생활양식에, 또 자신의 관심사와 관련된 행동에 조금이라도 자신의 판단이나 개성을 개입시켜서는 안 된다고 주장하는 사람도 없을 것이다.

　반면에 인간은 마치 자신이 이 세상에 태어나기 전까지는 아무 것도 알려지지 않았던 것처럼, 또는 어떤 생활양식과 행동양식이 다른 것보다 낫다는 것을 증명하는 데 경험이 여태까지 한 일은 아무것도 없다는 듯이 생활해야 한다고 주장하는 것도 터무니없는 일이 아닐 수 없다. 사람이라면 누구나 젊은 시절에 인간의 경험

---

46) [원주 6] 빌헬름 폰 훔볼트, 『국가의 범위와 의무』(독일어판), 11~13쪽.

에 의해 확인된 결과를 깨우치고 그로부터 이익을 누리도록 교육 받고 훈련받아야 한다는 사실을 그 누구도 부정하지 않는다.

그러나 그 경험을 자신의 독자적인 방법으로 이용하고 해석하는 것은, 인간으로서의 능력이 성숙기에 이른 사람들의 특권이자 정상적인 조건이기도 하다. 기록된 경험 가운데 어떤 부분이 자신의 환경과 성격에 알맞게 적용될 수 있는지를 찾아내는 것은 성숙한 인간의 임무이다. 다른 사람들의 전통과 관습은 어느 정도까지는 그들의 경험이 그들 자신에게 무엇을 가르쳐 왔는지를 보여주는 증거라고 할 수 있다. 그것이 비록 추정된 증거라고 해도 그 자체로 존중받을 권리를 갖고 있다.

하지만 첫째, 그들의 경험은 너무나도 협소한 것일 수 있고, 그것을 그들이 올바르게 해석하지 못했을 수도 있다. 둘째, 경험에 대한 해석은 옳을 수 있어도, 자신에게는 적합하지 않을 수도 있다. 관습이란 관습적 상황과 관습적 성격을 겨냥한 것인데, 그의 상황이나 성격이 관습적이지 않을 수 있다. 셋째, 비록 그 관습이 관습으로서 좋은 것이고 그에게 적합하다고 해도, 단지 관습이니까 관습에 복종하는 것은 한 인간에게 부여된 천부적 특질들을 그 사람 내면에서 교육시키고 발전시킬 수 없도록 만든다.

지각, 판단력, 식별력, 정신 활동, 심지어 도덕적 선호에 이르기까지 인간의 여러 기능은 오로지 그것을 선택하는 경우에만 작동한다. 무엇을 하든, 그것이 관습이기 때문에 한다는 사람은 아무런 선택도 하지 않는 것이다. 그는 최선의 것을 식별하거나 희망하는 훈련을 전혀 쌓지 못한다. 정신적·도덕적 능력은 체력과 마찬가지로 그것을 사용해야만 강화된다. 인간의 여러 능력은 단지 남이 한다고 해서 어떤 일을 하는 것만으로는 훈련되지 않는다. 이는 남이 무엇을 믿기 때문에 나도 그것을 믿는다는 것과 같다.

만일 어떤 의견의 근거가 그 사람 자신의 이성에 납득되지 않는 것이라면, 그 의견을 채택함으로써 그의 이성이 강화되기는커녕, 도리어 약화되는 것이 보통이다. 따라서 타인의 감정이나 권리와는 상관없는 사안에서 만일 어떤 행동을 하려는 동기가 자신의 감정과 성격에 합치되지 않는다면, 이는 그의 감정과 성격을 활기 있고 정력적으로 바꾸는 대신, 도리어 생기 없고 무기력한 것으로 바꾸는 데 크게 이바지한다고 볼 수 있다.

자신의 삶을 계획하는 일을 세계 혹은 자기 주변부 세계에 내맡겨 버리는 사람에게는 원숭이와 같은 모방 능력 외에는 아무런 능력도 필요하지 않다. 자신의 계획을 스스로 선택하는 사람이야말로 자신의 모든 능력을 사용할 수 있다. 그라면 무언가를 살피기 위한 관찰력, 무언가를 예견하기 위한 추리력과 판단력, 결단을 위해 필요한 자료를 모으는 활동력, 결단을 내리기 위한 식별력, 그리고 일단 결단을 내렸을 때 신중히 내린 결단을 고수하기 위한 확고부동한 신념과 자제력을 발휘할 수 있다. 그리고 그는 자신의 행위 가운데 스스로의 판단과 감정에 따라 결정하는 부분이 어느 정도인지에 정확히 비례해서 이러한 자질들을 필요로 하고 또 실행에 옮긴다. 이는 대단히 중요한 것이다.

물론 이러한 능력이 결여되었다고 해도 그가 좋은 길로 인도되고 나쁜 길로 들어서지 않을 수는 있다. 하지만 그런 경우 그가 인간으로서 갖는 상대적인 가치는 과연 어느 정도라고 할 수 있을까? 사람이 무엇을 하는가도 중요하지만, 그것을 하는 사람이 과연 어떤 사람인가 하는 것도 역시 중대한 의미를 갖는다.

인간이 평생을 바쳐 완성하고 미화해야 하는 여러 작품 중에서 가장 중요한 것은 분명히 인간 그 자신이다. 인간의 모습을 한 자동기계가 인간을 대신해서 집을 짓고 곡물을 생산하고 전쟁을 치르고 재판을 하고 심지어 교회를 세워 기도를 한다고 가정할 때, 그 기계가 대체할 뭇 남녀들이 비록 현 세계의 비교적 문명화된 곳에 산다 해도, 그리고 그들이 대자연의 산물 가운데 그저 초라한 표본에 불과할지라도 그들을 자동기계로 대체한다는 것은 크나큰 손실이 아닐 수 없다. 인간의 본성이란, 어떤 틀에 따라 만들어져 미리 정해진 일을 정확하게 수행하도록 설계되어 있는 기계가 아니라, 도리어 그 본성에 생명을 불어넣는 여러 내면적 힘의 흐름에 따라 모든 면에서 성장하고 발전하려고 하는 나무이다.

인간이 오성을 발휘하는 것이 바람직하다는 점, 그리고 맹목적·기계적으로 관습에 추종하는 것보다는 어느 경우에는 관습에 따르고 어느 경우에는 관습에서 벗어나는 나름의 분별력을 발휘하는 쪽이 낫다는 점을 인정하지 않는 이는 아마 없을 것이다. 우리의 오성이 우리 자신의 것이어야 한다는 점은 사람들 사이에서 어느 정도로 인정되는 사실이지만, 우리의 욕망이나 충동도 마찬가지로 우리 자신의 것이어야 한다는 점, 우리 자신의 충동이 아무리 강한 것이라 해도 그런 충동을 갖는 것만으로 어떤 위험이나 함정에 빠지는 것은 결코 아니라는 점은 사람들이 쉽사리 용인하지 못한다.

그러나 욕망과 충동도, 믿음이나 자제력과 마찬가지로 완전한 인간의 일부를 형성한다. 그리고 강렬한 충동은 적당히 균형을 취하지 못할 때 위험할 뿐이다. 즉 일단의 목적과 성향이 강력하게 발달한 반면에 그것과 공존해야 할 다른 일단의 목적과 성향은 여전히 약하고 활발하지 못할 때만 강렬한 충동은 위험할 뿐이다.

인간이 나쁜 짓을 하는 것은 욕망이 강해서가 아니라 도리어 양심이 약해서이다. 강한 충동과 약한 양심 사이에는 그 어떤 필연적 연관성도 없다. 필연적 연관성이 있다면 오히려 그 반대다. 어느 개인의 욕망이나 감정이 타인보다 강렬하고 다양하다는 것은 오로지 그런 인간성의 자산을 더욱 많이 가지고 있다는 것, 따라서 타인보다 더 많이 나쁜 짓을 할지도 모르지만 좋은 일은 확실히 더 많이 할 수 있다는 의미이다.

강렬한 충동이란 결국 활력의 또 다른 이름일 뿐이다. 활력은 악용될 수도 있지만, 활력 있는 본성은 나태하고 무감각한 본성보다 언제나 선한 일을 더 많이 할 수 있다. 가장 자연스러운 감정의 소유자는 계발된 감정 또한 가장 강력한 사람이다.

개인의 충동을 활기차고 강력하게 만드는 강렬한 감수성은 또한 덕성에 대한 가장 정열적인 사랑과 자신에 대한 엄격한 통제를 낳는 원천이기도 하다. 바로 이러한 것들을 양성함으로써 사회는 그 의무를 다하고 그 이익을 옹호한다. 사회 자체가 영웅 만드는 법을 모른다고 해서, 영웅을 길러내는 이러한 사랑과 자제라는 소질을 배척하면 사회적 의무와 이익은 지켜질 수 없다. 자기 고유의 욕망과 충동을 갖고 있는 사람, 즉 자신의 교양에 의해 발전되고 변화된 자신만의 본성을 욕망과 충동을 통해 표현하는 사람은 자기만의 고유한 성격을 가졌다고 말할 수 있다.

반대로 욕망과 충동이 자기 것이 아닌 사람에게는 성격이 있을 수 없다. 이는 증기기관에 성격이 없는 것과 같다. 만일 그러한 충동이 자신의 것인 데다가 강력하고 동시에 강한 의지의 뒷받침을 받는다면 그는 활발한 성격의 소유자라고 할 수 있다.

다양한 욕망과 충동을 갖는 개성이 발현되도록 장려해서는 안 된다고 생각하는 사람이라면 결국, 사회는 강렬한 개성을 가진 사람들을 굳이 필요로 하지 않는다, 풍부한 개성의 소유자들을 많이 거느리고 있다고 해서 그 사회가 더 나은 사회는 아니다, 활력의 평균치가 전반적으로 높은 것은 바람직하지 않다고 주장하는 것이나 마찬가지다.

일부 초기 사회에서는 이러한 힘들이 당시의 사회가 그것들을 규율하고 통제하기에는 지나치게 강했을 수 있고 또 실제로 강했다. 자발성과 개성이라는 요소가 과다하여 사회의 원칙들이 그것들과 힘겨운 싸움을 벌여야 했던 시기가 있었다. 당시의 어려움은 강한 신체나 정신을 가진 사람들을 그들의 충동을 억제하기 위한 규칙에 복종시켜야 한다는 점이었다. 이러한 어려움을 극복하기 위해 법과 규율은, 대대로 로마 황제들과 싸워온 교황들처럼 한 인간을 온전히 지배할 수 있는 권력을 주장하면서, 인성의 통제를 위해 개인의 삶 전반을 통제할 권리를 요구했다. 이는 당시의 사회가 인성을 구속할 다른 효과적인 수단을 마땅히 발견하지 못했기 때문이다.

하지만 오늘날에는 사회가 개성을 상당 정도 능가하는 수준에 이르렀다. 따라서 인간성을 위협하는 요인은 이제 개인적 충동과 성향의 과다에 있는 것이 아니라 오히려 그 결핍에 있다. 세태가 엄청나게 달라진 것이다. 즉 과거에는 사회적 신분이나 타고난 개인적 재능으로 강자가 되었던 사람들의 집착이나 격정이 법과 포고령에 대해 상습적으로 반항하는 상황이었고, 그러한 집착과 격정의 영향권 속에 있던 일반인에게 티끌만 한 안전이나마 누리게 해주려면 그것을 엄격하게 구속해야 했다.

그런데 우리 시대에는 사회 최고 계급에서 최하 계급에 이르기까지 모든 사람이 자신에게 적대적이면서 두려움을 불러일으키는 검열의 눈초리 아래 살아간다. 그래서 타인과 관련된 사항뿐 아니라, 개인이건 가족이건 오로지 자신들에만 관련된 사항에 대해서도 다음과 같이 자문하지는 않는다. "나는 무엇을 좋아하는가? 무엇이 나의 성격과 성향에 맞는가? 또 내 내면에 있는 최고 최선의 것이 공명정대하게 행동할 수 있도록 해주는 것은 무엇이며, 그것을 성장, 번성하게 해주는 것은 또 무엇일까?"

이제 사람들은 다음과 같이 자문한다. "내 지위에 적합한 것은 무엇인가? 나와 같은 신분으로 같은 수입을 벌어 사는 사람들이 통상 하는 일은 무엇인가? 또 애석한 일이지만 나보다 높은 신분과 재산을 가진 사람들은 보통 어떤 일을 하는가?"

그들이 자신의 성향에 맞는 것보다 관습적인 길을 택한다고 말하려는 것이 아니다. 그들에게는 관습에 따르는 것 말고는 자신이 좋아하는 것을 선택하겠다는 생각 자체가 딱히 존재하지 않는다. 그 결과 정신 자체가 기꺼이 구속을 받아들이게 된다. 심지어 사람들은 자신의 즐거움을 위해 하는 일에서조차도 순응이라는 것을 제일 먼저 고려하게 된다. 즉 그들의 기호는 집단적이다. 그들은 일반적으로 행해지는 것들 가운데서만 선택권을 행사하고 특이한 취미나 변칙적인 행동은 마치 범죄나 되는 양 기피한다.

이렇듯 자신들의 본성에 따르지 않은 결과, 그들에게는 더 이상 따라야 할 그 어떤 본성도 남아 있지 않게 된다. 게다가 여러 인간적 능력도 시들어 죽어 버린다. 그들은 이미 어떤 강렬한 욕망도 품지 못하고 인간이라면 당연히 누려야 할 쾌락도 누릴 수 없게 된다. 또한 그들은 자기 내면에서 형성된 의견이나 감정, 혹은 자기 것이라 부를 만한 의견이나 감정을 갖지 못하게 된다. 이것이 과연 인간 본성에 적합한 것이라고 할 수 있겠는가?

칼뱅 파 이론은 그것이 인간 본성에 적합한 것이라고 주장한다. 그 이론에 따르면, 인간의 큰 잘못은 단 한 가지, 제멋대로 하는 것이다. 따라서 인간이 행할 수 있는 모든 선은 오로지 복종 속에서만 이루어질 수 있다. 인간에게는 아무런 선택권도 없다. 오직 의무만 있을 뿐 그 이상도 이하도 없다. "의무가 아닌 것은 그것이 무엇이든 모두 죄악이다." 또 인간의 본성은 근본적으로 타락한 것이므로 인간 내면의 본성이 죽지 않는 한 그 누구도 구원받을 수 없다.

이런 인생관을 가진 사람에게는 인간의 타고난 기능, 능력, 감정 모두를 파괴해도 결코 나쁜 일이 아니다. 칼뱅에 따르면 인간에게는 신의 뜻에 따라 자신을 맡기는 능력 외에 아무런 능력도 필요하지 않다. 칼뱅 파는 만일 인간으로서 신의 뜻을 더욱 효과적으로 이루는 것 외에 다른 목적을 달성하기 위해 어떤 능력을 사용한다면 이는 차라리 그 능력이 없는 것만 못하다고 본다.

이상이 칼뱅 파의 가르침이다. 그리고 칼뱅 파가 아니라고 자처하는 사람들 가운데서도 완화된 형태로나마 그 가르침을 지지하는 경우가 많다. 여기서 완화된 형태란 이른바 신의 뜻에 대해 칼뱅 파보다는 덜 금욕적으로 해석하는 것으로, 인간이 그들의 성향가운데 몇몇은 마땅히 만족시키는 것이 바로 신의 뜻이라고 주장하는 것을 말한다. 물론 그 경우에도, 자기 멋대로 만족시키는 것이 아니라 복종의 형태로, 즉 권위가 명하는 형식으로 만족시켜야한다. 따라서 거기에 적용되는 필요조건은 모두가 동일하다.

오늘날 이런 편협한 인생론, 그리고 그것이 뒷받침하고 있는 궁색하고도 완고한 형태의 인간성을 지향하는 강력한 경향성이 이렇듯 은밀한 형태로 존재한다. 많은 사람들이 이처럼 속박되고 위축된 인간이야말로 신이 의도한 본래 모습이라고 진심으로 믿고 있다는 데는 의심의 여지가 없다. 이는 사람들이 나무를 자연 상태로 방치하기보다도, 가지를 잘라 다듬거나 동물 형상으로 모양내기를 하는 편이 훨씬 좋다고 생각해 온 것과 다를 바 없는 생각이다.

그러나 적어도 인간이 선의의 존재인 신에 의해 창조되었다고 믿는 것이 종교의 일부를 이루고 있다고 한다면, 그 신이 인간에게 능력을 부여하면서 그것들이 근절되고 소진되기를 바랐을 리 없고 오히려 양성되고 발전되기를 바랐을 것이라고 믿는 것이, 따라서 신의 피조물인 인간이 그 인간적 능력 속에 구현된 이상적 개념에 조금이라도 접근하면 할수록, 또 이해하고 활동하고 향유하는 능력 가운데 그 어느 것이든 조금이라도 증대되면 될수록 그 신은 기뼈할 것이라고 믿는 것이 그 신앙에 좀 더 일관성 있게 부합한다.

세상에는 인간의 우수성에 대해 칼뱅 파와는 다른 견해가 있다. 이는 인류가 오직 자제하기 위해 그 인간성을 부여받은 것이 아니라, 오히려 다른 목적들을 달성하기 위해 부여받았다고 보는 견해이다. '이교의 자기 과시'는 '기독교의 자기 부정'[47]과 마찬가지로 인간의 가치를 구성하는 여러 요소 가운데 하나이다. 한편으로 그리스적인 자기 발전의 이상도 있다. 플라톤과 기독교에서 추구하는 자기 통제의 이상은 이 그리스적 이상과 뒤섞여 있지만 그것을 능가하지는 못한다.

알키비아데스[48]보다는 존 녹스 같은 사람이 되는 게 더 나을지 모른다. 하지만 페리클레스[49] 같은 사람이 되는 것이 그 어느 경우보다 좋다. 현대에도 페리클레스 같은 인물이 있다면 그는 존 녹스가 가졌던 그 어떤 좋은 점도 빠짐없이 갖추고 있을 것이다.

인간은, 그 내면에 있는 개성적인 모든 것을 파멸시켜 획일적인 것으로 만드는 대신에 타인의 권리와 이익을 고려하는 범위 안에서 개성을 양성해 그것을 한껏 드러낼 때 비로소 고귀하고 아름다

---

47) [원주 기 존 스틸링(John Sterling, 1806~1844)의 『에세이(Essay)』.

48) Alcibiades: B.C. 450~404, 고대 그리스의 장국이자 정치가, 재능이 뛰어났지만 품행이 나쁜 야심가의 전형이다.

49) Pericles: B.C. 459?~429, 그리스의 민주주의 정치가의 이상형이다.

운 관조의 대상이 된다. 인간의 행위가 나은 결과물에는 그 행위 주체의 성격이 반영되어 있으며 바로 그와 동일한 과정을 통해서 인간생활도 풍부해지고 다양해지며 활기를 띠게 된다. 나아가 그 것은 고귀한 사상과 숭고한 감정에 더 많은 자양분을 공급하고, 모 든 개인이 인류에 속하는 것을 무한히 가치 있는 것으로 생각하게 함으로써 모든 개인을 인류에 결속시키는 연대의식을 강화한다.

개인은 개성 발전에 비례해 자신에게 더욱 가치 있는 존재가 되 고, 타인에게도 더욱 가치 있는 존재가 될 수 있다. 또 자신의 실존 과 관련해서 삶이 더욱 충만해진다. 이처럼 각 단위의 삶이 충만할 수록 그 단위로 구성된 집단의 삶도 더욱 충만해진다.

보다 강한 인간성의 표본들이 타인의 권리를 침해하지 못하도록 막는 데 필요한 만큼의 억압은 불가피한 것이지만 이에 대해서는 인간의 발전이라는 관점에서만 보더라도 충분한 보상이 있다. 어 느 개인이 타인에게 해를 끼치면서까지 자기 욕망을 충족시키는 것 을 금지당함으로써 잃게 되는 자기 발전의 수단이란 결국 타인의 발전을 희생시킴으로써 얻게 되는 수단에 다름 아니다. 그리고 그 개인의 이기적 부분에 제한을 가하면 그는 사회적 부분을 더욱 발 전시킬 수 있게 되므로 결국은 자신이 상실한 것을 충분히 보상받 을 만한 이익을 얻게 된다. 타인을 위해 엄격한 정의 규범을 준수 하도록 속박하면 타인의 이익을 목적으로 삼는 감정과 능력을 발 달시킨다.

그러나 타인의 이익과 관련되지 않은 사항을 단순히 타인이 불쾌감을 품을 수 있다는 이유로 속박하게 되면, 가치 있는 그 무엇도 발달시키지 못하고, 오로지 속박에 저항할 힘을 발달시킬 뿐이다. 만일 이를 묵인한다면 인간 본성 전체를 둔화시키고 약화시킨다. 각자의 본성을 조금이라도 공정하게 발휘하게 하려면 다양한 환경에 있는 사람들에게 각자가 다른 삶을 살도록 허용할 필요가 있다.

이러한 자유가 어느 정도 허용되었는가에 따라 한 시대가 후세에 어느 정도 주목받을 만한 가치가 있는지 결정된다. 전제정치 하에 있을지라도 최소한 개성의 발휘가 허용되는 한 최악의 결과는 생기지 않는다. 따라서 개성을 파멸시키는 것은 그것이 어떤 이름으로 불리든, 그것이 신의 의지나 인간들의 지엄한 명령을 집행하는 것으로 공언된다 해도 모두 전제적이라고 할 수 있다.

나는 위에서 개성과 발전은 동일하고, 충분히 발달된 인간을 낳거나 낳을 수 있는 것은 오로지 개성의 신장뿐이라는 점을 설명했으므로 여기서 나의 논의를 마무리하고자 한다. 그것이 인류 자신을 가능한 한 최선의 수준에 다가설 수 있도록 해준다는 말 이외에 인간사의 조건과 관련해서 그 이상 더 좋은 말이 있겠는가? 또 선에 이르는 길을 가로막는 장애물이라는 측면에서 볼 때 그것이 인간의 발전을 방해한다는 말보다 더 나쁜 말이 또 있겠는가?

그러나 의심의 여지없이, 이 정도 고찰만으로는 가장 많은 설득을 필요로 하는 사람들까지 설득하기에는 역부족일 듯 보인다. 따라서 이렇듯 개성의 신장을 통해 이미 일정한 발전을 이룬 사람들이 그렇지 못한 사람들에게 어느 정도 도움이 된다는 사실을 추가로 보여줄 필요가 있다. 즉 자유를 원치 않고, 스스로 그것을 이용하고자 하지 않는 사람들에게, 만일 아무런 방해 없이 타인들이 자유를 누릴 수 있도록 허용하면 그들 자신에게도 명백한 보상이 돌아올 수 있다는 사실을 증명할 필요가 있다.

먼저 나는 미처 발전을 이루지 못한 사람들이 이미 발전을 이룬 사람들에게서 무엇인가 배울 수 있다는 점을 지적하고자 한다. 독창성이 인간사에 중요한 요소임을 부정할 사람은 없을 것이다. 세상에는 언제나 새로운 진리를 발견해 줄 사람이 필요하고, 과거에는 진리였던 것이 이제는 더 이상 진리가 아니게 되었을 때 그 점을 지적해 줄 사람들도 필요하다. 또 새로운 관행의 출발점이 되는 사람뿐 아니라 인간사에서 더욱 계몽된 행동, 더욱 훌륭한 취향과 감각의 모범을 보여줄 사람들도 언제나 필요하다. 이는 세계가 모든 방식과 관행에서 이미 완성 단계에 도달했다고 믿는 사람이 아니라면 그 누구도 부정할 수 없는 사실이다.

사실 모든 사람들이 다 같이 인류에게 그런 편익을 제공해 줄 수 있는 것은 아니다. 다른 사람들에게도 받아들여져 기존의 관행을 어느 정도 개선시킬 만큼 그런 의미 있는 실험을 할 수 있는 사람은 인류 전체에 비교할 때 극소수에 불과하다. 그러나 이 소수야말로 이 땅의 소금(「마태복음」 5장 13절)과 같은 존재이다. 그들이 없다면 인간의 삶은 고여 있는 물웅덩이가 될 것이다. 그들은 지금까지 존재하지 않은 선을 가져올 뿐만 아니라, 이미 존재하는 선에 대해서도 그 생명력을 유지시킨다. 이 세상에 새로이 해야 할 일이 전혀 없다면 인간의 지능은 더 이상 필요 없지 않을까? 낡은 것을 고수하는 사람들이 그들이 왜 그렇게 하는지를 망각하고 인간답지 못하게 마치 소라도 된 듯 지금까지 해온 일만을 답습하는가라는 물음 앞에 이 세상에 새로이 해야 할 일이 없어서라는 이유를 들지 않을까?

최고의 신앙과 관습에도 기계적인 것으로 퇴화하려는 경향이 매우 강하게 존재한다. 따라서 그러한 신앙과 관습의 근거가 단순한 전통으로 퇴화하는 것을 방지하는 독창적인 사람들이 끊임없이 나타나지 않는다면, 그렇게 생명력을 잃은 것들은 진정 살아 숨 쉬는 그 무언가로부터 아주 작은 충격만 받아도 견디어 내지 못할 것이다. 따라서 비잔틴 제국[50]의 경우에서 보듯이 문명이 멸망하지 않을 이유는 없다.

사실 천재는 소수이고 언제나 소수일 가능성이 높다. 하지만 그들을 확보하려면 그들이 자라날 토양을 유지할 필요가 있다. 천재

---

50) 395년 로마제국이 동서로 나뉘었을 때 비잔틴을 수도로 한 동로마제국은 476년 서로마제국이 멸망한 뒤에도 존속하다가 1452년 오스만 투르크에 의해 멸망했다.

는 오직 자유의 대기 속에서만 자유롭게 숨을 쉴 수 있다. 천재는 본질적으로 다른 사람들보다 더 개성적이다. 따라서 사회가 그 구성원에게 자신만의 성격을 형성하는 수고를 덜어 주기 위해 제공하는 소수의 틀 중 그 어느 것에도 억지로 끼워 맞추지 않는 한 스스로를 끼워 맞추기 힘들다.

만일 천재가 겁을 먹고 그런 틀 가운데 어느 하나에 자신을 내맡기거나, 그러한 억압 하에서는 도저히 신장할 수 없는 자신만의 능력들을 모두 자신 내면에 감춘 채 신장시키지 않고 방치한다면, 사회는 그들에게서 아무런 이익도 얻지 못할 것이다. 만일 그들의 성격이 강해서 그 속박의 쇠사슬을 끊어 버린다면, 그들을 평범한 인간으로 만드는 데 실패한 사회는 그들을 표적 삼아 '난폭하다'느니 '별나다'느니 하는 엄중한 경고를 하며 비난하게 된다. 이는 마치 나이아가라 폭포가 네덜란드의 운하처럼 제방과 제방 사이를 조용히 흘러내려가지 않는다고 불평하는 것과 흡사하다.

그러므로 나는 천재의 중요성과 함께, 이들에게 사상과 실천 양면에서 그 천재성을 자유롭게 펼치도록 허용할 필요가 있다고 주장한다. 이론적으로는 그 누구도 천재의 중요성을 부정하지 않지만, 실제로는 거의 모든 사람이 그것에 철저히 무관심하다는 것을 잘 알기 때문이다. 사람들은 누군가 멋진 시를 쓰거나 그림을 그릴 경우 그런 행위를 추동하는 힘으로서 천재성이란 것을 훌륭하게 생각한다. 그러나 천재성의 참된 의미, 즉 사상과 행동에서의 독창성이라는 의미에서는 누구나 그것이 찬사받아 마땅한 것이라고 말하면서도 내심 그런 것이 없어도 자신이 살아가는 데 아무런 지장이 없다고 생각한다. 이러한 태도는 불행히도 너무나 자연스러운 까닭에 아무도 그것을 이상하게 생각하지 않는다.

독창성이란 그것을 갖지 못한 사람들은 그 효용을 감지할 수 없는 그런 것이다. 그들은 독창성이 그들에게 무엇을 해줄 수 있는지 알지 못한다. 어찌 알 수 있겠는가? 그들에게 주는 도움을 깨달을 수 있는 것이라면 그것은 이미 독창성이 아닐 것이다.

독창성이 그들에게 해줄 최초의 역할은 그들의 눈을 뜨게 하는 것이다. 일단 그들이 충분히 눈을 뜨게 되면 이제 스스로 독창적인 인간이 될 기회를 갖게 될 것이다. 그 과정에서 그들은 어떤 일이든 그것을 최초로 행한 사람이 있다는 사실과 함께, 현존하는 모든 선이 독창성의 성과라는 점을 상기하여 적어도 다음과 같이 믿는 겸허한 태도를 보여주어야 한다. 즉 독창성이 해야 할 일들이 아직 남아 있고, 그들이 독창성의 결핍을 느끼지 않으면 않을수록 그만큼 독창성이 더욱 많이 필요하다는 믿음을 가져야 한다는 것이다.

사실 실제적인 것이든 가상의 것이든 정신적 우월성에 대해 경의를 가장하기도 하고 경의를 표하기도 하지만 이 세계의 일반적인 경향은 평범한 사람들을 인류 가운데 우세한 세력으로 만드는 것이었다. 고대사에, 중세기에, 그리고 그 정도가 약해지기는 했지만 봉건시대로부터 현대에 이르는 장구한 과도기에 개인은 그 자체로 일종의 권력이었다. 그리고 만일 개인이 위대한 재능이나 높은 사회적 지위를 가졌다면 그는 현저한 권력이 되었다.

그러나 오늘날 개인은 군중 속에 매몰되어 있다. 정치에서는 여론이 세계를 지배한다는 말은 이미 진부한 것이 되었다. 명실상부한 유일한 권력은 군중의 권력이고, 국가가 군중의 경향과 본능을 대변하는 한 국가의 권력이 바로 그 명실상부한 권력이라 할 수 있다. 이는 공공관계에서와 마찬가지로 사생활의 도덕적·사회적 관계에서도 진실이다.

그러나 여론이라는 이름에 기대어 자신들의 의견을 통용시키는 사람들이 언제나 동일한 종류의 공중은 아니다. 가령 미국에서 그들은 백인 인구 전체에 한정되어 있고, 영국에서는 주로 중산계급에 한정되어 있다. 그러나 그들은 언제나 하나의 대중, 말하자면 평범한 사람들의 집단에 불과하다.

그런데 여기서 여전히 더욱 기이한 것은, 이러한 집단이 오늘날에는 그들의 의견을 교회나 국가의 고위층, 혹은 지도자로 불리는 사람들에게서 취하지 않고, 그렇다고 책을 통해 취하는 것도 아니라는 점이다. 대중은 스스로 사고하지 않고 그들과 아주 유사한 사람들이 그들을 대신해서 사고한다. 그리고 그 사고의 결과들은 신문을 통해 그때그때 상황에 맞춰 그들에게 전달되거나 그들의 이름으로 기사화된다.

나는 이 모든 것을 개탄하는 것은 아니다. 또한 오늘날처럼 인간 정신 상태가 저급한 시대에 대체로 더 잘 어울리는 무언가가 존재한다고 주장하려는 것도 아니다. 그런다고 평범한 사람들의 정부가 평범한 정부가 되는 것을 피할 수 있는 것은 아니다. 사실상 지배적 다수의 전성시대에는 항상 그러했지만 지배적 다수가 그들보다 더 훌륭한 재능과 교양을 갖춘 한 사람 혹은 소수의 충고와 감화에 의해 지도되어 온 경우를 제외하면, 민주제 정부든 다수의 귀족이 지배하는 정부든 간에 실제 정치 행위에서는 물론이려니와, 의견과 자질 그리고 정부가 조성하는 정신적 기조 있어서도 결코 평범한 수준을 능가한 적이 없었고 또 능가할 수도 없었다.

모든 현명하고도 고귀한 일의 시작은 개인들에 의해, 대체로 처음에는 어느 한 개인에 의해 이루어지며 또 이루어질 수밖에 없다. 보통 사람들이 그 창안자를 추종할 수 있다면, 그들이 충심으로 그 현명하고 고귀한 일에 공감하여 열린 눈으로 그것이 지시하는 바를 따를 수 있다면 그것은 보통사람들에게는 영예이자 영광이다.

그렇다고 내가, 힘으로 세계에 대한 지배권을 장악하고 자기 명령을 부지불식간에 세계에 실현시킨다는 점에서 천재적인 강자를 찬양하는 영웅숭배론[51] 따위에 찬성하는 것은 아니다. 이러한 강자가 자기 권리로 요구할 수 있는 것은 기껏해야 세계가 나아갈 길을 지시할 자유뿐이다. 타인을 강제하여 그 길을 따르도록 하는 권력은 나머지 모든 사람의 자유와 발전에 부합하지 않을 뿐만 아니라 또한 그 강자도 퇴락하게 만든다.

그러나 오로지 보통 사람으로만 구성된 집단의 의견이 모든 곳에서 지배적 세력이 되어 있거나 또는 그렇게 되어 가는 경우, 그러한 경향에 균형추가 되어 주고 그것을 교정해 주는 것은 숭고한 사상을 고수하는 사람들의 더욱더 확고한 개성이라고 나는 주장한다. 특히 이러한 시대에는 특출한 개인이 대중과 판이하게 행동하는 것을 저지하기는커녕 더욱 장려해야 한다.

지금과 다른 시대에는 그러한 개인들의 이례적인 행동이, 대중과는 다르다는 점에서 한걸음 더 나아가 대중보다 더 낫게 행동하지 않는 한, 그들이 그렇게 하는 것만으로는 어떤 이점도 없었다. 반면에 오늘날에는 단순히 순응하지 않는 것만으로도, 또한 단순히 관습에 무릎 꿇기를 거부하는 것만으로도 그 자체가 하나의 봉사가 된다. 모든 이례적인 행동을 치욕스러운 것으로 매도할 만큼 여론의 횡포가 극심한 까닭에, 그러한 횡포를 불식시키기 위해서는 오히려 인간이 파격적으로 행동하는 것이 요망된다.

---

51) 이는 토머스 칼라일(Thomas Carlyle, 1795~1851)의 『영웅숭배론(Heroes and Hero-worship, 1846)』에서 인용한 말이다. 칼라일은 밀과 같은 시대의 인물로 밀과 한때 교류했으나, 사상적으로는 달랐다. 칼라일은 사회 문제의 발생 원인이 공리주의에 의한 자유방임주의에 있다고 비판하고 플라톤의 이상주의를 부활시키는 철인정치를 주장했다.

파격적인 행동은 강인한 성격의 소유자가 사회에 충만할 때 많이 나타났다. 따라서 한 사회에 존재하는 파격적인 행동의 총량은 그 사회가 보유하고 있는 천재성, 정신적 활력, 도덕적 용기의 총량에 대체로 비례했다. 오늘날 파격적으로 행동하려는 사람이 이렇듯 적다는 것은 곧 이 시대가 중대한 위기에 처해 있음을 시사한다.

비관습적인 것 가운데 관습으로 전환되기에 적절한 것이 무엇인지가 제때에 드러나려면 그 비관습적인 것에 가능한 한 가장 자유로운 공간을 제공하는 것이 중요하다는 사실은 앞에서 이미 언급한 바 있다. 그러나 행동의 독립성을 중시하고 관습을 무시하는 태도가, 보다 훌륭한 행동 양식과 더욱 많은 사람들이 보편적으로 채택할 만한 관습을 만들어낼 기회를 확보하기 위해 장려해야 할 유일한 길은 아니다. 또한 오로지 확고한 정신적 우월성을 가진 사람만이 자신의 삶을 자기 나름의 방식으로 꾸려 나갈 정당한 권리를 갖는 것 또한 아니다.

모든 사람의 실존적 삶이 반드시 하나 또는 몇 개의 틀 위에 세워져야 할 이유는 없다. 만일 어떤 사람이 상당한 정도의 상식과 경험을 가지고 있다면, 그에게는 자신의 방식대로 자기의 삶을 설계하는 것이 최선이다. 그것이 최선인 것은 그 방식 자체가 최선이어서가 아니라, 그것이 바로 그 자신의 방식이기 때문이다.

인류는 양의 무리와는 다르다. 심지어 양들도 사람의 눈으로는 구별할 수 없는 저마다의 다른 특징을 갖고 있다. 사람이 자기에게 맞는 웃옷 한 벌이나 구두 한 켤레를 마련하고자 할 때도 그것들을 자기 몸의 치수에 맞추거나 아니면 창고 가득한 옷과 구두들 가운데서 자신에게 맞는 것을 골라잡아야 한다.

하물며 삶을 자신에게 맞추는 일이 웃옷을 자신의 몸에 맞추는 것보다 쉬울까? 아니면 사람들의 육체 및 정신 전반의 구조가 발 모양보다 더 서로 닮은꼴이겠는가? 사람들이 저마다 다른 취향을 갖고 있다면 그 사실 하나만으로도 그들 모두를 동일한 틀에 꿰어 맞추어서는 안 될 충분한 이유가 된다.

그러나 사람들은 정신적 발전에서도 서로 다른 조건을 필요로 한다. 서로 다른 식물이 동일한 물질적 환경과 기후 속에서 한결같이 튼튼하게 생육될 수 없듯이, 사람들도 동일한 정신적 환경 하에서 모두가 건강하게 생존할 수는 없다.

어떤 사람에게는 고상한 본성을 함양하는 데 이로운 것이 어떤 사람에게는 방해가 된다. 또한 동일한 생활방식이라고 해도, 어떤 사람에게는 그것이 활동하고 즐기는 능력을 최선의 상태로 유지시켜 줌으로써 일종의 건전한 자극으로 작용하지만, 반대로 어떤 사람에게는 내면적 삶 전부를 정체시키거나 파멸시키는 걷잡을 수 없는 방해물이 된다.

이처럼 사람들 사이에는 쾌락의 원천, 고통에 대한 감수성, 그리고 여러 가지 육체적·정신적 작용이 그들에게 미치는 효과의 차이가 크므로, 그들의 생활방식에도 그것에 상응한 차이가 없는 한 그들은 자기에게 할당된 행복의 몫을 온전히 즐길 수 없고, 그들의 본성으로 충분히 도달할 수 있는 정신적·도덕적·심미적 교양의 수준까지 성장할 수도 없다.

그렇다면 왜 일반 대중의 정서는, 추종자가 많다는 것을 근거로 사람들의 복종을 강요하는 취향과 생활방식에만 관용을 베풀어야 하는가?

지금은 몇몇 수도원 시설을 제외하면 그 어디에서도 취향의 다양성을 전적으로 부정하지 않는다. 사람들은 그 누구의 비난도 받지 않으면서 뱃놀이, 흡연, 음악 감상, 체육 경기, 체스와 카드놀이, 학문 연구를 할 수도 있고 그것들을 싫어할 수도 있다. 이런 것들을 제각각 좋아하거나 싫어하는 사람들의 수가 양쪽 모두 너무나 많아서 좀처럼 억압할 수 없기 때문이다.

하지만 '아무도 하지 않는 일'을 한다든가 '누구나 다 하는 일'을 하지 않는 사람은 마치 중대한 도덕적 범죄 행위라도 저지른 것처럼 세상 사람들의 비난을 받으며, 대상이 여자인 경우 그 정도가 훨씬 심하다. 사람들은 자신의 평판에 손상을 입지 않으면서 마음 내키는 대로 행동하는 사치를 어느 정도 탐닉할 수 있으려면 그럴 듯한 직함이나 그 밖의 신분을 나타내는 표지, 혹은 고위층의 배려라는 신분증이 필요하다. 여기서 "어느 정도 탐닉한다"는 표현을 사용한 것은, 그 정도가 심할 경우 비방의 말보다 더 나쁜 상황에 처할 우려가 있기 때문이다. 예를 들어 그런 사람들의 경우 미치광이 취급을 당할 수도 있고 재산까지 몰수당해 친족에게 분배될 우려가 있다.[52]

오늘날 여론의 흐름에는 하나의 특성이 있다. 개성이 지나치게 두드러져 보이는 것에는 관용을 베풀지 않겠다는 것이다. 일반인은 지능도 보통 수준이고 성향도 평범하다. 그들은 스스로 어떤 이례적인 일을 시도할 만큼 강력한 취향도 의향도 갖고 있지 않다. 따라서 그들은 그러한 취향이나 의향을 갖는 사람들을 이해하지 못해서 그런 사람들 모두를 자신이 항상 멸시해 온 야비하고 무절

---

52) [원주 8] 경멸과 경악을 금치 못할 일이지만 금치산 선고를 받으면 자기 재산에 대한 법적 권리를 빼앗길 수 있게 되었다. 어떤 사람이 죽은 후 지불해야 할 소송비용이 많으면 (이 비용은 재산 그 자체에 부과된다) 재산 처분권은 무효가 될 수 있다. 이미 고인이 된 사람의 일상생활 중 지극히 사소한 것까지도 따지게 되고, 또한 가장 열등한 인식능력과 감식능력의 안목에서 상투적인 것까지 조금이라도 어긋나는 듯이 보이는 것이 있으면 그것이 광기의 증거로 배심원 앞에 제출되어 가끔 성공하기도 한다.
그러나 배심원들은 대체로 증인 못지않게 야비하고 또 무식하며, 판사 역시 영국 법률가들이 항상 우리를 놀라게 하는, 인간 본성과 생활에 관한 이례적인 결여로 인해, 배심원들을 오도하는 일이 허다하다. 이러한 재판이야말로 인간의 자유에 대해 속물들 사이에서 행해지는 감정 상태나 의견이 어떤 것인지를 적나라하게 보여준다. 판사나 배심원은 개성을 존중할 줄 모르고, 타인과 무관한 사실에 대해 개인의 판단과 성향이 지시하는 대로 행동할 수 있는 권리가 있음을 전혀 인정하지 않는다. 심지어 그들은 건전한 상태에 있는 인간이 그러한 자유를 요구할 수 있다는 사실조차 생각할 수 없다. 과거 무신론자를 화형에 처해야 한다는 제의가 나왔을 때, 많은 자비로운 사람들은 그를 화형에 처하는 대신 정신병원에 보내자는 것이 보통이었다. 지금도 같은 일이 벌어지는 것을 본다고 해서 조금도 이상하게 생각할 사람은 없다. 나아가 이러한 행동을 한 사람들이 이단이기 때문에 그 불행한 자들에게 박해를 가하는 대신, 지극히 인도적이고 기독교적인 방법으로 그들을 대우했다고 자만할 뿐 아니라, 또한 그렇게 해서 그들이 당연한 처벌을 받았다는 데 무언의 만족을 나타내는 것을 보나 하더라도 그리 놀랄 일은 아니다.

제한 사람들과 같은 부류라고 생각한다.

　이런 일반화된 사실에 덧붙여서 도덕의 개선을 위한 강력한 운동이 시작되었음을 전제로 하면 우리가 예상할 수 있는 것은 분명하다. 최근 그런 운동이 시작되어 실제로 행동의 규칙성을 향상시키고 탈선적 행동을 억제시키는 데 많은 공헌을 해왔다. 또한 우리 주변에 널리 퍼져 있는 박애주의 정신을 실행에 옮기려 할 때 동료 인간의 도덕과 분별력을 개선하는 분야만큼 매력적인 분야는 없을 것이다.

　이 시대의 이러한 경향성으로 인해 대중이 행동의 일반적 규율을 규정하고 모든 개인을 그 공인된 표준에 순응시키려는 경향이 대부분의 이전 시대들보다 더 강하게 나타나고 있다. 그리고 그 표준이라는 것은, 명시적이건 묵시적이건, 아무것도 강력하게 바라지 말라는 것이다. 이상적 인격이란 지나치게 두드러진 인격을 갖지 않는 것이다. 즉 그 이상적 인격은, 누군가의 인간 본성이 지나치게 두드러진 나머지 외관상 일반인과 판이하게 보이는 경우 그런 인간 본성을 모조리 압박해서 마치 중국 여성의 전족처럼 기형화한다.

　이상이 바람직한 것의 절반을 배제해 버리는 경우에 흔히 그러하듯 오늘날의 공인된 표준은 오로지 나머지 절반에 대한 저열한 모방을 낳을 뿐이다. 그 결과 건강한 이성이 이끄는 기운찬 활력과, 양심적 의지가 강력히 통제하는 선명한 감정 대신 나약한 감정과 쇠잔한 기력만이 남게 된다. 따라서 이렇듯 나약해진 감정과 활력은 의지의 힘도, 이성의 힘도 없이 그저 피상적으로 규칙에 순응할 따름이다. 활기 있는 성격들이 차고 넘치던 시대는 이제 전설이 되어 버렸다.

오늘날 영국에서는 사업에 종사하는 것 말고는 활력을 배출할 곳이 거의 없다. 사업에 소비되는 기력은 여전히 상당한 정도에 이를지 모른다. 거기에 소비되고 남은 얼마 안 되는 활력은 몇몇 취미를 즐기는 데 소비된다. 물론 유용하고 박애주의적인 취미도 있을 수 있지만 어디까지나 취미일 뿐이고 대체로 자질구레한 것이다.

오늘날 영국인이 위대하다고 하는 것은 모두 집단적인 차원에서이다. 개인적으로는 왜소한 까닭에 영국인은 오로지 결합하는 습관을 통해서만 뭔가 위대한 것을 성취할 수 있을 것으로 보인다. 영국의 도덕적·종교적 자선가들도 여기에 대단히 만족한다. 그러나 지금까지 영국을 일궈온 사람들은 이와는 전혀 다른 종류의 인간들이었다. 이들이야말로 영국의 쇠락을 방지하는 데 필요한 인간들이다.

관습의 횡포가 모든 곳에서 인간의 진보를 가로막는 상시적인 방해물이 되고 있다. 왜냐하면 관습의 횡포는 관습보다 더 좋은 어떤 것, 즉 경우에 따라서는 자유의 정신, 또는 진보나 개량의 정신이라고 불리는 것을 겨냥한 경향성과는 끝없이 적대관계에 있기 때문이다.

그러나 개량의 정신이 언제나 자유의 정신인 것은 아니다. 개량의 정신은 개량을 원하지 않는 인민에게 개량을 강제할 수도 있기 때문이다. 따라서 자유의 정신은 그러한 시도에 저항해야 할 때에는 부분적, 일시적으로 개량에 반대하는 측과 손을 잡을 수도 있다.

그러나 개량의 확실하고도 영속적인 유일한 근거는 자유이다. 자유가 있으면 개인의 수만큼이나 많은 개량의 거점지가 독립적으로 뿌리를 내릴 수 있기 때문이다. 그러나 진보의 원칙은 그것이 자유를 사랑하는 형태든 개량을 사랑하는 형태든 관습의 지배에는 반대하고, 적어도 관습의 속박으로부터 해방되는 것을 의미한다. 그리고 진보의 원칙과 관습의 지배 사이의 갈등은 인류 역사의 주요한 관심사이다.

이런 측면에서 정확히 말하면 세계 대부분의 지역에는 역사가 없다. 관습의 횡포가 완벽하기 때문이다. 동양 전체가 그렇다. 그곳에서는 관습이 모든 일의 최종 규범이다. 정의와 도리는 관습에 대한 순응을 뜻한다. 자기 권력에 도취된 폭군이 아닌 이상 그 누구도 관습의 논거에 저항하려고 하지 않는다. 그 결과는 뻔하다.

이런 국민도 과거에는 독창적이었음에 분명하다. 그들이 처음부터 인구가 많고, 문자를 사용하고 갖가지 삶의 기술에 정통한 기반 아래 있었던 것은 아니다. 그들은 그 모든 것을 스스로 창조했다. 그리고 당시에는 세계에서 가장 강대한 국민이었다.

그런데 지금은 어떠한가? 그들의 조상이 장엄한 궁전과 화려한

전당을 지을 때 아직 숲 속을 방황하던 야만족, 그러나 관습과 함께 자유와 진보도 그들을 지배하는 한 축을 담당했던 바로 그 종족의 신민이나 종속민이 되어 있지 않은가?

어떤 국민이든 일정 기간 진보적이었다가 그다음에는 더 이상 진보적이지 않은 모습을 보이는 듯하다. 언제 멈추는가? 개성을 갖지 못할 때이다. 만일 유사한 변화가 유럽 국민에게도 나타난다면, 그것은 정확히 동일한 형태는 아닐 것이다. 유럽 국민을 위협하는 관습의 횡포는 정확히 말해 정체상태는 아니기 때문이다. 유럽의 관습은 특이성을 배척하기는 하지만, 만일 모든 것이 다 같이 변화한다면 그 변화를 저지하지는 않는다. 가령 우리는 조상들의 고정된 복장을 계속 바꾸어 왔다. 지금도 모든 사람이 여전히 타인과 같은 옷을 입어야 하지만 유행은 1년에 한두 번 바뀔 수 있다.

그리하여 우리는 변화가 생기면 그것이 변화를 위한 변화일 뿐이지, 아름다움이나 편리와 관련된 어떤 관념으로부터 생긴 변화가 되어서는 안 된다는 점에 유의한다. 왜냐하면 아름다움이나 편리와 관련된 동일한 관념이 전 세계에서 동시에 작용했다가 어느 때엔가 동시에 버려지는 것이 아니기 때문이다.

하지만 우리는 변화할 수 있을 뿐 아니라 진보적이기도 하다. 가령 우리는 기계에 대해서는 끝없이 새로운 발명을 한다. 그리고 그보다 더 우수한 발명품이 선을 보이면 비로소 그것을 버리고 새로운 것을 취하게 된다. 또한 우리는 정치, 교육, 심지어 윤리에서도 개량을 희망한다. 특히 윤리적 개량의 경우 주로 타인을 설득하거나 강제해서 우리 자신처럼 선량하게 만들고자 하는 것임에도 불구하고 역시 그러한 개량을 희망한다.

따라서 우리가 반대하는 것은 진보가 아니다. 반대하기는커녕 우리는 일찍이 세상에 존재했던 그 어떤 국민보다도 우리가 진보적이라고 자부한다. 지금 우리가 맞서 싸우는 것은 개성이다. 우리들 자신을 모두 비슷하게 만들었다면 틀림없이 기적과도 같은 일을 해냈다고 생각할 것이다.

그러나 이는 각 개인이 서로 다르다는 사실이야말로 각자의 불완전성과 상대방의 우월성에 주목하게 하는, 그리고 한걸음 더 나아가 양쪽의 장점을 결합해 둘 중 어느 쪽보다도 더 나은 것을 만들어낼 가능성에 주목하도록 하는 출발점임을 망각한 결과이다.

우리에게 경종을 울려 줄 사례 하나를 중국에서 찾아볼 수 있다. 중국은 많은 재능과 어떤 측면에서는 지혜까지도 갖춘 나라다. 이 나라가 이른 시기에 이미 특별히 뛰어난 일련의 관습을 갖추게 된 보기 드문 행운의 나라였던 덕분이다. 그 관습들은 가장 개화된 유럽인조차, 일부 조건을 붙이기는 했지만 현자나 철인이라고 부를 수밖에 없는 사람들이 빚어낸 작품이라 할 만하다. 또한 그들은 그들이 갖고 있는 최상의 지혜를 가능한 한 구성원 각자의 마음속에 심어 주고, 그 지혜를 가장 많이 터득한 사람들이 명예와 권력의 지위에 오르도록 보장하는 우수한 제도를 갖추고 있었다는 점에서도 주목할 만하다.

확실히 이러한 일을 해낸 국민이라면 인간 진보의 비결을 발견했을 것이고, 따라서 그들은 줄곧 세계의 움직임을 앞장서 이끄는 민족이었어야 마땅하다. 그러나 현실은 그 반대였다. 이후로 그들은 정체의 길을 걸었고, 그 정체는 몇 천 년 간 지속되었다. 만일 그들에게 개량의 기회가 주어진다면 그것은 분명 외국인의 손에 의해서일 것이다.[53] 참으로 절망적인 일이지만 그들은 영국의 박애주의자들이 그토록 갈구하던 것, 즉 사람들을 모두 획일화시켜 동일한 격언이나 규준에 따라 그들 자신의 사상과 행동을 규제하는 것에 성공했다. 그 결과가 지금의 중국이다.

오늘날의 여론 체제는 중국의 교육·정치제도가 조직적으로 하고 있는 기능을 비조직적인 형태로 하는 것에 불과하다. 따라서 개성이 자신에게 드리워진 속박을 떨치고 일어나 스스로를 내보이지 못한다면, 유럽은 훌륭한 조상과 공인된 기독교가 있음에도 앞으로 제2의 중국이 되는 사태를 면하지 못할 것이다.

지금까지 유럽을 그러한 운명에서 구한 것은 무엇인가? 유독 유

---

53) 이는 중국에 대한 서양의 침략을 정당화하는 주장이다.

럽이라는 지역 공동체에서 살아가는 민족들이 세계 인류 중 정체적 부분에 속하지 않고 진보적인 부분에 속하게 되었을까? 그들 내부에 어떤 탁월한 우수성이 존재했기 때문은 아닐 것이다. 그런 우월성이 존재한다면 그것은 원인으로서가 아니라 결과로서 존재한다고 보는 게 옳을 것이다. 유럽이 정체하지 않은 원인은 그 대륙을 구성하는 요소들의 성격과 문화가 너무나도 다양하다는 점에 있다. 개인들은 물론 계급들, 국민들이 서로 극단적으로 달랐다.

그들은 저마다 가치 있는 무언가를 지향하는 실로 다양한 길을 찾아냈다. 물론 어느 시대에도 각자의 길을 걷던 사람들은 서로 관용의 태도를 보이지 않았고, 자기와는 다른 길을 걷는 사람들을 자기 길로 끌어들였으면 좋겠다고 생각했을 것임에 틀림없다.

그러나 이처럼 서로의 발전을 방해하려는 시도가 영속적으로 성공한 경우는 거의 없었다. 그래서 각자는 결국 타인이 제공하는 좋은 점을 받아들이기로 한다. 나는 유럽의 진보적이고도 다각적인 발전은 전적으로 이러한 진로의 다양함에 그 원인이 있다고 판단한다.

하지만 그러던 유럽이 이제는 그러한 장점을 상당한 정도로 잃어 가기 시작했다. 유럽은 분명 인간 전체를 동일화하려는 중국식 이상을 향해 나아가고 있다. 토크빌은 최근에 펴낸 한 비중 있는 저서[54]에서, 바로 앞 세대와 비교해도 오늘날의 프랑스인들이 서로 간에 얼마나 닮아 있는지 알 수 있다고 지적했다. 이와 똑같은 말을 영국인에게도 할 수 있다. 아니 그런 경향이 훨씬 더 심하다고 말하는 게 옳을 것이다.

앞서 인용한 빌헬름 폰 훔볼트의 글에서도 인간 발전의 두 가지 필수조건은 환경의 다양성과 자유였다. 이는 결국 사람들을 서로 다르게 만드는 데 필요한 조건이다. 그중에서 환경의 다양성이 영국에서 점차 감퇴하고 있다. 서로 다른 계급과 개인을 둘러싸고 그 성격을 형성하게 되는 환경은 날이 갈수록 더욱 더 동일화되고 있다.

과거에는 신분이 다르고, 이웃이 다르고, 직업이 다른 사람들은 굳이 말하자면 서로 다른 세계에서 살았으나, 지금은 대체로 동일한 세계에서 산다. 상대적으로 말하면 그들은 지금 같은 것을 읽고 보고 들으며, 같은 곳에 가고, 같은 대상에 희망과 공포를 느끼며, 같은 권리와 자유를 누리고, 같은 수단을 통해 권리와 자유를 주장한다. 잔존하는 입장 차이가 여전히 크기는 하지만, 이는 이미 사라져 버린 차이에 비하면 아무것도 아니다.

그런데도 동일화는 여전히 진행 중이다. 오늘날의 모든 정치적 변화에는 낮은 것을 높이고 높은 것은 낮추려는 경향이 있으므로 동일화는 더욱 촉진된다. 또한 교육이 확대될 때마다 동일화도 촉진된다. 교육은 사람들에게 공통된 영향을 주고, 보편적 사실과 정

---

54) 『앙시앵 레짐과 프랑스 혁명』(L'Ancien Régime et la Révolution)을 말한다.

서가 쌓여 있는 저장고로 그들을 안내하기 때문이다.

교통수단의 발달도 동일화 작용을 촉진한다. 이는 먼 곳에 사는 주민들끼리 직접 접촉하게 하고, 또한 이곳저곳으로 주거지를 신속하고도 원활히 옮길 수 있도록 해주기 때문이다. 상업과 대량생산 체제를 갖춘 제조업의 증가도 동일화를 촉진시킨다. 그것은 안락한 환경이 가져다주는 편익을 더욱 광범하게 퍼뜨리고, 모든 욕망의 대상을, 심지어 가장 사치스런 욕망의 대상까지도 일반인이 경쟁을 통해 추구할 수 있게 하며, 이로 인해 이제는 상승 욕구가 어떤 특정 계급의 전유물이 아니라 모든 계급의 특징이 되고 있기 때문이다.

위에서 설명한 것보다 인류 사이의 보편적 동일화를 초래하는 더욱 강력한 원인은 영국을 위시한 자유국가에서 나라 안 여론의 우위가 완전히 확립되었다는 점이다. 예전에는 사회적으로 높은 지위에 있는 사람들이 다중의 의사를 무시할 수 있었지만 이제 그 사회적 지위의 높낮이가 점차 평준화되고 있다. 또한 공중이 어떤 의사를 갖고 있는지 명백히 알려져 있는 경우 현실 정치인들이 그들의 의사에 저항하겠다는 생각 자체를 하지 못하게 되면서, 이제 순응하지 않는 자들은 아무런 사회적 지지도 받지 못하게 되었다. 즉 스스로도 다수의 지배에 저항하면서, 공중의 것과 일치하지 않는 의견이나 경향을 보호해 주고자 하는 사회 내 그 어떤 실질적인 세력도 사회적 지지의 대상에서 제외되어 있다.

이상의 여러 원인들이 하나가 되어 개성에 적대적인 대집단을 형성하는 까닭에, 개성이 자기 자리를 고수할 방법을 찾기란 쉽지 않을 것이다. 더욱이 공중 속 지성인들이 개성의 가치를 느끼지 못하는 한, 말하자면 더욱 좋은 것을 지향하지 않는다고 해도, 또한 비록 그들의 눈에는 더 나쁜 것을 지향하는 경우가 일부 있는 듯 보여도 역시 차이라는 것은 있는 게 좋다는 사실을 깨닫지 못하는 한 곤란은 더욱 가중될 것이다.

만일 개성이 자기 권리를 주장하고자 한다면, 강제적인 동일화가 완성되기에는 아직 많은 점에서 부족한 바로 지금이 적기이다. 어떤 침해에 저항한다고 할 때 그것이 효과를 거두려면 그 침해가 이루어지는 초기가 바로 안성맞춤의 시기다. 다른 모든 사람이 우리 자신과 닮아야 한다는 요구는 주변에 먹잇감이 많으면 많을수록 더 힘을 얻을 것이기 때문이다.

만일 인간의 삶이 하나의 획일화된 형태로 변할 즈음에 이르기까지 아무런 대항책도 강구하지 않는다면, 그때는 그 형태에서 벗어나는 것은 모두 불경하고 도덕적이지 못한, 나아가 기형적이고 인간 본성에 반하는 존재로 생각될지도 모른다. 그리고 다양성에 익숙하지 않은 상황이 계속되는 동안 인류는 다양성이란 것을 생각조차 하지 못하는 상황에 급속히 빠져들 것이다.

제 4 장

개인에 대한 사회적 권위의 한계

그렇다면 개인이 자신에 대해 행사할 수 있는 권한의 정당한 한계는 어디까지일까? 그리고 사회의 권위는 어디에서 시작하는가? 인간생활의 어떤 부분이 개인에게 속해야 하고, 또 어떤 부분이 사회에 속해야 하는가?

개인과 사회가 저마다 자신과 좀 더 특별히 관련되는 부분을 취한다면 양쪽 모두 정당한 자기 몫을 차지하는 셈이 될 것이다. 즉 삶의 여러 부분 중에서 개인의 주요 관심사는 개인에게 속해야 하고, 사회의 주요 관심사는 사회에 속해야 한다.

비록 사회가 어떤 계약에 기초해서 형성된 것은 아니라고 해도, 또한 사회적 의무의 근거로 삼기 위해 계약 하나를 날조한들 아무런 도움이 되지 않는다고 해도, 사회의 보호를 받는 모든 개인에게는 그 혜택에 보답할 의무가 있고, 따라서 개인은 사회 안에서 살아가고 있다는 사실 그 자체로 타인과의 관계에서 일정한 행동의 경계선을 엄수해야 한다.

행동의 경계선이란 다음 두 가지를 의미한다. 첫째, 서로의 이익을 침해하지 않아야 한다는 것, 즉 명백한 법 규정이나 암묵적인

172

양해에 의해 적어도 권리라고 간주되어야 할 어떤 특정 이익을 서로 침해하지 않아야 한다는 것이다. 둘째, 사회나 그 구성원에 피해를 주거나 괴롭히는 행위를 막기 위해 부과되는 노동과 희생을 어떤 공정한 원칙에 따라 부과된 자기 몫만큼 각자가 부담한다는 것이다. 사회는 이러한 몫을 부담하려고 하지 않는 사람에게는 무슨 수를 쓰든 이 두 조건을 강제하는 것이 정당화된다.

사회가 할 수 있는 일은 이뿐이 아니다. 개인의 행동이 비록 누구나 권리로서 인정하는 타인의 권리를 침해하는 데까지 이르지 않는다고 해도, 타인에게 해를 끼치거나 타인의 행복에 대해 마땅히 해야 할 배려를 하지 않을 수 있다. 그럴 때 그 침해자는 법에 따른 처벌은 받지 않아도 여론에 의해서는 마땅히 지탄받을 수 있다.

개인의 어떤 행동이 타인의 이익에 해를 끼치면 사회는 이를 법으로 규제하게 되는데, 여기서 그러한 간섭이 인류의 전반적 복지 증진에 기여하는지 여부의 문제가 논의의 대상이 될 수 있다. 그러나 어떤 사람의 행동이 자기 말고는 그 어느 누구에게도 영향을 주지 않거나, 관련된 타인이 성인이면서 정상적인 이해력을 갖고 있기 때문에 스스로 원하지 않는 한 그들의 이익에 영향을 줄 가능성이 없을 때는 그런 문제가 제기될 여지가 없다. 이 모든 경우에는 개인이 행동하고 그 결과에 책임지는 완전한 법적·사회적 자유가 인정되어야 한다.

이상의 주장을 이기적 무관심의 일종으로 치부한다면 이는 커다란 오해이다. 다시 말해 인간은 자기 삶에서 타인의 행동과 완전히 무관하고, 자신의 이익과 관련되지 않는 한 상호간의 선행이나 복리에 관여해서는 안 된다고 주장하는 것이 아니다.

　오히려 타인의 이익을 증진시키기 위한 희생적인 노력을 감소시키기는커녕 더욱 증가시킬 필요가 있다. 그러나 사심 없는 호의를 베풀도록 사람들을 설득하는 데 문자 그대로의 의미건 비유적인 의미이건 꼭 회초리나 매질 같은 수단을 동원할 필요는 없다.

　나는 자기를 존중하는 여러 덕성을 결코 낮게 평가하고 싶지 않다. 자기 존중의 덕성은 비록 사회적 덕성에는 미치지 못한다 해도 그것 다음으로 중요하다. 이 둘을 다 같이 육성하는 것이 교육의 임무이다. 그러나 교육에서도 강제뿐 아니라 확신과 설득이 필요하다. 그리고 교육 시기가 지난 경우 자기 존중의 덕성은 오로지 확신과 설득에 의해서만 함양될 수 있다.

　인간은 선악을 식별하고, 선을 택하고 악을 버리도록 서로 돕고 격려한다. 그들은 서로 보다 높은 능력을 발휘하도록 하고, 그들의 감정과 목표가, 어리석기보다는 현명한 목적과 사고, 또 서로를 타락시키기보다는 고양시키는 목적과 사고 쪽을 지향하도록 서로를 더욱 부추겨야 한다.

　그러나 어떤 개인이나 다수의 개인도 다른 성인에 대해 자신의 이익을 위해 스스로 선택한 행동을 해서는 안 된다고 말할 권한은 없다. 자신의 복리에 가장 많은 관심을 갖는 사람은 바로 자신이다. 강한 개인적 애착이 작용하는 관계를 제외하고 말하면, 자신의 이익에 관한 한 타인이 갖는 그 어떤 관심도 그 자신이 갖는 관심에 비하면 하찮은 것에 불과하다. 타인에 대한 개인의 행동에 사회가 갖는 관심을 제외하면 한 개인에 대해 사회가 개별적으로 갖는 관심은 미미하고 또한 전적으로 간접적이다.

반면 가장 평범한 개인도 자신의 감정이나 자신이 처한 상황을 이해하는 데에는 그 어떤 타인보다 월등히 뛰어난 수단을 갖고 있다. 오로지 그 자신만이 관련되는 사항에 대해, 그의 판단과 의도를 좌우하고자 하는 사회의 간섭이란 결국 일반적인 추정에 근거하는 것일 수밖에 없다.

그런데 그러한 추정은 완전히 잘못된 것일 수도 있다. 설령 올바른 것이라 할지라도 개별 사례에는 십중팔구 잘못 적용되기 쉽다. 그 추정을 개별 사례에 적용하는 당사자는 그 사례를 둘러싼 사정에 대해 외부의 방관자 수준 이상으로 더 잘 알 수는 없기 때문이다.

따라서 이런 부분의 인간사에서 개성은 그 적절한 활동 무대를 갖게 된다. 인간 상호간의 행동에서는 사람들이 서로 상대방의 행동을 예상할 수 있어야 한다는 차원에서 볼 때 일반적 규칙이 대체로 준수될 필요가 있다. 그러나 자신만이 관련되는 일의 경우 개인적 자발성을 자유롭게 행사할 권리가 있다.

물론 다른 사람들이 어떤 고려사항이나 충고를 통해 개인의 판단을 돕거나 의지를 강화시킬 수도 있고, 경우에 따라서는 그에게 그런 사항들을 강제할 수도 있다. 하지만 결국 최종적인 판단은 오롯이 그의 몫일 수밖에 없다. 타인의 충고나 경고를 듣지 않음으로써 그가 범하게 될 오류가 아무리 중대한 것이라고 해도, 그 오류는 타인들이 그에게 이롭다는 이유로 무언가를 그에게 강요함으로써 발생하는 해악에 비하면 훨씬 가볍다.

나는 여기서 특정 개인을 대하는 타인들의 감정이 그 사람의 자애적自愛的 성향이나 결점에 의해 어떤 식으로든 영향 받아서는 안된다고 주장하는 것은 아니다. 그것은 가능하지도, 바람직하지도 않다. 만일 그가 자신의 행복을 증진시키는 어떤 자질에서 매우 뛰어나다면, 그는 사람들에게 칭찬받을 만하다. 그는 인간 본성의 이상적인 완성에 그만큼 더 접근한 사람이기 때문이다. 거꾸로 그가 그러한 자질이 크게 결핍되어 있다면, 칭찬과는 거리가 먼 감정을 불러일으킬 것이다.

어리석음에도 정도가 있고 적절한 표현은 아니지만, 저속하거나 타락한 취향에도 정도가 있다. 어리석은 행동이나 저속하거나 타락한 취향이 어떤 정도를 넘어선다고 해서 그에게 위해를 가하는 것이 정당화될 수는 없다. 하지만 이로 인해 그는 필연적으로 또한 당연히 혐오의 대상이 되며, 극단적인 경우에는 경멸의 대상이 된다. 그 개인과는 반대되는 자질을 어느 정도 갖고 있는 사람이라면 누구나 그러한 감정을 갖지 않을 수 없다.

어느 누구에게도 해를 끼치지 않지만, 타인으로 하여금 자신을 어리석은 자 또는 열등 인간으로 판단하도록 하거나 느끼도록 행동하는 사람이 있을 수 있다. 누구나 타인으로부터 이러한 판단을 받거나 감정을 불러일으키고 싶지는 않을 것이기 때문에, 사전에 이를 경고해 주는 일은, 그가 직면할 우려가 있는 다른 불쾌한 결과를 경고해 주는 것과 마찬가지로 그에게 호의를 베푸는 셈이 된다.

이른바 예의에 관한 오늘날의 통념이 허용하는 것보다 훨씬 더 자유롭게 이러한 호의를 베풀 수 있다면, 그리고 어떤 사람이 타인에게 틀렸다고 생각되는 점을 솔직하게 지적해도 무례하다든가 불손하다는 인상을 주지 않는다면 참으로 바람직할 것이다. 또한 우리가 어떤 사람에게 부정적인 견해를 갖고 있다면, 그의 개성을 억압하는 차원이 아닌 우리의 개성을 행사한다는 의미에서 그를 향해 다양하게 행동할 권리를 갖는다.

가령 우리에게는 그와 교제할 의무가 없다. 우리는 그와 사귀고 싶지 않다고 떠들고 다녀서는 안 되겠지만 그를 기피할 수 있는 권리를 갖는다. 왜냐하면 우리는 각자 교제하기에 가장 적합한 친구를 선택할 수 있는 권리를 갖기 때문이다. 만일 그의 행동이나 대화가 그와 교제하는 사람들에게 해로운 영향을 미칠 우려가 있다고 생각되면 그 사람들에게 주의하도록 말해 줄 권리가 있고, 어쩌면 그렇게 하는 것이 우리의 의무일 수도 있다. 우리가 호의를 베풀 대상을 선택할 수 있다고 할 때, 그 호의가 그 사람을 개선시키는 데 도움이 되는 호의라면 몰라도 그런 경우가 아니라면 그 혜택을 다른 사람에게 넘길 수도 있다.

이처럼 각 개인은 직접적으로 자기에게만 관련된 잘못인데도 타인으로부터 매우 가혹한 벌을 받을 수도 있다. 하지만 그가 받는 이러한 벌은 그가 저지른 잘못 그 자체의 자연스런 결과, 다시 말해 그 잘못으로부터 저절로 생겨나는 결과일 뿐이다. 말하자면 그 벌은 다른 사람들이 처벌을 목적으로 그에게 일부러 가한 벌이 아니다.

경솔하고, 완고하며, 자기도취에 빠지기 쉬운 사람들, 분수에 맞지 않게 생활하는 사람들, 해로운 향락에 빠져 헤어나지 못하는 사람들, 감성과 지성의 즐거움을 멀리하고 오로지 육감적인 즐거움만을 추구하는 사람들은 타인에게 호평 받을 기회를 잃고 멸시 받을 각오를 해야만 한다.

그가 사회적 관계에서 남다르게 탁월한 면모를 보임으로써 타인들의 호의를 받을 만하고, 따라서 혹시 자신에만 관련된 어떤 부덕이 있다 해도 그것이 그 사람의 사회적 평판에 아무런 영향도 미치지 않을 만큼 나름의 자격을 갖춘 사람이라면 몰라도, 그렇지 않다면 그에게는 이를 불평할 권리가 없다.

위에서 내가 주장한 것은, 어떤 사람이 그의 행동과 성격 가운데 자신의 이익과는 관련되어 있지만 타인과의 관계에서 타인의 이익에는 영향을 주지 않는 부분으로 인해 어떤 불편을 당해야 한다면, 그것은 타인의 비호의적인 판단으로 인한 불편이 유일하다는 것이다.

그러나 타인에게 해를 끼치는 행동에 대해서는 완전히 다른 조치를 취해야 한다. 타인의 권리에 대한 침해, 즉 자신의 권리에 의해 정당화될 수 없는 손실이나 피해를 타인에게 끼치는 경우, 타인을 거짓과 기만으로 대하는 경우, 타인보다 자신이 유리한 위치에 있다고 해서 이를 부당하게 혹은 무자비하게 이용하는 경우, 심지어 타인을 어떤 피해로부터 보호할 수 있음에도 이를 이기적인 이유에서 단념하는 경우에는 마땅히 도덕적 비난을 받아야 할 대상이고, 만약 사안이 중대할 경우에는 도덕적 보복이나 징벌의 대상이 된다. 나아가 그러한 행동 자체만이 아니라, 그러한 행동을 낳는 성향도 당연히 부도덕하며, 따라서 단순한 반감을 넘어 충분히 증오심까지 유발할 수도 있다.

즉 잔인한 성격, 악의와 불량한 천성, 일체의 격정 중에서도 가장 반사회적이고 가장 혐오스러운 감정이라 할 만한 시기심, 위선과 불성실, 걸핏하면 흥분하는 기질, 사소한 일에도 치미는 분노, 남에게 위세 부리기 좋아하는 심성, 자기의 정당한 몫 이상으로 이익을 차지하려는 욕구, 즉 그리스인들이 말하는 탐욕, 남의 굴욕에 오히려 만족감을 느끼는 교만, 자기와 자기의 관심사를 다른 모든 것보다 중히 여기고 모든 불확실한 문제들을 자기 위주로 결정하는 자기중심주의 이 모든 것들은 도덕적으로 악이며 추악하고 혐오스런 성격으로, 이는 앞에서 말한 자애적인 결점과는 다른 것이다.

자애적인 결점이란 본래 부도덕한 것이 아니고, 그것이 극단적이라고 해도 사악하다고는 말할 수 없다. 이러한 결점은 많든 적든 한 개인 갖고 있는 어리석음의 증거이자 개인적 존엄이나 자존심이 결여되어 있음을 보여주는 증거라 할 수 있다. 하지만 그 자애적인 결점이 도덕적 비난의 대상이 되는 경우란, 자신이 마땅히 배려해야 할 타인에 대한 의무를 이행하지 않은 경우에만 한정된다.

우리 자신에 대한 의무라고 하는 것은, 어떤 상황에 의해 그것이 동시에 타인에 대한 의무가 되지 않는 한 사회적인 의무는 아니다. 자신에 대한 의무라는 말은 단순한 사리분별의 의미를 넘어서서 자존이나 자기발전이라는 의미까지 포함한다. 그리고 그 단어가 어떤 의미를 갖든 타인에 대한 책임과는 상관없는 단어라고 할 수 있다. 이 단어에 관한 한 그 어떤 경우에도 개인이 타인에 대해 책임을 지는 것이 인류에 이익이라 할 수는 없기 때문이다.

분별력 부족이나 개인적 존엄성의 부족으로 인해 당연히 받게 되는 경멸과, 타인의 권리를 침해했기 때문에 받아야 할 비난의 차이는 단순히 명목상 구별에 그치지 않는다. 우리에게 마땅히 규제할 권리가 있다고 생각하는 어떤 사항에 대해 누군가가 우리를 불쾌하게 하는 상황과, 우리가 규제할 권리를 갖고 있지 않다고 알고 있는 사항에 대해 그가 우리를 불쾌하게 하는 상황은 전혀 별개의 것이다. 이 두 상황에 대한 우리의 감정과 행동에는 커다란 차이가 있다.

누군가 우리를 불쾌하게 하면 그에 대해 싫은 감정을 표현할 수 있고, 우리를 불쾌하게 하는 것을 멀리 하듯이 그런 사람을 가까이 하지 않을 수 있지만, 그렇다고 해서 그의 삶을 불편하게 만들겠다는 생각까지 하지는 않는다. 우리는 그가 이미 그의 잘못에 대해 충분한 처벌을 받고 있거나 받을 것이라는 점을 생각해 볼 필요가 있다. 그가 처신을 잘못해서 그의 인생을 망치고 있다면, 그의 잘못된 처신을 빌미로 그의 인생을 더 망치려고 할 필요는 없다. 오히려 그런 행동 때문에 그에게 닥칠 불행을 피하거나 치유할 방법을 알려줌으로써 그가 받을 처벌을 경감시켜 주기 위해 노력함이 마땅하다.

그는 우리에게 연민이나 혐오의 대상이 될 수는 있으나 분노나 원한의 대상이 될 수는 없다. 따라서 우리는 그를 마치 사회의 적인 것처럼 취급해서는 안 된다. 그를 위해 관심과 배려심을 가지고 호의적으로 간섭하려는 것이 아니라면, 그가 하는 대로 내버려 두는 것이야말로 우리가 정당하게 행사할 수 있는 가장 가혹한 처사라 할 수 있다.

만일 그가 우리 이웃을 보호하는 데 필요한 규율을 개인적으로든 집단적으로든 어긴 경우에는 사정이 완전히 달라진다. 그 경우 그의 행동이 초래하는 나쁜 결과는 그 자신이 아니라 타인에게 미치게 된다. 따라서 사회는 구성원 전체의 보호자로서 그에게 처벌을 가해야 한다. 징벌이라는 명시적인 목적 아래 그에게 고통을 주되, 그 고통이 충분히 가혹하게 전달될 수 있도록 처리해야 한다. 이 경우 그는 우리의 법정에 서는 범죄자가 되고, 우리는 그를 재판할 의무가 있을 뿐 아니라 어떤 형태로든 그에게 우리의 판결을 집행할 의무가 있다.

하지만 이런 경우가 아니라면 그에게 고통을 줄 권리가 우리에게는 없다. 다시 말해 그가 오로지 자신에만 관련된 사안에서 일정한 자유를 허용받듯이, 우리가 우리 자신에만 관련된 일에서 동일한 자유를 행사함으로써 부수적으로 그에게 가할 수 있는 고통 빼고는 그 어떤 고통도 그에게 가해서는 안 된다.

여기서 내가 오직 그 자신과 관련되는 삶의 영역과 타인과 관련되는 삶의 영역을 구분하는 데 대해 많은 사람들이 거부감을 느낄 것이다. 그런 사람들은 이렇게 물을 것이다. 한 사회 구성원의 어떤 행동에 대해 어떻게 다른 구성원들이 무관심할 수 있겠는가? 계속해서 그들은 이렇게 말할 것이다. 그 누구도 완전히 고립되어 살 수는 없다. 누군가 자신에게만 끊임없이 심각하게 해를 끼치더라도 그 피해는 결국 근친자에게 미치게 되고, 때로는 근친자를 훨씬 넘는 범위까지 미칠 수밖에 없다.

만일 그가 자기 재산을 잃게 되면 직접적으로든 간접적으로든 그 재산의 덕을 보던 사람들에게 해를 주게 되고, 통상적으로 그가 속한 사회의 총자산을 많든 적든 감소시킨다. 만일 그의 심신 능력이 저하되면, 그는 그에게서 행복을 찾아온 모든 사람들에게 해를 끼칠 뿐만 아니라, 자기 동료들에게 보답해야 할 봉사의 의무도 수행할 수 없게 된다. 그래서 그는 동료들의 동정과 호의에 매달리는 귀찮은 존재가 될 수도 있다. 그리고 이러한 행동이 자주 반복된다면 사회적 이익의 총량을 감소시킨다는 측면에서 그 어떤 범죄보다 중대한 범죄가 될 수도 있다.

결국 인간이 자신의 악덕과 어리석은 행동으로 타인에게 직접 해를 끼치지는 않는다고 해도, 이렇듯 좋지 못한 실례를 남김으로써 세상에 해악을 끼치게 된다고 반대론 측에서는 말할 수도 있다. 따라서 그의 행동을 보거나 알게 됨으로써 타락의 길을 걷거나 잘못을 저지를지도 모를 사람들을 위해 그에게 그런 행동을 자제하도록 강제하는 것이 당연하다고 반대론자들은 주장할 수 있다.

심지어 반대론 측은 다음과 같이 덧붙일지도 모른다.

"나쁜 행동의 결과가 오로지 그 부도덕하고 경솔한 개인에게만 한정된다고 해도, 사회가 명백히 사회의 구성원이 될 자격이 없는 사람들이 제멋대로 살도록 방치해도 좋다는 말인가? 만일 사회가 어린이나 미성년자들을 그들이 원치 않아도 보호해야 하는 것이 명백하다면, 자기통제 능력이 없는 성인도 사회가 보호해야 하는 것이 맞지 않은가?

만일 법으로 금지된 대다수의 행위들과 마찬가지로 도박, 술주정, 음란, 나태, 불결이 사람들의 행복을 해치고 생활 개선을 방해하는 것이라면, 법은 그 실행 가능성과 사회적 편의를 고려해서 이러한 행위들도 금지시키려 애써야 하는 것이 맞지 않을까?

그리고 법이 불가피하게 불완전하다면 이를 보완하기 위해 적어도 여론이 그러한 악덕을 방지할 강력한 치안기구를 구성하여 그런 악덕을 일삼는 것으로 알려진 사람들에게 준엄한 사회적 징벌을 가해야 하지 않을까? 이 과정에서 개성을 속박하거나 새로운 독창적 생활방식에 대한 시도를 저해하는 문제는 발생하지 않는다. 금지되도록 요구되는 건 오로지 태초부터 오늘에 이르기까지 시도되어 좋지 못하다는 낙인이 찍힌 사항들, 즉 경험을 통해 누구의 개성에도 유용하거나 적합하지 않다고 판명된 것들뿐이기 때문이다. 도덕적이며 심오한 내용을 갖는 진리가 확정적인 것으로 간주되기까지는 상당한 세월이 흐르고 풍부한 경험이 쌓여야 한다. 따라서 우리는 조상들을 오직 죽음의 길로 이끈 절벽 아래로 후손들이 또 다시 떨어지는 전철을 밟지 않기를 바랄 뿐이다."

어떤 사람이 스스로에게 저지르는 해악이, 그와 친근한 관계에 있는 사람들의 공감과 이해관계를 통해 그들에게 중대한 영향을 미칠 수 있고, 또 그 정도는 미약해도 일반 사회에까지 영향을 미칠 수 있음을 나 역시 충분히 인정한다. 어떤 사람이 그러한 행동으로 인해 타인에 대해 지고 있는 명백한 의무를 이행하지 못하면,

결국 그런 행위는 자기애적인 차원을 넘어서 그 본래적 의미의 도덕적 반감을 불러일으킬 소지가 있다.

가령 어떤 사람이 무절제나 방탕으로 인해 빚을 갚을 수 없게 되거나, 가족에 대한 도덕적 책임을 지고 있었음에도 불구하고, 역시 같은 이유로 그들을 부양하고 교육할 수 없었다면, 그는 비난받아 마땅하고 설령 처벌을 받는다고 해도 부당하지 않을지 모른다. 하지만 그것은 그가 가족이나 채권자에 대한 의무를 태만히 한 탓이지 그의 방탕 때문은 아니다. 혹시 가족이나 채권자에게 돌아가야 할 돈이 그들에게 돌아가지 않고 어딘가에 매우 신중히 투자되었다 해도, 그것이 도덕적 죄악이라는 점에는 변함이 없다.

조지 반웰George Barnwell[55]은 애인에게 줄 돈을 마련하려고 자기 숙부를 살해했다. 그러나 그가 사업을 위해 그런 짓을 했다고 해도 역시 교수형을 면하기는 어려웠을 것이다. 또한 주변에서 흔히 볼 수 있는 일이지만 고약한 습성에 빠져 가족을 울리는 사람은 그 몰인정함과 배은망덕 때문에 비난받아 마땅하다.

하지만 그 자체로는 나쁘지 않은 습성을 가진 경우에도 그와 함께 사는 사람들이나 혈연관계로 그에게 삶을 의탁하고 있는 사람들에게 고통을 주는 것이라면 그 역시 비난받을 수 있다. 피치 못할

---

55) 조지 릴로(George Lillo, 1693~1739)의 『런던 상인 또는 조지 반웰 이야기(The London Merchant, the History of George Barnwell, 1731)』의 주인공으로 그의 숙부를 살해했다.

의무로 강요되거나, 스스로 그런 선택을 할 수밖에 없었다고 인정할 만한 무언가가 있었다면 모를까, 그런 이유도 없이 타인의 이해관계와 감정에 대해 대체로 당연한 것으로 받아들여지는 수준의 배려마저 하지 않는다면 그 누구든 도덕적 비난의 대상이 될 수 있다.

하지만 이 경우 그가 받는 비난은 배려하지 못한 것 그 자체에 대한 비난이지 그렇게 배려하지 못한 원인 또는 그런 배려를 못하도록 암암리에 작용한, 순전히 자신과 관련된 어떤 잘못에 대한 비난은 아니다. 마찬가지로 어떤 사람이 순전히 자신과만 관련된 행동으로 인해 자신을 무기력하게 만들었다면, 그는 분명 공중에 대한 의무를 이행할 수 없게 될 것이므로 그 사회에 대해 죄를 범한 셈이 된다. 누구도 오로지 술에 취했다는 이유만으로는 벌을 받지 않지만, 군인이나 경찰관이 집무 중에 술에 취한다면 마땅히 벌을 받는다. 요컨대 개인이나 공중에 대해 명백한 손해를 끼치거나 손해를 끼칠 위험이 있는 경우, 그 문제는 즉시 자유의 영역을 벗어나 도덕이나 법의 문제에 속하게 된다.

그러나 사회에 대한 어떤 특별한 의무를 이행하지 않는 것도 아니고 또 자신 이외의 특정 개인에게 명백한 침해를 가하는 것도 아닌 행동에 의해 어떤 사람이 사회에 끼치는 오로지 우발적이거나 추정적인 손해의 경우, 그것에서 발생하는 불편은 인류의 자유라고 하는 더욱 큰 이익을 위해 사회가 충분히 참을 만한 불편이다.

만일 성인이 자신을 적절하게 돌보지 않았다고 해서 처벌을 받아야 한다면 그것은 그들 자신을 위해서이다. 사회는 정작 요구할 권리가 있다고 생각지도 않는 편익을 사회에 제공해야 한다며 그 사람의 그런 능력이 손상되지 않도록 처벌이 필요하다고 주장하는 것은 핑계에 불과하다.

나는 마치 사회가 열등한 구성원들을 합리적 행동의 수준까지 끌어올릴 아무런 수단도 갖지 않아서 그들이 무언가 불합리한 짓을 할 때까지 기다린 다음 법적으로나 도덕적으로 그들을 처벌하는 것 외에는 별다른 도리가 없다는 듯 그런 핑계를 대는 데에는 찬성할 수 없다. 사회는 그들 열등한 구성원들이 태어난 이후 미성년 시기까지 절대적인 힘을 행사해 왔다. 즉 사회는 유년기와 미성년기 전 기간 동안 그들이 삶을 영위하면서 이성적 행동을 할 수 있는지 시험해 볼 충분한 시간을 가졌을 것이다.

기성세대는 차세대의 훈육과 환경을 좌우할 수 있다. 물론 기성세대는 스스로도 개탄할 정도로 선과 지성을 갖추지 못하고 있기 때문에 차세대를 충분히 현명하고도 선량한 사람으로 길러낼 수 없다. 더구나 기성세대가 최선의 노력을 기울인다 해도 차세대 각 개인에 대해서는 항상 최고의 성공을 거두기 힘들다. 하지만 다가오는 세대를 총체적으로 자신들과 동등하거나 자기들보다 낫게 만드는 일은 결코 어려운 일이 아니다.

만일 사회가 그 구성원 대다수를 단순한 유아 상태로 방치함으로써, 합리적으로 장기적인 목표를 세워 행동할 수 없도록 한다면 사회 전체가 그러한 결과에 대해 책임을 져야 한다. 사회는 이미 교육의 전권을 장악하고 있을 뿐 아니라, 독자적인 판단 능력이 없는 사람들에게 언제나 일반 여론의 권위를 동원할 수 있는 막강한 힘까지 장악하고 있다. 게다가 주변 사람들에게 혐오나 경멸의 대상인 사람들을 자연스럽게 제재하는 힘의 도움도 받을 수 있다. 따라서 사회가 이 모든 힘 외에 개인의 사적인 관심사에도 명령하고 복종을 강요할 힘이 필요하다고 주장해서는 안 된다.

정의와 정책에 관한 모든 원칙에 비추어 볼 때 각 개인의 사적인 일을 결정할 권한은 그 결과에 책임을 질 당사자에게 남아 있어야만 한다. 그리고 어떤 행동에 영향을 미치기 위해 동원되는 수단 중에서 더 나쁜 수단을 동원하면 더 좋은 수단은 불신의 대상이 되어 무력화된다. 만일 사회가 신중함과 자제력을 강제로 심어주려는 사람들에게 활기차고 독립적인 성격을 형성할 만한 바탕이 조금이라도 있다면 그들은 틀림없이 그러한 속박에 저항할 것이다. 그들은 "남들이 하는 일에 간섭하면 그들이 제지하듯이, 내가 하는 일을 남이 통제할 권리는 없다"고 느낄 것이다.

따라서 그렇듯 잘못 행사된 권위에 맞서서 그 명령과는 정반대되는 일을 감행하는 것이 오히려 강한 기백과 용기의 상징으로 간주되는 분위기가 조성된다. 예를 들어 청교도의 광신적인 도덕적 불관용에 뒤이어 그 반동으로 찰스 2세 당시에는 방탕한 생활이

유행했다.

　방탕하기 그지없는 사악한 인간이 보여주는 나쁜 선례로부터 사회를 보호할 필요가 있다는 견해와 관련해서 나쁜 선례가 사회에 해독을 끼치는 것은 사실이다. 특히 타인에게 위해를 가한 가해자가 처벌을 면하는 경우가 더욱 그렇다. 그러나 우리는 지금 타인에게는 아무런 해도 끼치지 않고, 오직 행동한 사람 자신에게만 큰 피해가 돌아가는 경우를 논하고 있다.

　나는 사악한 사람들의 나쁜 본보기로부터 사회를 보호해야 한다고 믿는 사람들이, 왜 그 본보기가 대체로 유해하기보다는 유익한 것임을 깨닫지 못하는지 이해할 수가 없다. 그 나쁜 본보기는 세상 사람들에게 악행을 보여줄 뿐 아니라 그에 따른 고통스럽고도 수치스런 결과까지도 보여줄 것이고, 악행에 대한 비판이 제대로 이루어지면 모든 혹은 대부분의 경우 그 악행에는 같은 결과가 뒤따를 것이기 때문이다.

　하지만 순전히 개인적인 행동에 대한 공중의 간섭에 반대해야 하는 가장 큰 이유는 간섭 자체가 잘못된 곳에서 잘못 이루어질 가능성이 높기 때문이다. 사회적 도덕률이나 타인에 대한 의무와 관련해서 공중, 즉 지배적 다수의 의견은 종종 틀릴 수도 있지만 옳을 가능성이 여전히 더 높다. 왜냐하면 이러한 문제에 대해 그들은 오직 그들 자신의 이해관계에 근거해서 판단하거나 또는 어떤 행동 양식이 실행에 옮겨지면 그들 자신에게 어떤 방식으로 영향이 미칠지 판단하기만 하면 되기 때문이다.

그러나 순전히 자신에만 관련된 행위의 경우 동일한 다수자의 의견이 법이라는 형태로 소수자에게 강요될 때는 그 의견이 옳을 수도 있지만 틀릴 가능성도 꽤 높다. 그런 경우 여론이란 타인의 선악에 대한 일부 사람들의 의견에 불과하며, 그런 수준에조차도 미치지 못하는 경우가 허다하기 때문이다. 대중은 자신들이 비난하는 대상들에 전혀 관심이 없어서 그들의 의향이나 편의 등을 완전히 무시한 채 오로지 자신이 좋아하는 일만을 추구하기 때문이다.

세상에는 자기가 좋아하지 않는 행동이라면 그것이 무엇이든 자기에게 해를 주는 것이라고 보고, 마치 자기 감정에 대한 모욕인 것처럼 싫어하는 사람들이 많다. 예를 들면 극심한 편견에 사로잡힌 종교인의 경우가 그렇다. 그는 타인의 종교적 감정을 무시한다는 비난을 받으면 오히려 상대방이야말로 끔찍스런 우상숭배와 교리를 고집해서 자기 감정을 무시한다고 대드는 것이 보통이다.

그러나 어떤 사람이 자신의 의견을 지지하는 감정과 그가 그 의견을 지지하는 데 분노를 느끼는 타인의 감정에는 커다란 차이가 있다. 이는 마치 타인의 돈지갑을 훔치려는 도둑의 욕망과, 그것을 지키려는 지갑 주인의 감정이 완전히 다른 것과 마찬가지다. 사람의 취향이라는 것도 그의 의견이나 돈지갑과 마찬가지로 그 자신의 특수한 관심사이다.

모든 불확실한 사안에 대해서는 개인의 자유로운 선택에 방임하고, 다만 보편적인 경험에 의해 나쁘다고 단정되어 온 행동 양식들만 자제하도록 요구하는 이상적 대중의 상황을 누구나 쉽게 상상할 수 있다. 그러나 스스로에게 부여된 검열 권한에 이토록 제한을 가하려 했던 사회가 일찍이 존재했던가? 또한 공중이 보편적 경험에 관해 고민하는 때가 과연 존재할까?

개인적인 행동에 간섭하는 경우, 공중은 대체로 자신과 다르게 행동하거나 다른 감정을 갖는 것을 심각한 범죄로 여길 뿐이다. 그리고 이러한 판단의 기준은 얄팍한 허울을 뒤집어쓴 채 도덕가와 철학자 대부분에 의해 철학과 종교의 교훈인 양 인류에게 제시된다. 그들은 사물이 옳은 것은 그 사물이 옳기 때문에, 즉 우리가 그 사물을 옳다고 생각하기 때문이라고 가르쳤다. 또 그들은 우리 자신은 물론 타인도 구속할 수 있는 행동의 규범을 우리 자신의 정신과 마음에서 찾으라고 주문한다. 불쌍한 공중은 그 지시에 따라 선악에 대한 자신들의 개인적 감정을 온 세상에 대한 의무로 받아들이는 것 외에 할 수 있는 일이 아무것도 없다.

위에서 지적한 폐해는 단순히 이론적인 것에 그치지 않는다. 따라서 아마도 독자들은, 내가 오늘날의 영국 대중이 부당하게 자신의 기호에다가 도덕이라는 옷을 입히고 있는 구체적인 사례를 열거하리라고 기대할지도 모른다. 하지만 지금 나는 기존의 도덕 감정이 드러내는 일탈에 대해 글을 쓰고 있는 것이 아니다. 이 문제는 매우 중대하므로 그저 삽화적으로 간단히 짚고 넘어갈 성질의 문제가 아니다.

하지만 내가 주장하는 원리가 실제로 매우 중대하다는 사실과 함께, 내가 실재하지도 않는 폐해에 대해 담을 쌓으려 하는 것이 아님을 증명하려면 실례를 들 필요가 있다. 이른바 도덕적 경찰권을 포괄적으로 적용해서 의심할 여지없이 합법적이라 할 만한 개인의 자유를 침해하는 것이 인간의 가장 보편적 성향 가운데 하나임을 풍부한 실례를 들어 설명하는 것은 그리 어려운 일이 아니다.

첫 번째 예로서, 자신과 다른 종교적 의견을 갖는 사람들이 자기와 동일한 종교적 의례, 특히 종교적 금기사항을 지키지 않는다는 이유만으로 사람들이 품게 되는 다양한 반감들을 생각해 보자. 아주 사소한 예이지만, 기독교도의 신조와 의식 가운데 돼지고기를 먹어도 된다는 것만큼 이슬람교도의 증오를 사는 일은 없다. 기독교도와 유럽인도 어떤 행위에 대해 혐오감을 느끼기는 하겠지만, 이슬람교도가 특정한 식욕 충족 방법에 대해 느끼는 이런 혐오감을 능가하지는 못한다.

돼지고기를 먹는 행위는 이슬람교의 교리에 어긋난다. 하지만 이렇게 말하는 것만으로 그들이 돼지고기를 먹는 데에 품는 혐오감의 정도와 형태를 이해하기는 힘들다. 이슬람교에서는 포도주를 마시는 일도 금하고 있는데, 모든 이슬람교도들이 포도주를 마시는 행위를 나쁘다고 생각하고 있어도 혐오할 정도의 것이라고는 생각하지 않는다.

이처럼 이 '불결한 짐승'의 고기에 대한 그들의 혐오감은 포도주의 경우와는 매우 다른 특수한 성격을 갖는다. 즉 불결하다는 관념이 일단 감정 깊숙이 뿌리 박히면, 평소 습관이 엄격하게 청결을 지키는 것과는 거리가 먼 사람들까지도 그 불결이라는 관념에 자극을 받아 본능적으로 반감을 갖는 것과 비슷하다. 이러한 종류의 반감 중에서 가장 뚜렷한 예는 종교적 불결의 정서이고 이는 특히 힌두교도에게서 뚜렷하게 나타난다.

그런데 이슬람교도가 대다수를 차지하는 나라에서 그 다수가 국내에서 돼지고기를 먹는 행위를 금지해야 한다고 주장하는 상황을 가정해 보자. 이슬람 국가에서는 새삼스러울 일도 아니다.[56]

이 경우 과연 여론이 그 도덕적 권위를 정당하게 행사한 것일까? 만일 그렇지 않다면 그 이유는 무엇일까? 돼지고기를 먹는 행위는 이슬람 대중에게 진정 혐오의 대상이다. 또한 그들은 정말로 돼지

---

56) [원주 9] 봄베이의 배화교도(the Bombay Parsees)가 매우 흥미로운 사례이다. 페르시아 배화교도의 후손인 근면하고도 진취적인 이 종족은 이슬람교도 국왕인 칼리프를 피해 조국을 탈출하여 인도 서부에 정착했을 때, 쇠고기를 먹지 않을 것을 조건으로 인도 주권자들에게 신교의 자유를 허락받았다. 그런데 그 후 그곳이 이슬람교도 정복자의 지배를 받게 되자, 배화교도들은 돼지고기를 먹지 않는다는 조건 하에 신교의 자유를 허락받았다. 처음에는 권위에 대한 복종이었던 것이, 어느덧 제2의 천성이 되었기 때문에 배화교도들은 지금도 쇠고기와 돼지고기를 먹지 않는다. 그들의 종교가 요구한 것은 아니지만, 쇠고기와 돼지고기를 먹지 말라고 하는 이중의 금지는 장기간 지속되어왔기 때문에 그들의 관습이 되어버렸다. 이처럼 동양에서는 관습이 하나의 종교가 되기도 한다.

고기 먹는 행위를 신이 금지하고 혐오하는 것이라고 생각한다.

따라서 돼지고기 먹는 행위에 대한 금지를 종교적 박해라고 비난할 수 없다. 물론 그 기원에는 종교적 의미가 담겨 있었을 것이다. 하지만 돼지고기 먹는 행위를 의무화한 종교는 존재하지 않는다. 따라서 이를 종교적 박해라고 말할 수 없다. 결국 이러한 금지가 옳지 않다고 주장할 수 있는 유일한 근거는 각 개인의 취향과 사적인 일에 대해 사회는 간섭할 권리가 없다는 데 있다.

이제 더욱 비근한 예를 들어 보도록 하자. 대다수 스페인 사람들에게는 로마 가톨릭 교회 의식 외의 방법으로 절대자를 예배하는 것이 대단히 불경스러운 일일 뿐만 아니라 신에 대한 최대의 모욕이다. 따라서 스페인 국내에서는 다른 방식으로 신을 믿는 행위가 불법에 속한다. 또한 유럽 남부 사람들은 결혼한 사제를 신앙심이 없는 불경한 자로 여길 뿐만 아니라 부정하고 음탕하며 비열하기 때문에 혐오의 대상으로 간주한다.

이처럼 자기들 나름의 굳은 신념을 바탕으로 이를 가톨릭교도가 아닌 사람들에게까지 강제하려는 시도를 신교도들은 어떻게 생각할까? 만일 타인의 이해관계와 무관한 사항에 대해 서로 개인의 자유에 간섭할 수 있는 권한이 이렇듯 정당화된다면, 그러한 경우들을 어떤 원칙에 근거해서 일관되게 배제할 수 있는가?

또 사람들이 어떤 일을 신과 인간에 대한 추문이라고 자의적으로 간주하고 그것을 억압하려고 할 때 누가 그들을 비난할 수 있을까? 개인적 부도덕으로 간주되는 어떤 행위를 금지하려 할 때 그 행위들이 신에 대한 불경이라고 말하는 것만큼 강력한 힘을 발휘하는 것은 없다.

따라서 우리 스스로가 그들 박해자들의 논리를 기꺼이 인정하려는 게 아니라면, 그리고 우리가 옳기 때문에 타인을 박해할 수 있고, 타인은 옳지 않기 때문에 우리를 박해할 수 없다고 단언하려는 게 아니라면, 입장을 바꿔 우리 자신에게 적용할 때 매우 불공정하다고 느낄 만한 어떤 원칙들을 타인에게도 강요하지 않도록 각별히 주의할 필요가 있다.

이상의 사례에 대해서는 그것들이 영국에서는 있을 수 없는 우발적인 사례로부터 인용한 것이라는 점에서 불합리하다는 지적이 있을 수 있다. 적어도 영국에서는 육식을 금하거나, 사람들이 각자의 신조와 성향에 따라 예배를 보거나 결혼을 하거나 독신을 지키는 데 간섭하지 않기 때문이다. 그렇다면 이번에는 영국인 스스로도 개인의 자유에 대해 침해할 가능성이 높은 사례를 들어 보자.

미국의 뉴잉글랜드[57]와 공화국 시대[58]의 영국에서처럼 청교도 세력이 강했던 곳에서는 청교도가 모든 대중오락과 심지어 사적인 오락까지 금지하려고 했고, 그것은 상당히 성공을 거두기도 했다. 특히 음악, 춤, 공개적인 시합, 축제와 같은 집회와 연극이 금지되었다. 영국에서는 지금도 도덕적·종교적 관점에서 그런 오락을 거부하는 사람들이 상당수 있다.

그런데 주로 중산계급에 속하는 그들은 오늘날의 영국에서 우월한 사회적·정치적 세력을 확보하고 있으며, 따라서 언젠가는 그들이 의회 다수 세력을 차지할 수도 있다. 그리하여 엄격한 칼뱅교도와 감리교도Methodists[59]들이 자신들의 종교적·도덕적 감정을 내세워 오락을 규제하고 나선다면, 영국의 나머지 국민들은 과연 이를 감수할 것인가? 오히려 이렇듯 남의 일에 간섭하기 좋아하는 사람들에게 "너나 잘 하라"며 단호한 태도를 취하지 않을까?

자기들이 좋지 않다고 생각하는 쾌락은 어느 누구도 누려서는 안 된다고 주장하는 모든 국가와 대중에 대해서도 같은 말을 하지 않을 수 없다. 만일 이러한 억지 주장의 원칙이 허용된다면, 그 나라의 다수 혹은 우세한 계급의 판단에 따라 그러한 원칙들이 실행되는 데 대해 아무도 정당한 근거를 들어 반대할 수 없게 된다.

몰락한 것처럼 보였던 종교가 다시 융성하는 것은 흔한 일이다. 그러므로 뉴잉글랜드 초기 정착민들의 신앙과 같은 종교적 신앙이

---

57) 미국 북동부 대서양 연안 지역.

58) 보통 1649년 찰스 1세의 처형 이후 1660년의 왕정복고까지를 말한다. 하지만 1652년 이후 크롬웰의 섭정 시기는 공화정치라고 보기 어렵다.

59) 1739년 영국 옥스퍼드 대학에서 찰스 웨슬리(Charles Wesley), 존 웨슬리(John Wesley) 형제와 조지 화이트필드(George Whitefield)를 중심으로 펼쳐진 국교개혁운동의 일파.

상실했던 세력을 다시 만회한다면. 모든 사람들은 과거에 그 정착민들이 받아들였던 것과 같은 기독교 공화국의 이상에 순응할 각오를 해야 한다.

앞에서 말한 것보다 더욱 실현 가능성이 있는 또 다른 상황을 생각해 보자. 오늘날의 세계에는 대중적 정치 제도 속에 실제로 구현되어 있는지의 여부와는 상관없이 민주적 사회구조를 지향하는 강력한 경향성이 뚜렷하게 나타난다. 이러한 경향이 가장 완벽하게 실현되어 있는 나라, 이를테면 사회와 국가가 다 같이 민주적인 미국에서는 일반 대중이 추구하기에 지나치게 화려하고 사치스런 생활 방식에 대해 다수자들의 불편한 감정이 존재한다. 그리고 그러한 감정을 상당히 효과적으로 반영하고 있는 것이 바로 '사치금지법'sumptuary law이다. 미국 내의 많은 지방에서는 고소득자가 세상의 비난을 받지 않으면서 자기 수입을 마음대로 소비하기가 매우 어렵다고 한다.

이 사례는 기존의 사실들을 설명하기에 상당히 과장되어 보인다. 하지만 그것이 묘사하고 있는 사회 실정은 민주적 감정을 품게 된 결과로 충분히 상상할 수 있고, 또한 실제로도 있을 수 있는 일이다. 더욱이 민주적 감정이 특정 개인들의 자기 소득 소비방식에 대한 거부권까지 행사할 권리까지 대중에게 부여한다는 관념과 결합되면 정말 그럴듯하게 보인다.

나아가 사회주의적 풍조가 널리 퍼진 경우를 생각해 보자. 그 경우, 일정 수준 이상의 재산을 소유한다는 것, 또 그 다소에 관계없이 육체노동이 아닌 방법으로 수입을 얻는다는 것은 다수자의 눈으로 볼 때 아마도 명예롭지 못한 일이 될 것이다. 이와 비슷한 견해들이 이미 노동자 계급 사이에서는 널리 유포되어 있고, 그런 견해는 주로 노동자 계급의 여론에 순종하는 사람들, 즉 그 계급의 구성원들을 강하게 압박한다. 각종 산업 분야에서 대다수를 차지하는 미숙련공들은 다음과 같은 의견을 확고히 가지고 있는 것으로 알려져 있다.

즉 그들도 숙련공과 동일한 임금을 받아야 하고, 어느 누구도 숙련된 기술을 갖고 있거나 더 부지런하다고 해서 성과급 제도 등의 방식을 통해 그렇지 못한 처지의 노동자들이 벌 수 있는 임금보다 더 많이 벌 수 있도록 허용해서는 안 된다는 것이다. 그래서 그들은 윤리적 제재, 경우에 따라서는 물리적 제재 방식을 동원하여 사용자가 일을 더 잘하는 노동자들에게 더 많은 임금을 주지 못하도록, 혹은 그런 노동자가 더 많은 임금을 받지 못하도록 저지하려고 한다.

만일 대중이 개인의 일에 간섭할 수 있는 권리를 갖는다고 하면, 이들 미숙련공이 옳지 않다고 말할 수는 없을 것이다. 또 어떤 개인이 속하는 특정 집단이 그 개인의 사적인 행위에 대해, 사회 전체가 개인에 대해 전반적으로 주장하는 것과 동일한 권위를 주장하는 것도 비난할 수 없을 것이다.

그러나 이처럼 가상적인 경우를 놓고 길게 논의할 것도 없다. 오늘날 사생활의 자유에 대한 침해 행위는 실제로 광범위하게 행해지고 있고, 더욱 강도 높은 침해 행위마저도 어렵지 않게 이루어질 가능성 또한 상존하고 있다. 그리고 대중은 스스로 나쁘다고 생각하는 모든 것들을 법으로 금지할 무한의 권리를 가질 뿐 아니라, 그것들을 근절하기 위해 대중 스스로 무죄라고 생각하는 것들까지도 얼마든지 금지시킬 수 있는 무한의 권리를 가진다는 의견마저 등장하는 실정이다.

무절제한 음주를 저지한다는 명분 아래, 한 영국 식민지 주민과 미국의 거의 절반에 달하는 주민들에게 모든 발효성 음료를 의료 이외의 목적으로 사용하는 것을 법으로 금지하고 있다. 판매 금지는 본래 의도대로 사실상 발효성 음료의 사용을 금지하는 것이기 때문이다. 이 금주법을 채택한 주들 가운데 몇몇 주는 그 법의 실시가 불가능하여 폐기해 버렸다. 그중에는 금주법이라는 명칭의 발상지인 주[60]도 포함되어 있다.

이러한 실정임에도 불구하고 영국에서는 이와 비슷한 법을 요구

---

60) 메인(Maine) 주를 가리킨다. 그래서 금주법을 '메인법'이라고도 부른다.

하는 운동이 시작되어 이른바 박애주의자라는 사람들 대다수가 상당한 열의를 가지고 추진하려고 한다. 그러한 목적을 위해 설립된 단체, 즉 그들 스스로 '동맹'[61]이라고 부른 조직이 최근 세상 사람들의 주목을 끌며 악명을 떨치고 있다. 영국의 영향력 있는 인물들 가운데 "정치인의 견해는 마땅히 어떤 원칙에 입각해야 한다"고 주장하는 극소수의 인물 중 한 사람인 스탠리Henry Stanley[62] 경과 그 협회 이사가 주고받은 편지가 공개되었기 때문이다.

이른바 공적인 활동에서 스탠리 경이 보여준 자질은 당시 정계의 유력 인사들 사이에서 유감스럽게도 좀처럼 찾아볼 수 없는 것이며, 이번 서한을 통해 사람들은 일찍이 그에 대해 가졌던 신망을 더욱 굳힐 것으로 보인다. 동맹의 이사는 "편협과 박해를 정당화하기 위해 왜곡된 형태로 동원될 수 있는 어떤 원칙이 인정된다는 것은 매우 유감스런 일"이며, 그러한 원칙들과 동맹이 내세우는 원칙들 사이에는 "도저히 넘을 수 없는 두터운 장벽"이 존재한다고 지적한다.

그는 "사상, 의견, 양심에 관한 모든 사항은 입법의 영역 밖에 있는 것이며, 사회적 행동, 관습, 인간관계에 관련된 모든 것들은 개인이 아닌 오로지 국가 자체에 부여된 재량권에 속하고, 입법의 영역

---

61) 1852년에 설립된 금주운동단체.
62) 헨리 스탠리(1826~1893)는 자유주의자로서 장관과 대학 총장을 지냈다.

내의 것"이라고 말한다. 하지만 둘 중 그 어느 영역에도 속하지 않는 제3의 영역, 즉 사회적이지 않은 개인적 행동과 습관에 대해서는 아무런 언급도 하지 않는데, 발효성 음료를 마시는 행위가 바로 거기에 속한다. 물론 발효성 음료를 판매하는 것은 상행위이며, 그것은 분명히 하나의 사회적 행동이다.

하지만 스탠리 경이 이의를 제기한 침해 행위는 판매자의 자유에 대한 것이 아니라 구매자와 소비자의 자유에 대한 것이다. 국가가 특정한 목적 하에 개인의 주류 구매를 금지하는 것은 결국 음주를 금지하는 것과 마찬가지이기 때문이다. 그 이사는 이에 대해 "나는 한 사람의 시민으로서 나의 사회적 권리가 타인의 사회적 행동에 의해 침해될 때는 그러한 침해 행위를 방지할 법률을 제정해 줄 것을 언제고 요구할 수 있다"고 말한다.

그러면 그가 말하는 사회적 권리란 무엇인지 살펴보자. "만일 나의 사회적인 권리를 침해하는 무언가가 있다면 주류 판매야말로 바로 그것이다. 주류 판매는 항상 사회적인 무질서를 조성하고 격화시킴으로써 나의 안전에 대한 기본적 권리를 침해한다. 주류 판매는 결과적으로 빈곤층을 낳음으로써 이윤을 창출하고, 나는 그 빈곤층을 부양하기 위해 세금을 내야 하기 때문에 나의 평등권을 침해한다. 주류 판매는 내 생활 주변을 위험에 빠뜨림으로써 나와 도움을 주고받고 또 소통해야 할 사회를 약화시키고 타락시킴으로써 자유로운 도덕적·지적 발전을 도모하려는 나의 권리를 침해한다."

이것이 그가 설명하는 '사회적 권리'의 정의인데, 지금까지 이렇듯 간단명료하게 사회적 권리를 설명한 예는 없을 것 같다. 즉 "모든 타인에게 모든 면에서 자신의 행동과 동일하게 행동할 것을 요구하는 것은 개인 각자가 가진 절대적인 사회적 권리이다. 따라서 아무리 사소한 사항일지라도 이를 따르지 못하는 자는 그 누구라도 나의 사회적 권리를 침해하는 자이며, 따라서 이런 경우 내게는 그 고충을 해소해 달라고 입법부에 호소할 자격이 생긴다."

그러나 이렇듯 말도 안 되는 원칙이야말로 다른 어떤 개별 자유에 대한 침해보다도 훨씬 더 위험하다. 이 원칙에 따르면, 자유에 대한 그 어떤 형태의 침해도 정당화될 것이다. 이 원칙은 아마도 자기의 의견을 가슴속 깊이 간직하고 전혀 입 밖에 내지 않을 자유를 제외하고는 그 어떤 자유에 대한 권리도 인정하지 않는다.

왜냐하면 내가 해롭다고 보는 어떤 견해가 누군가의 입을 통해 발설되는 순간, 이 동맹이 나에게 부여한 모든 '사회적 권리'는 침해 당하기 때문이다. 이 주장에 따르면, 인간은 서로 다른 사람의 도덕적·지적·육체적 완성에 간섭할 수 있는 기득권을 가지고서 각각의 권리자가 자기 기준에 따라 그것을 한정할 수 있게 된다.

개인의 자유에 대한 부당한 간섭의 또 다른 중요한 사례로 '안식일 준수법Sabbatarian legislation'을 들 수 있다. 이는 단순한 우려를 넘어서 이미 상당히 오래전부터 성공적으로 시행되고 있다.

적어도 일상생활 속에서 불가피한 경우를 제외하고 일주일에 하루를 쉰다는 것은 유대인 말고는 어느 누구에게나 종교적 구속력이 없는 매우 유익한 습관임에 틀림없다. 이는 사실상 노동자들 사이에 그 효과에 대한 전반적인 동의가 이루어지지 않는 한 준수되기 힘든 관습이다. 말하자면 일부 사람들이 휴일에 일을 하게 되면 다른 사람들도 일을 하지 않을 수 없기 때문이다. 따라서 법을 통해 특정일에 대규모로 조업을 중지시켜, 각 개인에 대해 다른 사람들의 휴일 준수를 보증하는 것은 허용될 수 있고 또한 타당하다.

그러나 여기서 타당하다고 하는 것은 이러한 관습을 준수함으로써 발생하는 다른 개인의 직접적인 이해관계에 그 근거를 둔다. 따라서 어느 개인이 자신의 여가 시간을 활용하겠다는 생각에서 스스로 선택한 업무에 대해서까지 그 관습을 적용하는 것은 옳지 못하다. 이와 마찬가지로 휴일의 오락을 법으로 금지하려는 것도 전혀 옳지 않다.

물론 어떤 이의 오락이 타인에게는 하루의 노동이 될 것이다. 하지만 그 유익함을 따지기 이전에 다수가 즐기는 즐거움의 가치는 소수가 휴일에 하는 노동의 가치와 맞먹는다. 다만 휴일에 하는 노동과 관련해서 하나의 전제 조건이 있다면, 그 노동이 자유로운 선택에 의한 것이고, 자유롭게 중지할 수도 있는 것이라야 한다는 것이다.

모든 사람들이 일요일에도 일을 한다면 결국 6일분의 임금을 받고서 7일분의 일을 하는 것 아니냐는 노동자들의 생각은 지극히 타당하다. 그러나 업무가 대규모로 일시 중지되는 경우, 다수자의 오락을 위해 쉬지 않고 일해야 하는 소수자는 그것에 상응하는 여분의 임금을 더 받게 되며, 만일 그 소수자가 임금보다 휴식을 원한다면 계속 그 일을 하도록 구속받을 필요는 없게 된다. 그 밖에 더 나은 보완책이 필요하다면, 그 특정 부류의 사람들을 위해서 주중의 일정한 날을 공휴일로 지정하는 관습을 뿌리내리게 할 수도 있다.

이럴 경우 일요일의 오락이 종교적으로 볼 때 불경하다는 것 말고는 일요일의 오락 금지를 옹호할 다른 근거가 존재할 수 없게 된다. 그런데 이렇듯 종교적인 이유를 들어 일요일의 오락을 법으로 금지하려 한다면 거기에 적극적으로 반대하기 어렵다. "신에 대한 불경은 신이 보복한다.Deorum injuriæ Diis curæ" 혹시 '전능자'인 신에 대해서는 유죄라고 해도 동료 인간에 대해서는 해악이 되지 않는 행동에 대해 사회나 공적 기관이 단죄할 사명을 신으로부터 부여받았는지 여부는 아직 증명되지 않은 채 남아 있다.

타인을 종교의 계율에 복종하도록 하는 것이 인간의 의무라고 보는 사상이야말로 옛날부터 끝없이 이어진 종교적 박해의 기반이었고, 만일 그것이 승인되었다면 종교적 박해는 충분히 그 정당성을 확보했을 것이다. 물론 일요일의 철도 여행을 금지하려는 여러 차례의 시도나 일요일의 박물관 개관을 반대하는 운동, 기타 이와 유사한 움직임 아래 깔려 있는 감정을 살펴보면, 비록 그것들이 옛날처럼 잔혹한 종교적 박해의 형태를 띠고 있지는 않을지라도 그 감정이 시사하는 정신 상태는 근본적으로 동일하다.

이는 박해자의 종교가 허용하지 않는다는 이유를 들어, 다른 사람들의 종교에서는 허용되는 일까지도 그 이교도들에게 하지 못하도록 하려는 당찬 의지이다. 또한 이는 신이 이교도의 행동을 미워할 뿐 아니라, 만일 우리가 이교도를 방임한다면 신은 우리를 죄인으로 여길 것이라는 신앙이기도 하다.

인간의 자유가 무시되고 있는 이같은 일반적인 사례들에 또 하나의 사례를 추가해 보자. 그것은 영국 신문이 '모르몬교Mormonism'라고 하는 괄목할 만한 현상에 대해 주의를 환기하고자 할 때 언제나 동원하는 노골적인 언어적 폭력이다. 모르몬교는 이른바 새로운 계시에 기반을 둔 종파로서, 창시자의 여러 비범한 자질에도 불구하고 명백한 사기성에 그 기반을 두고 있었다. 그럼에도 불구하고 그 종파가 신문, 기차, 전신이 있는 이 시대에 수십만의 신도를 두면서 마침내 하나의 사회로서 그 기초를 구축했다는 놀랍고도 의미심장한 사실에 대해 논의할 문제가 많을지도 모른다.

하지만 우리가 여기서 관심을 갖는 것은, 그 종파도 다른 좀 더 나은 종교와 마찬가지로 순교자를 배출했다는 점이다. 이 종파의 예언자이자 창시자[63]였던 인물이 자신의 가르침으로 인해 폭력적인 대중에게 살해당했으며 그의 추종자들 역시 무법적인 폭력으로 생명을 잃었다. 결국 모르몬교도들은 그들이 처음 종교적 세를 키웠던 지역에서 집단으로 추방당했다. 그런데 사막 한복판 고립된 벽지로 쫓겨 들어간 모르몬교도들을 타도하기 위해 원정군을 파견하여 그들에게 다른 신앙을 폭력으로 강요하는 것이 옳다(이에 따르는 불편을 제외한다면)고 공언하는 영국 사람들이 한둘이 아니었다.

모르몬교의 교리 중에서 이처럼 종교적 관용이라는 통상적인 자제심을 무너뜨릴 정도로 반감을 불러일으킨 것은 바로 일부다처제의 허용이다. 일부다처제는 이슬람교도, 힌두교도, 중국인에게 이미 허용되고 있는 제도이지만, 영어를 상용하고 기독교도를 자처하는 사람들이 이 제도를 받아들이자 억누를 수 없는 증오감을 촉발시킨 것처럼 보인다. 물론 나도 이 모르몬교의 제도를 전적으로 배격한다. 하지만 배격의 이유는 다르다. 그 제도가 자유의 원칙을 지지하기는커녕 정면으로 침해하고 있기 때문이다.

이 제도는 그 집단의 반인 여성을 속박하고, 다른 반인 남성에 대해서는, 호혜의 원칙에 따라 여성에게 져야 할 의무로부터 벗어

---

63) 조셉 스미스(Joseph Smith)는 1827년, 『모르몬경(Book of Mormon)』 이라는 천계(天啓)서를 구했다고 주장하며 모르몬교를 창시했다. 이어 1843년 '성령에 의한 결혼'이라는 하늘의 계시를 받아 이를 일부다처제의 근거로 삼았다. 하지만 이 제도는 1890년에 폐지되었다.

나게 해주기 때문이다. 그러나 여기서 유의해야 할 점은, 일부다처 관계도 그것과 관련되어 있고, 그 수난자들이라고도 볼 수 있는 여성 측이 다른 형태의 결혼제도에서와 마찬가지로 자발적으로 동의해서 성립된 것이라는 사실이다.

이 사실은 언뜻 보아 놀라운 것으로 보일지도 모르지만, 세상 사람들이 일반적으로 갖는 관념과 관습으로 설명될 수 있다. 세상 사람들이 일반적으로 갖는 관념과 관습에 따르면, 여성에게 결혼은 필연적인 것이다. 따라서 여성들은 누군가의 아내가 되지 않는 것보다는 한 사내의 여러 아내 가운데 한 사람이라도 되는 편이 더 현명하다고 생각할 수밖에 없었던 것이다.

다른 나라에서는 그러한 결혼제도를 인정하도록 요구하지도 않고, 또 모르몬교와 같은 견해를 갖는다고 해서 주민 일부를 자기 나라 법에서 배제할 것을 요구하지도 않는다. 그런데 모르몬교도들은 다른 사람들의 적대적인 감정에 대해 필요 이상으로 양보하며, 자기들의 교리가 받아들여지지 않는 나라를 떠나 멀리 떨어진 낯선 땅에 정착하여 그곳을 처음으로 인간이 살 만한 땅으로 개척했다.

그들이 다른 나라에 어떠한 적대 행위도 하지 않고 자기들의 풍습에 불만을 갖는 사람들에게는 언제든지 그것을 버릴 수 있는 자유까지 인정하고 있다면, 그들이 원하는 법에 따라 그곳에서 살아갈 자유를 억압할 수 있는 원칙이란 결국 폭압의 원칙 이외에 아무것도 아니다.

어떤 면에서는 나름대로 뛰어난 점이 엿보이는 한 저술가는 최근에 이 일부다처 사회에 (그 자신의 말을 빌리자면) '십자군crusade'이 아닌 소위 '문명군civilizade'을 보내 자신에게는 문명의 퇴보로밖에 보이지 않는 것들을 박멸해야 한다고 제안하고 있다. 나에게도 그런 생각이 없지는 않지만, 나는 어떤 사회든 다른 사회에게 문명화를 강요할 권리는 없다고 생각한다.

악법으로 고통을 겪는 사람들이 다른 사회에 구원을 요청하지 않는 이상, 나는 그들과 완전히 무관한 사람들이 그런 요구를 하는 것을 인정할 수 없다. 즉 모르몬교 공동체의 사회적 조건이 그것과 직접 관련되는 모든 사람들에게 만족을 주는 것처럼 보임에도 불구하고, 그것이 몇 천 마일 밖에 떨어져 있는 아무런 관련이나 관심도 없는 사람들에게 추악한 행위로 보인다는 이유 하나로, 모르몬교도와 완전히 무관한 그들이 개입하여 그런 제도를 폐지하라고 요구하는 것을 인정할 수 없다.

만약 그들이 원한다면 선교사를 파견하여 그 사회제도에 반대하는 교리를 설파하는 한편, 공정한 수단(모르몬교 선교사들의 입을 막는 것은 공정하지 않다)을 동원해서 그들 자신의 사회에 유사한 교리가 확산되는 것을 방지하는 것이 옳을 것이다.

야만이 전 세계를 지배하던 시대 이래로 문명이 야만을 끊임없이 정복해 온 이상, 지리멸렬한 야만이 다시 세력을 만회하여 문명을 정복하지 않을까 우려한다는 건 기우에 불과하다. 일단 정복한 적에게 그렇게 항복할 문명이라면, 임명된 사제나 선교사 혹은 기타 어떤 사람도 문명을 수호할 능력이 없을 뿐 아니라 그럴 의지도 없을 정도로 타락해 버린 것이 틀림없다. 그런 문명이라면 오히려 하루 빨리 사라지는 게 낫다. 그런 문명은 서로마제국처럼 야만인의 손에 의해 멸망했다가 재건될 때까지 악화일로의 길을 걸을 수밖에 없을 것이다.

제 5 장

원리의 적용

이 장에서 제시될 원칙들은 세부적인 논의의 기초로 활용될 수 있는 것들이다. 따라서 앞으로 이 원칙들이 널리 받아들여지면 정치·도덕의 다양한 부문에서 일관성 있게 적용되어 나름대로 유익한 효과를 창출해 낼 수 있을 것으로 기대된다.

지금부터 내가 세부 문제와 관련해서 제시하는 몇몇 의견들은 원칙들을 따라가 어떤 결론을 끄집어낸다기보다는 증명을 통해 그 원칙들을 설명하기 위한 것들이다. 나는 수많은 적용 사례들을 제시하기보다 그중 한두 가지만을 제시하려고 한다. 그 사례들은 이 글의 논의 전반을 관통하고 있는 두 가지 원칙이 지닌 의미와 한계를 더욱 분명히 해줄 것이며, 두 원칙 중 어느 것을 적용해야 할지 망설여질 경우 양자 간의 균형을 유지하며 판단을 내리는 데 도움이 될 것이다.

두 개의 원칙 가운데 첫째는, 개인은 자신의 행위가 자신 이외의 타인의 이해관계에 영향을 미치지 않는 한 사회에 책임질 필요가 없다는 것이다. 물론 사회가 그 개인의 행동에 혐오나 반발의 감정을 가질 경우가 있을 수 있는데, 그런 경우 사회가 그 감정을 정당하게 표현할 수 있는 수단은 오직 충고하거나 가르치거나 설득하는 길뿐이며, 혹은 타인이 자신의 이익을 위해 필요하다고 생각하는 경우에는 그의 행동을 회피하는 것뿐이다.

둘째는, 개인은 타인의 이익에 손해를 끼치는 행동에 책임을 져야 하며. 만일 사회가 사회 보호를 위해 사회적 문책이나 법적 형벌 가운데 하나를 동원할 필요가 있다고 판단하면 그 개인을 처벌할 수 있다는 것이다.

먼저 타인의 이익에 대한 침해나 침해 가능성만이 사회의 간섭을 정당화할 수 있다고 해서, 그러한 침해나 침해 가능성이 항상 사회의 간섭을 정당화한다고 보아서는 안 된다. 개인이 정당한 목적을 추구할 때 필연적으로, 따라서 합법적으로 타인에게 고통과 손해를 주는 경우가 있는가 하면, 타인이 정당한 이유를 가지고 얻으려고 하는 이익을 가로채는 경우도 적지 않다.

이러한 개인 사이의 이익 대립은 종종 불완전한 사회제도로 인해 생기는데, 그러한 불완전한 사회제도가 존속되는 한 충돌은 피할 수 없다. 또 완전, 불완전을 떠나 모든 사회제도 하에서 불가피하게 존재하는 형태의 대립도 있다. 경쟁이 심한 직종이나 시험에서 성공을 거둔 사람들은 누구나, 남에게 손실을 끼치고 남의 노력을 헛되게 하며 남을 실망시켜서 이익을 얻는다.

그러나 각자가 이러한 결과에 구애받지 않고 자기 나름의 목적을 추구하는 것이야말로 인류의 보편적 이익에 도움이 된다는 사실을 누구나 인정한다. 다시 말하면 사회는 경쟁에서 져 낙담한 사람들이 그 고통으로부터 구제받을 그 어떠한 법적·도덕적 권리도 인정하지 않는다. 사회가 간섭할 필요를 느끼는 것은 오직, 성공을 위해 사기, 배신, 폭력 등의 수단을 동원함으로써 사회의 일반적 이익에 반하는 경우에 한정된다.

다시 말하지만 거래는 하나의 사회적 행동이다. 어떤 물품을 대중에게 팔고자 하는 사람들은 모두 타인과 사회 일반의 이익에 영향을 미치므로, 그러한 행동은 원칙적으로 사회의 통제 범위에 들게 된다. 따라서 과거에는 사회적으로 중요한 의미를 지닌 모든 거래에 대해 물품 가격을 정하고 제조 과정을 규제하는 것이 국가의 의무로 간주되기도 했다.

그러나 오랜 투쟁 과정을 거친 뒤 오늘날에는, 값싸고 품질 좋은 상품이 가장 원활하게 공급되려면 생산자와 판매자에게 완전한 자유를 허용하고, 소비자들에게도 어디에서든 마음대로 상품을 구매할 자유를 부여해야 한다는 사실이 일반적으로 받아들여지고 있다. 이것이 이른바 자유 거래 이론이다. 이 이론은 이 글에서 주장하는 개인적 자유의 원리와는 다른 근거에 기초하고 있지만 그 근거가 확고하다는 면에서는 다를 바가 없다.

거래 제한이나 거래를 목적으로 하는 생산에 대한 제한은 물론 억압이다. 그리고 모든 억압은 그것이 억압인 한 악이다. 하지만 여기서의 억압은 사회가 마땅히 억압할 권한을 갖는 인간 행위에만 영향을 미치며, 그 억압을 통해 이끌어내려 한 결과들이 실제로 나타나지 않을 때만 그르다고 할 수 있다.

개인적 자유의 원리가 자유 거래 이론에 통용되지 않는 만큼, 자유 거래 이론의 한계와 관련해서 제기되는 문제들에서도 역시 대부분 통용되지 않는다. 그 문제란 가령, 불량품 제조에 의한 사기를 방지하는 데 어느 정도로 공적 통제를 가할 것인가, 위험 직업에 종사하는 노동자들을 보호하기 위한 위생 시설과 보호 설비를 어느 정도까지 사용자에게 강요할 것인가 하는 등의 문제이다. 이러한 문제의 경우 다른 사정이 동일할 때, 사람들을 자유롭게 방임하는 쪽이 그들을 통제하는 쪽보다 언제나 좋은 결과를 가져오는 경우에만 자유라는 문제가 고려사항으로 개입할 수 있다. 하지만 어떤 목적들을 위해 그러한 상황들이 합법적으로 통제될 수 있다는 것은 원칙적으로 부정할 수 없다.

반면에 거래 간섭과 관련해서 본질적으로 개인의 자유와 연관되는 문제들이 있다. 가령 앞에서 설명한 메인 주의 금주법이나 중국의 아편 수입 금지 혹은 독극물 판매 금지 등이 바로 그것이다. 요컨대 어떤 특정 물품의 확보를 불가능하게 하거나 곤란하게 하는 것을 간섭의 목적으로 삼는 모든 경우를 말한다. 그러한 간섭은 그런 물품의 생산자와 판매자의 자유를 침범하기 때문이 아니라, 구매자의 자유를 침범한다는 의미에서 부당하다.

여러 사례 가운데 독극물 판매의 예는 새로운 문제를 제기한다. 즉 경찰권의 정당한 한계는 어디까지인가, 범죄나 사고 방지를 위해 어느 정도까지 합법적으로 개인의 자유를 속박할 수 있는가 하는 문제이다. 이미 저질러진 범죄를 수사해서 처벌함은 물론, 사전에 예방 조치를 강구하는 것도 분명히 국가가 갖는 직권들 중 하나이다.

그러나 국가의 예방적 기능은 처벌적 기능보다 개인의 자유를 침해할 정도로 남용될 가능성이 훨씬 높다. 합법적으로 자유롭게 행하는 인간의 행위 가운데 어떤 형태로든 범죄 유발 가능성을 높인다는 혐의를 뒤집어씌우지 못할 행위가 거의 없기 때문이다.

물론 어떤 사람이 명백히 범죄를 계획하고 있음을 알고 있는데도 불구하고 공권력, 혹은 사적 개인이 이를 수수방관하라는 것은 아니다. 그런 경우 공권력이나 개인이 즉각 개입해서 그 범죄를 방지할 수도 있을 것이다. 만약 독극물이 오로지 살인 행위를 위해서만 구매되고 사용된다면 독극물의 제조와 판매를 금지하는 쪽이 타당할 것이다. 하지만 독극물은 무해한 목적이나 유익한 목적에 쓰이기도 한다. 결국 독극물을 금지하게 되면 무해하고 유익한 쪽까지도 영향을 받지 않을 수 없게 된다.

사고 예방 역시 공권력의 정당한 직무이다. 가령 어떤 사람이 위험한 것으로 판명된 다리를 건너려 할 때 공무원이나 다른 누군가가 이를 목격했다면, 더욱이 그에게 위험하다고 경고할 시간적 여유마저 없었다면, 그 사람을 뒤에서 붙잡아 돌려세우는 일은 결코 그의 자유를 실질적으로 침해하는 것이 아니다. 자기가 하고 싶은 대로 하는 것이 자유라고 한다면, 이 경우 그 사람은 강물에 빠지는 것을 원하지 않았을 것이기 때문이다.

그러나 위험이 확실치는 않고 오로지 가능성으로만 존재할 경우, 그 위험을 무릅쓸 충분한 동기가 있다면 그것에 대해 판단을 내릴 수 있는 사람은 오로지 당사자뿐이다. 따라서 그러한 경우 적어도 그가 어린아이이거나 의식이 혼미한 상태에 있지 않은 이상, 또 분별력을 충분히 발휘할 수 없을 정도로 극도의 흥분 상태나 방심 상태에 빠져 있지 않은 이상 그에게 위험을 경고하는 것으로 충분하다. 말하자면 그의 위험한 행동을 무리하게 금지할 성질의 것은 아니라고 생각한다.

독극물 판매와 관련해서도 어떤 규제 방식이 자유의 원리에 저촉되는지 판단하는 데 이와 비슷한 고려 방식이 동원될 수 있다. 가령 독극물에 그 위험성을 경고하는 라벨을 붙이는 정도의 예방조치는 자유를 침해하지 않고도 강제될 수 있다. 독극물 구매자가 스스로 구입한 물품에 유해한 성질이 있다면 이를 당연히 알고 싶어 할 것이기 때문이다.

그러나 독약을 구입할 때 언제나 의사의 증명이 필요하다면 합법적인 목적 아래 독극물을 구입하려는 경우에도 이를 때때로 불가능하게 할 우려가 있고, 가격이 비싸지는 것은 불을 보듯 뻔할 것이다. 독극물을 이용한 범죄를 매우 어렵게 만드는 동시에 독극물을 합법적인 다른 목적에 사용하려는 사람들의 자유도 그다지 침범하지 않을 묘안이 딱 하나 있는 듯하다. 벤담의 적절한 표현을 빌리자면 그것은 '사전에 지정된 증거'라는 것이다.

이는 계약을 맺는 경우 흔히 볼 수 있는 방식이다. 계약을 맺을 때 법적 구속력을 갖추기 위한 조건으로 계약자의 서명, 입회인의 증명 등 일정한 형식에 따르도록 요구하는 것이 보통이고, 이는 정당한 일이기도 하다. 이는 나중에 말썽이 생길 경우, 그 계약이 실제로 체결되었고 계약 당시 그 계약을 법적으로 무효화할 사정이 전혀 없었음을 입증할 증거로 삼기 위한 것이다.

바로 이러한 방법을 통해 허위 계약이나, 계약의 효력을 무효화시킬 만한 사정 아래 맺어지는 계약의 발생을 크게 어렵게 만들 수 있다. 범죄 수단이 되기 쉬운 물품 판매의 경우에도 이와 비슷한 예방책이 실시될 수 있다. 가령 판매자에 대해 물품을 매매한 정확한 시각, 구매자의 성명과 주소, 매각한 물품의 특성과 수량을 상세히 기록하도록 하고, 나아가 그 물품 구입의 목적을 물어 이에 대한 구매자의 대답도 기록하도록 요구할 수 있을 것이다.

만일 구매자가 의사의 처방전을 갖고 있지 않은 경우 제3자의 입회를 요구하여, 훗날 그 물품이 범죄 목적으로 사용되었다고 믿을 만한 이유가 생긴 경우 구매자의 구입 사실을 입증하는 데 도움을 줄 수 있다. 이러한 규제들은 일반적으로 그 물품을 구매하는 데

큰 지장을 초래하지는 않지만, 남몰래 그 물품을 악용하려고 할 때
에는 크나큰 장애물이 될 것이다.

사회가 사회 자체에 대한 범죄를 미연에 방지할 수 있는 고유한
권리를 갖는 이상, 순수하게 자기에게만 관련된 비행이 금지나 형벌
의 형태로 사회의 간섭을 받는 것은 부당하다는 원칙에는 명백한
한계가 있다고 할 수 있다. 가령 술에 취한 것은 일반적으로 법의
제재 대상이 아니다. 하지만 술에 취해 남에게 폭행을 가한 적이
있는 사람에게 특별한 법적 제재를 가하는 것은 전적으로 정당하
다. 따라서 훗날 그가 다시 술에 취한다면 처벌을 받아 마땅하고,
만일 그런 상태에서 다시 죄를 범한다면 그에 대한 처벌은 더욱 가
혹해야 한다는 점 또한 정당하다.

술에 취할 때마다 남에게 위해를 가하는 사람이 있다면, 그 사람
에게는 술에 취한다는 것이 이미 타인에 대한 범죄이다. 게으름도
마찬가지이다. 아무리 게으른 사람이라고 해도, 그가 공공의 도움
을 받는 경우나 게으름이 계약 파기의 요인을 구성하는 경우가 아
니라면, 게으름 자체를 법적 처벌의 대상으로 삼는 것은 압제이다.
그러나 만일 게으름 때문에, 또는 어떤 회피 가능한 이유로 타인에
대한 정당한 의무(가령 자녀 양육)를 이행하지 않았다면 다른 방법
이 없는 한 강제로 그 의무를 이행하게 함은 결코 압제라고 볼 수
없다.

거듭 밝혀온 바지만, 행위자 자신에게만 직접적으로 해를 끼치는, 따라서 법적으로 억압해서는 안 되는 그런 행위들은 많다. 하지만 그것이 공중 앞에서 행해짐으로써 미풍양속을 해치는 경우 타인에 대한 범죄를 구성하기 때문에 당연히 금지되어야 할지도 모른다. 거기에는 예의범절을 지키지 않는 행위 등이 포함된다. 하지만 이러한 행위들은 우리의 논제와 직접 관련되지 않은 것이기 때문에 여기서 상세히 논의할 필요는 없을 것이다. 다만 행동 자체는 비난받을 만한 것이 아니고 또 그렇게 생각되지 않는 것이라고 해도, 그것이 공개적으로 행해질 때 강한 반감을 불러일으키는 행위들이 많다는 사실은 밝혀 두고자 한다.

지금까지 설명한 여러 원칙에 들어맞는 답을 찾아야 할 문제가 또 하나 있다. 어떤 개인의 행동이 비난받을 만한 것이지만 그로 인한 해악이 오로지 행위자 자신에게만 미치기 때문에 그 사람의 자유를 존중한다는 차원에서 사회가 그 행위를 금하거나 처벌하지 못하는 경우가 있다. 그렇듯 개인의 자유가 존중되는 행위라면 타인이 그런 행위를 권장하거나 교사할 자유도 마찬가지로 있는 것일까?

이 문제는 쉽지 않다. 어떤 행동을 하도록 타인에게 권유하는 것은 엄밀하게 말해서 자기에게만 관련된 행동이 아니다. 어떤 사람에게 충고하거나 권유하는 것은 사회적 행동이고, 따라서 타인에게 영향을 미치는 행동 일반의 경우와 마찬가지로 마땅히 사회적 통제를 받아야 한다고 볼 수도 있다.

그러나 조금만 더 생각해 보면 그런 최초의 생각이 잘못된 것임을 알 수 있다. 그러한 행동이 엄밀하게 말해 개인적 자유의 범위에 속하지는 않는다고 해도, 개인적 자유의 원리가 기초하고 있는 근거들이 이 경우에도 분명히 적용될 수 있기 때문이다.

만일 사람들이 자신에게만 관련된 모든 일에서 스스로 위험을 떠안은 가운데 자신이 가장 좋다고 생각하는 바에 따라 행동하는 것이 당연히 허용되어야 한다면, 어떤 행동의 적절성에 대해 서로 의견을 교환하고 제안하는 일도 역시 자유로워야 한다. 즉 어떤 일이든 행동하는 것이 허용되어 있는 한 그 일을 행동하도록 충고하는 것도 허용되어야 한다.

하지만 권유하는 자가 그 충고를 통해 자신의 사리사욕을 채우려 하는 경우라면, 다시 말해 그가 생계나 돈벌이를 위해 사회와 국가가 유해하다고 인정하는 것을 장려하는 경우라면 의문의 여지가 있다. 이 경우 사실상 새롭고 복잡한 요소가 개입된다. 이른바 공공복리와는 상반된 이해관계를 가지며, 공공복리를 거스르는 생활양식을 추구하는 계층의 존재가 그것이다.

이들의 생활방식에 간섭하는 것이 타당한 일일까? 가령 매춘이나 도박은 허용될 수밖에 없다 하더라도 포주 노릇을 하고 도박장을 여는 데 자유로울 수 있는 사람은 누구인가? 이러한 문제는 정

확히 두 원칙 사이의 경계선에 놓인 것이기 때문에 그것이 둘 중
어느 쪽에 속하는 것이 적절한지 언뜻 보아 분명하지 않다.

이에 대해서는 두 쪽 모두 주장할 말이 있다. 이를 관용하라고
주장하는 쪽(즉 개인적 자유)은 다음과 같이 말할 것이다. "직업으
로 삼지 않았다면 허용되었을 일을 단지 직업으로 삼고 있다는 이
유 하나로, 즉 그 일을 생계의 방편으로 삼고 있다고 해서 범죄로
모는 것은 있을 수 없다. 허용하든 금지하든 일관성이 있어야 마땅
하다. 또한 우리가 지금까지 옹호해 온 원칙이 진리라고 한다면, 사
회는 오직 개인에게만 관련된 일에 대해서는 무엇이든 잘못이라고
단정할 권리를 갖지 못한다. 즉 만류하는 일 말고 사회가 할 수 있
는 일은 없다. 그리고 개인에게 권유할 자유가 있다면 만류할 자유
또한 있어야 한다."
한편 이에 반대하는 쪽(즉 공공의 복리)에서는 다음과 같이 말
할 것이다.
"오로지 개인의 이해관계만이 관련되는 어떤 행동에 대해 금지
나 징벌의 목적으로 그 선악을 권위 있게 단정할 수 있는 권리는
사회나 국가에 없다. 하지만 적어도 국가나 사회가 이를 나쁘다고
생각하는 경우, 그 행동의 선악에 대해 최소한 토론할 만한 문제라
고 가정하는 것은 충분히 정당화될 수 있다.
그런 경우, 사심이 섞여 공평무사하지 못할 가능성이 큰 교사자

의 권유가 미치는 영향을 국가나 사회가 배제하고자 하는 것도 잘못된 행동일 수 없다. 그러한 교사자는 국가가 나쁘다고 믿는 분야에서 직접적인 자기 이익을 도모하고 있을 뿐 아니라, 그러한 행위를 오로지 개인적인 목적을 위해 공공연히 장려한다. 따라서 국가가, 오로지 자신의 사적인 목적 달성을 위해 사람들을 선동하거나 자극하는 자들의 술책을 배제함으로써 사람들이 현명하든 어리석든 자기 나름의 동기에 따라 스스로 선택할 수 있도록 해준다면 확실히 잃는 것 없이 사회적 이익을 보전할 수 있을지 모른다.

따라서 비록 불법적인 유흥을 규제하는 법령에 대해 옹호의 여지가 전혀 없다고 해도, 즉 사람들이 그들 자신의 집이나 타인의 집에서, 또는 어디든 그들의 자금을 들여 회원과 방문객에게만 출입을 허용하는 장소에서 자유롭게 도박하는 것이 자유롭게 인정되어야 한다고 해도, 공개도박장만은 허용해서는 안 된다.

사실 금지라는 것은 전혀 효과적이지 못하다. 경찰에 어떤 절대권을 부여해도 도박장은 언제나 여러 가지 구실 아래 유지될 것이다. 하지만 그러한 금지로 인해 도박장은 어느 정도는 사람들의 눈을 피해 은밀하게 영업을 하지 않을 수 없게 될 것이고, 따라서 도박에 탐닉하는 자가 아닌 이상 누구도 그러한 도박 장소를 모르게 될 것이다. 그리고 사회가 그 이상을 요구하는 것은 무리다."

이러한 주장에는 상당한 설득력이 있다. 하지만 그런 주장으로, 정작 주범은 자유롭게 방임되고, 아니 방임되어야 하고 종범從犯은 처벌하는 도덕적 변칙을 충분히 변호할 수 있는 것인지 단정짓기 쉽지 않다. 이 주장에 따르면 포주는 벌금이나 금고형에 처하면서 매춘 행위자는 처벌하지 않고, 도박장 주인은 처벌하면서도 도박꾼은 처벌하지 않는 셈이 되는 것이다.

나아가 마찬가지 이유로 일반적인 매매 행위에 대해 간섭하는 경우는 더욱더 용납할 수 없다. 매매되는 모든 물건은 대체로 과도하게 소비될 수 있고, 판매자는 그 과도한 소비를 장려하여 돈을 벌게 된다. 그렇다고 해서 가령 메인 주의 금주법을 옹호하는 식의 주장이 성립될 수는 없다. 왜냐하면 술의 과도한 소비로 인해 주류 판매자들이 이익을 본다고 해도, 술의 합법적 소비를 위해서는 그들의 존재가 불가결하기 때문이다.

물론 주류 판매자가 음주를 장려하여 이익을 챙기는 것은 명백한 해악이다. 따라서 그런 경우 국가가 그들에게 제한을 가하고 보증을 요구하는 것이 정당화될 수 있지만 만일 정당화되지 않는다면 그것은 합법적 자유에 대한 침해일 뿐이다.

또 하나의 문제는, 국가가 개인의 특정 행위를 허용하면서도 그것이 행위자에게 결코 득이 되는 일이 아니라고 생각해서 그 행위를 간접적으로 억제시킬 권리를 갖는가 하는 문제다. 가령 술값을 올려서 술 취하는 일을 더욱 어렵게 만들거나, 주류 판매소 수를 제한하여 구입을 더 힘들게 하는 방법을 강구해도 좋은가 하는 것이다.

여기서는 다른 대부분의 현실적인 문제들과 마찬가지로 세밀한 구분이 필요하다. 주류 구입을 좀 더 어렵게 하기 위한 목적 하나로 주류에 세금을 부과하는 것은 음주를 절대적으로 금지하는 것과 단지 정도를 달리할 뿐이다. 따라서 금주법이 정당화될 경우에만 주류세 부과도 정당화될 수 있다.

모든 가격 인상은 그 인상된 가격만큼 수입이 늘지 못한 사람에게는 금지 조치나 다름없고, 그만큼 수입이 는 사람들에게는 음주라고 하는 특별한 취향을 만족시키는 데 부과되는 벌금이나 마찬가지다. 사람들이 국가와 타인에 대한 법적·도덕적 의무를 완수한 이상 자신의 소득을 어느 곳에 어떻게 소비하며 즐길 것인지는 전적으로 그들 자신에 관한 문제이고, 따라서 그들 자신의 판단에 맡겨야 할 문제이다.

이러한 논리는 언뜻 보아 국가가 세입을 증대시키고자 주류를 특별 과세 대상으로 분류하는 것을 비난하는 것으로 보일지 모른다. 하지만 재정상 목적을 위한 과세는 절대로 불가피하고, 대부분의 나라에서 과세의 상당 부분이 간접세일 수밖에 없으며, 따라서 국가는 일부 소비재 상품에 벌금(어떤 사람에게는 사실상 소비 자체를 불가능하게 만드는)을 부과하지 않을 수 없다는 점을 기억해야 한다.

국가는 과세를 하는 경우, 소비자들이 최대한 절약할 수 있는 물품이 무엇인지 고려하고 적당량을 초과해 사용하면 분명히 해가 될 물품을 특별히 선정할 의무가 있다. 따라서 과세에 의해 생기는 모든 세입이 국가에 필요하다는 가정 아래, 주류에 대한 과세는 세입을 최대한으로 끌어올리는 선까지 허용되어야 할 뿐 아니라, 오히려 권장되어야 할 사항이다.

이러한 물품들을 판매하는 데 다소간 독점적인 특권을 부여하는 문제는, 판매 제한이 어떤 목적 하에 시행될 것인가에 따라 달리 해결해야 한다. 모든 공중 오락시설에는 경찰의 감독이 필요하고, 특히 술집과 같은 장소의 경우 사회에 유해한 범죄가 발생할 가능성이 높기 때문에 특별한 감독이 요구된다.

따라서 그러한 물품, 적어도 판매 현장에서 소비되는 물품의 판매권은 주변 평판이 좋은 신뢰성 있는 사람에게만 맡기는 동시에, 상점 개폐 시간에 대한 규정을 만들어 공중의 감시를 받도록 하고, 또한 상점 주인의 묵인이나 무능으로 치안 방해 행위가 자주 발생하거나, 그 장소가 범법 행위를 모의하는 은밀한 장소로 변질되었을 경우에는 허가를 취소하는 것이 마땅하다.

하지만 그 이상의 규제는 원칙적으로 정당화될 수 없다고 생각한다. 가령 맥주홀이나 술집 출입을 어렵게 하여 음주 유혹에 빠질 기회를 줄인다는 명백한 목적으로 술집의 수를 제한하는 것은, 술집 출입을 악용할 수도 있는 일부 사람들 때문에 모든 사람에게 불편을 주게 되는 것이다. 뿐만 아니라 그것은 노동계급을 노골적으로 어린이나 야만인 취급하는 것으로서, 장래에 그들이 자유의 특권을 누릴 수 있는 자격을 갖추기 위해 현재의 억압적인 교육을 감수하도록 하는 사회에나 어울리는 조치라 할 수 있다.

자유 국가라면 이런 원칙에 따라 노동계급을 공공연히 통제하지는 않는다. 자유를 존중하는 사람이라면 누구나 노동계급이 그런 식으로 취급되는 데 동의하지 않을 것이다. 노동계급에게 자유를 교육하고 그들을 자유인으로 다스리려는 모든 노력을 다한 뒤에도 그들을 어린아이처럼 대할 수밖에 없다는 것이 명백해지지 않는 한 노동계급을 그런 식으로 취급할 수는 없다. 따라서 노동계급을 그렇게 다스려야 한다고 노골적으로 주장하는 것은, 마치 여기서 논의할 필요가 있는 모든 경우에 대해 그러한 노력이 충분히 행해진 것처럼 가정하는 어리석음을 스스로 보여주는 꼴이다.

그것은 오로지 영국의 제도가 모순 덩어리이기 때문이다. 즉 전제정치나 부권정치에서나 볼 수 있는 일들이 도처에서 관행처럼 행해지는 반면에 여러 제도에서는 자유가 보편적으로 중시되어, 일종의 도덕교육으로서 자제심이 실질적 효과를 거두는 데 필요한 충분한 통제가 이루어지고 있지 않다.

나는 이 글의 앞부분에서, 오로지 자신과 관련되는 일에 대해서는 개인에게 자유가 보장되어야 한다는 점을 지적했다. 이는 여러 개인이 집단을 이루는 경우에도 마찬가지이다. 즉 그들이 공동으로 관련되고 그들 외에는 그 누구에게도 관련이 없는 사항을 그들의 상호 합의에 의해 그들이 원하는 바에 따라 처리할 자유가 그 집단에 있음을 설명했다.

이 경우 모든 관련자의 의사가 변하지 않는 한 아무런 문제도 발생하지 않을 것이다. 그러나 의사는 변할 수 있다. 따라서 그들만이 관련된 사항에 대해서도 종종 계약을 할 필요가 있고, 일단 계약이 체결되면 그 계약을 일반 원칙으로 이행하는 것이 타당하다.

그런데 거의 모든 나라에서 법의 일반적인 원칙에 일부 예외를 인정한다. 즉 누구든 제3자의 권리를 침해하는 계약은 이행할 의무가 없을 뿐만 아니라, 계약자 자신에게 해가 될 경우 그 점을 들어 언제든 계약을 파기할 수도 있다.

가령 영국을 비롯한 대부분의 문명국에서는 자신을 노예로 팔거나 팔도록 허용하는 계약은 당연히 무효이며, 그런 계약은 법은 물론 여론으로도 강제할 수 없다. 인간이 자신의 운명을 임의로 처리할 수 있는 권리를 이와 같이 제한하는 이유는 명백하며, 특히 그런 극단적인 사례에서 더욱 분명하게 드러난다.

다른 사람의 이해관계와 관련되지 않는 한 개인의 자발적인 행동에 간섭하지 않는 이유는 그 자유를 존중하기 때문이다. 사람이 자발적으로 무엇을 선택한다는 것은 그가 선택한 것이 바람직한 것이거나 최소한 어떤 경우에도 참아낼 수 있는 것이라는 증거이다. 개인의 이익은 자기 나름의 수단으로 그 이익을 추구하는 것이 허용될 때 전반적으로 최대치에 이른다.

하지만 사람이 자신을 노예로 판다는 것은 그의 자유를 포기하는 것이다. 그는 자신을 노예로 파는 단 하나의 행위를 제외하면 앞으로 영원히 자유의 행사를 포기하게 되기 때문이다. 즉 그는 개인에게 자유를 허용하는 근거라 할 바로 그 목적을 스스로 파기하게 된다. 그는 더는 자유롭지 못하고, 이제 그는 더 이상 스스로 자유를 선택함으로써만 허용되는 자의적인 사고를 할 수 없는 처지에 놓이게 된다.

자유의 원칙은 자유를 포기하는 자유를 요구할 수 없다. 자유로부터의 소외를 허용하는 것은 자유가 아니다. 물론 이런 사례는 매우 특별한 경우에 속하지만 매우 명백히 설득력 있는 이런 논리의 근거들은 분명히 다른 경우에도 훨씬 폭넓게 적용될 수 있다.

하지만 여러 가지 생활상의 필요에 의해, 실제로 자유를 단념하는 정도는 아니라고 해도, 자유에 대한 여러 제한을 어쩔 수 없이 인정해야 할 경우가 있기 마련이다. 따라서 그런 경우에는 언제나 앞서 말한 근거들에 일정한 제한을 가할 수밖에 없다.

하지만 오로지 행위자 자신만이 관련된 모든 일에는 절대적인 자유가 보장되어야 한다는 원칙에 따르면, 양자가 제3자와 무관한 사항으로 서로 계약을 맺는 경우 필요에 따라 자유롭게 그 계약에서 벗어날 수도 있어야 한다. 그리고 설령 이러한 자발적인 계약 해지가 없다 해도, 해약의 자유를 전혀 허용할 수 없다고 단언할 수 있는 약속이나 계약이란, 금전이나 금전적 가치에 관한 것을 제외하고는 존재하지 않는다.

빌헬름 폰 훔볼트 남작은 앞서 인용한 그의 탁월한 글에서 다음과 같이 말한다.

"개인 사이의 관계나 의무가 포함된 계약의 경우 일정 기간이 지나면 그 법적 효과가 사라져야 마땅하다. 그런 종류의 계약 가운데 가장 중요하다 할 결혼은, 계약 양 당사자의 감정이 결혼과 조화를 이루지 못할 경우 계약의 목적이 파기된다는 특성을 갖기 때문에, 그 계약을 해제하려면 어느 한쪽이 결혼을 철회할 의사를 표명하는 것만으로 충분하다."

이 문제는 매우 중요하고 복잡하기 때문에 여기서 상세히 논의할 수 없다. 따라서 나는 오로지 예증에 도움이 되는 한에서만 간략히 언급하고자 한다. 훔볼트 남작의 논문 자체가 축약적인 데다 일반론을 담고 있는 글이었기 때문에 그는 이 문제의 전제를 논의하지 않고 결론부터 선언할 수밖에 없었을 것이다. 만일 그렇지 않았다면 그는 자신이 의거한 단순한 논거로는 도저히 이 문제에 대해 결론을 내릴 수 없음을 인정했을 게 분명하다.

어떤 사람이 명확한 약속이나 행동을 통해서 장차 자기가 일정한 일을 계속하리라는 것을 어떤 타인에게 믿게 하고, 그로 인해 그 사람이 어떤 기대를 하고 타산을 세움으로써 자신의 인생 계획

일부를 그러한 가정에 걸도록 했다면, 그 경우 타인에 대한 일련의 새로운 도덕적 의무가 그 사람에게 생겨나고, 그 의무는 파기할 수는 있어도 무시할 수는 없다.

더욱이 양 당사자 사이의 관계가 제3자에게 영향을 미치는 결과를 초래하면, 예를 들어 그것이 제3자를 특수한 위치에 놓이게 하거나 또는 결혼의 경우처럼 제3자(어린아이)를 탄생시킬 경우에는 계약 당사자 쌍방은 모두 제3자에 대해 의무를 져야 한다. 이렇듯 새로운 의무가 생겨난 경우, 본래의 계약 당사자 간 관계가 그대로 유지되느냐 아니면 단절되느냐에 따라 그 의무의 이행, 또는 적어도 그 이행 방식이 커다란 영향을 받지 않을 수 없다.

물론 이러한 의무들이 계약 유지를 원하지 않는 편의 행복까지 희생시켜 가며 계약 이행을 요구하는 데까지 확대될 필요는 없고, 나 역시 그럴 필요가 없다고 생각한다. 하지만 그러한 의무들은 이 문제와 관련해서 불가피한 요소가 아닐 수 없다. 훔볼트가 주장하듯이, 그러한 의무들은 계약자가 임의로 계약으로부터 벗어날 수 있는 **법적** 자유에는 아무런 영향을 미치지 않는다고 해도(나 역시 그러한 의무가 커다란 영향을 미쳐서는 안 된다고 생각한다) **도덕적** 자유에는 반드시 큰 영향을 미치게 된다.

따라서 사람은 타인의 이해관계에 그처럼 중대한 영향을 미칠 결정을 내리기 전에 이런 모든 사정을 심사숙고해야만 한다. 만일 그가 그러한 이해관계를 적절히 존중하지 않는다면 그는 그로 인해 도덕적 책임을 지게 된다. 내가 지금 너무나도 당연한 이야기를 새삼스럽게 하는 이유는 자유의 일반 원칙을 예를 통해 좀 더 명백히 설명하기 위해서이며, 결혼과 같은 특수 문제에 대해 그런 견해를 제시할 필요가 있기 때문은 아니다. 사실 이 문제와 관련해서는 통상적으로 제3자인 어린이의 이해관계가 전부이고 계약자인 성인의 이해관계는 아무것도 아닌 양 논의되고 있는 게 보통이다.

앞에서 살펴보았듯이, 자유에 대한 공인된 일반 원칙이 없는 탓에 자유는 종종 그것이 허용되어서는 안 되는 경우에 허용되고, 허용되어야 하는 경우에 허용되지 않는다. 오늘날 유럽에서 자유에 대한 정서가 가장 강력한 곳은 내가 보기에 자유가 전혀 엉뚱하게 허용된 경우라고 생각한다.

인간은 누구나 자신만이 관련되는 한 하고 싶은 대로 행동할 자유를 가져야 한다. 하지만 타인의 일이 자기 일이라는 구실 아래 자기 멋대로 타인을 대신해서 행동할 자유는 허용될 수 없다. 특히 국가는 개인만이 관련되는 일에 대해서는 각자의 자유를 존중해야 하지만, 타인에게 행사할 어떤 힘을 개인에게 부여할 경우 그 힘의 행사를 국가가 철저히 감독할 의무를 진다.

이러한 의무는 가족관계에서 거의 무시되는데, 이는 인간의 행복에 직접적인 영향을 미친다는 점에서 다른 모든 것들을 합친 경우보다 더욱 중대하다. 아내에게 행사하는 남편의 거의 전제적인 권력에 대해서는 길게 설명할 것도 없다. 그러한 폐단을 완전히 제거하려면 아내에게 다른 모든 사람과 동등한 권리를 부여하고, 다른 모든 사람과 동등한 방식으로 법적 보호를 받을 수 있도록 하는 것만으로 충분하기 때문이다. 실제로 관행처럼 굳어진 이러한 불공정의 옹호자들은 자유를 청원하기커녕 오히려 공공연히 권력의 투사로 나서고 있는 실정이다.

자유에 대한 오용된 관념이 국가의 의무 수행을 심각하게 방해하는 경우가 바로 자녀와 관련된 문제에서이다. 보통 자녀는 하나의 비유로서가 아니라 문자 그대로 부모의 일부로 간주된다. 따라서 자녀에 대한 개인의 절대적이고도 배타적인 지배권에 대해 법이 조금이라도 간섭하면 여론은 대단히 민감하게 반응한다. 여론의 반발은 자신의 행동의 자유에 대한 그 어떤 법적 간섭의 경우보다 더 민감하다. 그만큼 사람들은 자유보다 권력을 더 소중하게 생각한다.

교육을 한 예로 들어보자. 국민으로 태어난 모든 사람의 교육을 국가가 어느 수준까지 요구하고 강제할 권리가 있음은 자명한 일이다. 하지만 그러한 진리를 선뜻 인정하고 역설할 수 있는 사람이 과연 얼마나 될까?

사실 한 아이를 이 세상에 태어나게 한 이상, 그 아이가 살아가면서 타인과 자신에 대한 직분을 완수할 수 있도록 교육하는 것이 부모(현재의 법과 관습에 의하면 아버지)의 가장 신성한 의무 가운데 하나임을 누구도 부정하지 않는다.

하지만 그것이 아버지의 의무라는 데는 의견이 일치하지만, 막상 아버지에게 그 의무를 수행하도록 강제하자고 하면 누구도 그 말에 귀를 기울이지 않는다. 아버지는 자녀의 교육을 보장하기 위해 모든 노력과 희생을 다하도록 요구당하는 대신에, 교육이 무상으로 제공될 경우 그것을 받아들이느냐의 여부를 선택하는 것으로 자신의 의무를 다한다!

아이의 육체에 먹을 것을 제공할 뿐 아니라 그 정신에 대해서도 교육과 훈련을 부여할 가망조차 없이 자녀를 낳는다는 것은 그 불행한 자녀나 사회에 일종의 도덕적 죄악을 범하는 것이라는 사실, 그리고 아버지가 자신에게 부여된 의무를 이행하지 않을 경우 국가가 가급적 아버지의 비용으로 그 의무를 이행하도록 감독해야 한다는 점은 아직 일반적으로 인정되지 않고 있다.

일단 보통교육을 강제할 의무가 인정된다면, 국가가 무엇을 어떻게 가르쳐야 할 것인가와 관련한 어려움은 사라질 것이다, 지금은 그런 어려움 때문에 교육 문제가 당파와 정당들 간의 단순한 전쟁터로 변질되어, 오로지 교육에 투입해야 할 시간과 노력이 교육에 대한 논쟁으로 낭비되는 실정이다. 만일 국가가 모든 자녀를 위한 양질의 교육을 부모들의 의무사항으로 결정내리면 국가가 직접 나서서 교육하는 수고는 줄어들 것이다.

국가는 부모들이 원하는 곳에서 그들이 원하는 방식으로 자녀를 교육하도록 일임한 다음, 빈민 계층 자녀의 수업료를 지원하고, 학비를 댈 수 있는 사람이 없는 아동의 학비 전액을 부담하는 것으로 만족해야 한다.

국가 교육에 반대 논리를 편다면, 그것이 아무리 근거가 있을지라도, 국가에 의한 교육의 강제에는 적용될 수 없고, 다만 국가가 나서서 직접 교육을 담당하는 경우에만 적용될 수 있을 것이다. 국가가 교육을 강제하는 것과, 국가가 나서서 직접 교육을 담당하는 것은 완전히 별개의 문제이다. 국민 교육의 전부나 대부분을 국가가 장악하는 것에 대해 나는 누구보다도 강력하게 반대한다. 이미 충분히 설명한 바와 같이 개성과 의견 및 행동방식의 다양성은 이루 말할 수 없이 중요하며 거기에는 교육의 다양성도 포함된다.

국가에 의해 일괄적으로 이루어지는 교육은 오직 국민을 일정한 틀에 집어넣어 서로 비슷하게 만들려는 수단에 불과하다. 국가가 국민을 정형화하는 틀은 결국 군주나 승려계급, 귀족계급 혹은 대중의 다수파 등 국가 내 지배 세력들의 입맛에 맞는 것이기 때문에, 그 교육이 효과와 성공을 거두면 거둘수록 국민정신에 대한 압제가 뿌리를 내리게 되며, 정신에 대한 압제는 자연스럽게 국민의 육체에 대한 압제를 유발한다.

혹 국가에 의해 수립되고 지배되는 교육이 실제로 존재한다면 그것은 다른 교육을 높은 수준으로 이끌기 위해 시범을 보이거나 자극할 목적으로 시행되는 수많은 경쟁적 실험들 가운데 하나여야 한다. 물론 사회 일반이 매우 뒤떨어진 상태에 있고, 그로 인해 국가 스스로 교육 자체를 떠맡지 않는 한, 사회 스스로 아무런 교육시설도 갖출 수 없거나 그럴 의지가 없는 경우에는, 국가 스스로 교육을 맡아 주관하는 쪽이 국민에게 교육을 전혀 시키지 않는 쪽보다는 폐해가 적기 때문에 초등학교부터 대학교에 이르는 교육사업을 떠맡을 수 있다.

이는 마치 거대 산업을 떠맡기에 적합한 사기업이 없는 경우 국가 스스로 합자회사 업무를 떠맡는 것과 같다. 하지만 국내에 국가의 보호 아래 교육을 할 수 있는 자격을 갖춘 사람들이 충분히 있다면, 국가는 교육비 지원 대상자들에 대해 학비를 지원하고 그들은 교육을 의무화하는 법에 의해 규정된 보수를 보장받으면서 자유 의사에 따라 국가 못지않게 훌륭한 교육을 실시할 수 있고, 또 실시하고자 할 것이다.

법을 집행하는 수단으로는 모든 아동을 대상으로 어릴 때부터 시행하는 국가시험밖에 없다. 일정한 연령에 도달한 모든 남녀 아동을 대상으로 글을 제대로 읽을 줄 아는지 평가하는 시험을 치르는 것도 좋은 방법이다. 만일 그 시험에 합격하지 못하는 아동이 있다면 그럴 만한 충분한 사정이 있지 않는 한 그 아동의 아버지에 대해 적정한 과료를 물리고, 과료를 납부할 형편이 아닐 경우에는 노역을 통해 변제하도록 할 수도 있을 것이다. 그리고 아동은 아버지의 비용으로 취학하게 하는 것이 좋다.

시험은 매년 한 번씩 실시하고, 과목의 범위를 점차 넓혀 국민 전체가 최소한의 일반 지식을 습득하여 평생 간직하며 살 수 있도록 사실상 강제적으로 운영되어야 한다. 그리고 그 최소한을 넘어서는 모든 과목에 대해서는 자유롭게 시험에 응할 수 있도록 하고, 그 시험에서 일정한 학력 기준에 도달한 자에게는 수료증을 발부할 수도 있을 것이다.

언어나 언어 활용과 같은 단순한 지식의 수단을 평가하는 시험은 논외로 치고, 국가가 이 제도를 이용하여 여론에 부당한 영향을 미치는 일이 없도록 하기 위해서는 국가시험을 통과하는 데 필요한 지식이 비교적 상급 시험에서도 전적으로 사실과 실증에 기반을 둔 학문에 한정되어야 한다. 종교나 정치, 그 밖에 논쟁의 여지가 있는 주제들에 대한 시험은 여러 견해의 진위 여하가 아니라, 이러저러한 견해가 이러저러한 이유로 이러저러한 학자나 학파 또는 교파에 의해 주창되고 있다는 사실에 근거해서 평가되어야 한다. 이러한 제도 하에서라면 자라나는 세대가 모든 논쟁적 진리와 관련해서 오늘날의 젊은 세대보다 더 큰 혼란에 부딪히지는 않을 것이다. 그들은 현재와 마찬가지로 영국 국교도 혹은 비국교도로 자랄 것이지만 거기에서 국가의 역할은 그들이 교양 있는 영국 국교도 혹은 교양 있는 비국교도로 자라도록 뒷받침하는 일에 국한

될 것이기 때문이다.

만일 부모가 원한다면 아동은 한 학교에서 다른 과목과 함께 종교를 교육받는 데 아무런 지장도 받지 않을 것이다. 논쟁의 여지가 있는 주제들에 대해 국가가 나서서 국민의 의견을 일정한 방향으로 유도하려는 시도는 절대로 허용될 수 없는 나쁜 짓이다. 하지만 어떤 사람이 특정 주제에 대해 의미 있는 결론을 제시하는 데 필요한 지식들을 갖고 있는지를 국가가 확인하고 보증하는 것은 지극히 정당하다.

가령 철학 전공자가 로크나 칸트 중 어느 쪽을 지지하든, 아니면 그 어느 쪽도 지지하지 않는다 해도 그에게는 그 두 철학자의 학설 모두에 대해 시험을 치를 수 있기 때문에 여러 모로 유리하다. 또 무신론자에게 기독교 증험론基督敎 證驗論, the Evidence of Christianity에 대한 믿음을 강요하지 않는 한, 그 증험론에 대해 시험을 치르도록 한다 해서 그가 반대할 이유는 없다. 하지만 고도의 지식 분야에 대한 시험은 전적으로 당사자의 자유의사에 맡겨야 한다는 것이 내 생각이다.

만일 국가가 누군가를 자격이 없다는 이유로 전문 직업(심지어 교육자)에서 배제할 권리를 갖는다면 이는 국가에게 너무나도 위험한 권력을 부여하는 것이다. 그래서 나는 빌헬름 폰 훔볼트와 더불어 다음과 같이 생각한다. 즉 학위나 과학적 또는 전문적 지식에 대한 공적 증명서는 스스로 시험에 응시하여 합격한 자 모두에게 발부되어야 하지만, 여론이 그 증명서에 부여한 비중 이상으로, 경쟁자들보다 유리한 위치에 서게 하는 다른 이익을 당사자에게 부여하는 것이 되어선 안 된다.

자유에 대한 엉뚱한 관념 때문에, 언제나 가장 강력한 이유로 인정되어야 할 부모의 도덕적 의무가 인정되지 않고, 많은 경우 가장 강력한 이유로 부과되어야 할 부모의 법적 의무가 부과되지 않는 일이 비단 교육 문제에서만 나타나는 것은 아니다. 하나의 생명을 탄생시킨다는 사실은 그 자체가 인간생활 속에서 책임이 가장 중한 행위 가운데 하나이다. 이러한 책임을 진다는 것, 즉 저주받을 신세가 될지, 혹은 축복받을 신세가 될지 알 수 없는 하나의 생명을 낳는 일은, 만일 생명을 부여받는 존재가 적어도 인간다운 생활을 할 수 있는 통상적인 기회를 갖지 못하다면 결국 그 존재에게 죄악을 범하는 것이다. 따라서 인구 과잉국이나 그럴 우려가 있는 나라에서는, 상황이 허락하는 수준 이상으로 아이를 낳음으로써 그들 간 경쟁에 의해 임금 하락을 초래하는 것은 노동에 따른 보수로 생활하는 모든 사람에게 죄악을 범하는 일이다.

유럽 대륙의 많은 나라에서 결혼의 양 당사자가 가족을 부양할 만한 경제력이 있음을 증명하지 못할 경우 결혼을 금지하는 법을 두는 것은 국가의 정당한 권리를 벗어나는 것이 아니다. 그러한 법이 편의주의적인 것이든 아니든(이는 주로 그 지역의 사정과 그 지역인의 정서에 따르는 문제이다) 자유를 침해하는 것으로 반대할 만한 것은 아니다. 이러한 법은 유해한 행동을 금지하기 위한 국가의 간섭이라 할 수 있다. 여기서 유해한 행동이란 비록 법에 따라 처벌을 가할 필요가 있다고까지는 생각되지 않아도 세상 사람들에게 비난받고 사회적 오명의 낙인이 찍힐 정도로 타인에게 유해한 행동을 말한다.

하지만 자유에 대한 오늘날의 관념은, 오로지 자신에게만 관련되는 사안에서 개인의 자유가 실제로 침해되는 경우에는 저항 없이 복종하면서도, 자신의 방종으로 인해 그 자손이 비참하고 타락한 삶을 살게 되고 어떤 형태로든 그들 행동의 영향권 안에 있는 사람들이 여러 가지 해악을 입게 된다고 할 때, 그런 성향에 어떤 구속을 가하려는 데 대해서는 크게 반발하는 것이 보통이다.

이처럼 인류가 보여주는 자유에 대한 기이한 존경심과, 그와 반대로 자유에 대한 존경심의 기이한 결여를 비교해 보면, 인간이란 타인에게 해를 끼칠 불가결한 권리를 갖지만 누구에게도 고통을 주지 않는 가운데 스스로 행복해질 권리는 전혀 갖고 있지 않은 것은 아닌가 하는 생각이 들기도 한다.

나는 마지막 지면을 국가 간섭의 범위에 관한 중요한 문제들을 다루고자 남겨 두었다. 그 문제들은 이 글의 주제와 밀접하게 관련되지만, 엄밀하게 말하면 그 주제에는 속하지 않는다. 이 문제들은 간섭에 반대하는 이유가 자유의 원리에 근거하지 않는 것들이다. 즉 개인의 자유로운 행동을 구속하는 문제가 아니라 오히려 그 행동을 돕는 것에 대한 문제이다. 다시 말하면, 개인이 단독으로 또는 다수의 자발적인 협력을 빌려 행동하려 할 때 국가가 이를 방임하지 않고, 대신에 그들의 이익을 위해 어떤 일을 적극적으로 하거나 혹은 그들이 어떤 일을 하도록 장려하는 것이 과연 정당한가 하는 문제이다. 국가의 간섭이 개인의 자유를 침해하는 것이 아닐 때, 그 간섭에 대한 반대론으로는 다음 세 가지를 들 수 있다.

첫째, 무언가 행할 일이 있을 때 이를 국가가 행하기보다는 개인들이 행하는 편이 더 나을 듯 보이는 경우이다. 일반적으로 말하면 어떤 일을 누가 해야 하는지 결정할 최적임자는 그 일과 직접 이해관계를 갖는 사람들이다. 이 원칙에 따르면, 종전에는 당연한 듯 저질러졌던, 산업의 통상적인 과정에 대한 의회와 행정 관리들의 간섭은 부당하다. 하지만 이 문제는 종래 경제학자들에 의해 충분히 논의되어 왔고, 또 이 글의 원칙들과는 특별히 관련되지 않는 것이다.

두 번째 반대론은 우리의 주제와 더욱 밀접하게 관련된다. 보통 개인은 어떤 특정한 일을 대체로 국가 관리들만큼 썩 훌륭하게 해내지 못할 수 있지만, 그럼에도 불구하고 그들 스스로를 정신적으로 교육시킨다는 차원에서 볼 때는 국가에게 일임하는 것보다 개인들에게 일임하는 것이 바람직하다. 즉 개인들의 활동 능력을 키우고 판단력을 단련시켜 그들에게 맡겨진 과제에 대해 살아 있는 지식을 얻게 하는 수단으로 활용될 수 있다는 것이다.

이것이 비정치적 소송에서의 배심 재판, 자유롭고 민중적인 지방 자치제도, 자발적 단체들에 의한 기업 활동이나 자선사업 활동을 장려하는 주된 이유(유일한 이유는 아니지만)이다. 하지만 이는 자유의 문제는 아니고 다만 자유와 어느 정도 관련될 뿐이며, 오히려 발전의 문제라고 할 수 있다.

이를 국민 교육의 일부로 자세히 설명하는 것은 다른 기회로 미루겠다. 이는 사실 시민에 대한 특별한 훈련이자, 자유로운 인민을 정치적으로 교육하는 실천 부분이고, 또 국민을 개인적 이기주의, 가족 이기주의라는 좁은 범주에서 이끌어내어 공동의 이익에 대한 이해와 더불어 협동사업을 경영하는 데 익숙하도록 해서 그들에게 공공적·준공공적 동기로 행동하는 습관을 갖도록 하고, 서로를 갈라놓지 않고 단결시키는 목표를 위해 행동하도록 습관화하는 것이다.

이러한 습관과 능력이 결여된다면 자유로운 제도라는 것이 애당초 운영될 수도 유지될 수도 없다. 이는 비록 정치적 자유가 있다고 해도 지역적 차원에서 충분한 기초가 확립되지 않은 나라에서는 그 정치적 자유가 일시적인 성격을 띠는 경우가 허다하다는 사실에 비추어볼 때 명백한 사실이다. 순수한 지역적 사업이 지역민에 의해 꾸려지고, 대기업체가 자발적으로 투자한 사람들에 의해 경영된다는 것은, 이 글에서 강조했던, 발전하는 개성과 행동방식의 다양성이라는 이익을 낳게 하는 것이므로 더욱 더 장려될 필요가 있다.

국가의 사업은 전반적으로 닮아 가는 경향이 있다. 반대로 개인이나 자발적인 협동체에 의한 운영의 경우에는 다채로운 실험을 통해 무한히 다양한 경험을 얻을 수 있다. 국가가 효과적으로 일할 수 있는 길은, 수많은 시도의 결과로 얻게 되는 경험의 중앙저장소이자 전달자, 보급자로 활동하는 것이다. 국가의 직분은 국가 스스로 행하는 실험 이외의 모든 실험을 배척하는 데 있는 것이 아니라 모든 실험자에게 타인의 실험을 이용할 수 있도록 하는 데 있다.

셋째, 국가의 간섭을 제한하고자 하는 가장 유력한 이유는 국가 권력의 불필요한 확대로 발생하는 커다란 해악 때문이다. 국가가 이미 행사하고 있는 여러 직권들에 다른 직권들이 더해지면 그때 마다 국민의 희망과 공포에 대한 국가의 지배력이 더욱더 확대될 뿐 아니라, 일반 대중 가운데 일부 활동적이고 야심 있는 자들을 국가의 앞잡이나 정권을 잡으려고 호시탐탐 노리는 특정 당파의 앞잡이로 만들게 된다.

도로, 철도, 은행, 보험회사, 거대 합자회사, 대학, 공공 자선단체 등이 하나같이 행정부의 한 부서처럼 되어 버린다면, 또 오늘날 지방 자치단체와 지방 위원회들이 자신에게 귀속된 모든 업무를 중앙 행정기관에 이관하여 중앙정부의 일개 부서로 전락한다면, 또 이들 다양한 사업에 종사하는 사람들이 국가에 의해 직접 임명되어 그로부터 급여를 받고 출세의 모든 기회를 국가에 기대한다면, 언론·출판의 자유가 아무리 인정되고 민주적인 의회 제도가 인정된다고 해도 영국은 물론 다른 어떤 나라도 명목상으로만 자유국가일 뿐이다. 그러한 행정기구가 효율적이고 과학적으로 구성될수록, 즉 행정기구를 움직일 잘 검증된 일손과 두뇌를 확보하는 장치가 교묘해질수록 그 폐해는 더욱 커질 것이다.

최근 영국에서는 모든 공무원들을 경쟁시험을 통해 채용해야 한다는 결의안이 제출되었다. 이는 공무를 위해 보다 명석하고 학식 있는 인재를 확보하려는 것인데, 이에 대한 찬반양론이 들끓었다. 반대하는 쪽에서 내세우는 가장 강경한 주장 가운데 하나는, 국가의 종신 공무원이라는 직업은 최고의 재능을 가진 인재를 끌어들일 만한 보수와 지위의 전망을 제시하지 못하며, 그런 재능의 소유자들은 전문직이나 다른 공공단체 직무에서 훨씬 보람 있는 입신의 길을 언제라도 찾을 수 있다는 것이었다.
그런데 이런 반대 측 주장이 오히려 찬성 측에 의해 그 안의 중요한 난점을 해결하는 답으로 이용되었다 해도 그리 놀랄 일은 아닐 것이다. 그러한 주장이 반대쪽에서 나왔다는 사실이 이상할 정도다. 말하자면 반대론으로 주장된 것이 사실상 정부안에 대한 비난의 안전한 배출구 역할을 하고 있는 것이다. 만일 실제로 국가의 유능한 인재들이 모두 정부에서 근무하게 된다면, 그런 결과를 노린 안을 내놓은 쪽에 비난의 화살이 쏟아질 것은 불을 보듯 뻔하기 때문이다.

만일 조직적인 협력과 광범하고 포괄적인 식견을 필요로 하는 사회의 모든 사업 부분이 국가의 수중에 들어간다면, 그리고 국가의 어떤 조직도 예외 없이 가장 유능한 인재로 가득 차 있다면, 폭넓은 교양과 많은 경험을 쌓은 지혜의 소유자들이 순수 이론가를 제외하고는 모두 한 군데로 집중되어 방대한 관료제를 이루게 될 것이다.

그리하여 재야에 남은 사람들은 매사에 관료제만을 바라볼 것이고, 일반 대중은 그들이 해야 할 모든 일에 대해 관료의 지도와 명령을 받고자 할 것이며, 능력 있는 야심가는 관료제에 기대어 개인적인 영달을 꾀하려 할 것이다. 말하자면 이러한 관료 국가의 대열에 끼고, 이어 그 대열 속에서 출세하는 것이 유일한 목적이 될 것이다.

그러한 제도 아래에서 민중들은 현실 속에서 경험을 쌓을 기회를 얻지 못하기 때문에 관료제의 작동 방식을 비판하거나 통제할 능력을 갖지 못한다. 전제적 제도 하에서라면 운 좋게, 또 민중적 제도 하에서라면 상황의 자연스런 흐름에 따라 개혁적 성향을 갖는 통치자 또는 다수의 통치자가 종종 출현할 수도 있다. 하지만 관료제 하에서는 그 제도의 이익에 위배되는 어떤 개혁도 실현될 수 없다.

바로 이것이 오늘날 러시아 제국이 처해 있는 우울한 상황이다. 이는 그 나라를 충분히 관찰할 기회를 가졌던 사람들의 보고를 통해 명백히 확인할 수 있다. 차르Tzar[64] 자신도 관료 집단에 대해서는 무력하다. 그는 그들 누구라도 시베리아로 보낼 수 있지만 그 집단 없이는 또는 그 집단에 반해서는 지배할 수 없다. 관료들은 차르가 내리는 모든 칙령에 대해 그 시행을 단순히 미룸으로써 암묵적인 거부권을 행사한다.

러시아 제국보다 더 앞선 문명과 더 반항적인 기질을 가진 여러 나라에서 대중은 국가가 그들을 위해 모든 것을 해주리라는 기대에 젖어 있다. 그들은 최소한 국가의 허락 없이 무언가를 하고 그 방법을 강구하는 데 익숙하지 않아서 그들 스스로 아무것도 하지 않는 버릇이 있다. 따라서 그들이 당하는 모든 해악을 당연히 국가 책임으로 간주한다. 그리고 그 해악이 인내의 한계를 넘어서면 그들은 국가에 대항해 궐기하여 이른바 혁명을 일으킨다. 여기서 국민의 정당한 승인 여부와 관계없이 혜성같이 등장한 누군가가 관료 집단에게 명령을 내린다 해도 모든 것들은 이전과 거의 마찬가지로 진행된다. 이는 관료제가 요지부동이고 또 누구도 그것을 대신할 수 없기 때문이다.

자기 일을 자기 스스로 하는 국민의 경우에는 이와는 명백히 다

---

64) Tzar: 러시아의 황제.

른 상황이 연출된다. 프랑스에서는 국민 대부분이 군에 복무하여 적어도 하사관 정도는 지낸 자가 많기 때문에, 민중이 폭동을 일으킬 때마다 그들을 지휘하고 즉시 나름대로의 행동 계획을 세울 만한 능력을 갖춘 인물들이 상당수 등장한다.

프랑스가 군사적 상황에서 그러하다면 미국은 모든 민간 부문에서 비슷한 상황이 연출된다. 미국인을 정부 없이 방치한다고 해보자. 그러면 그 어떤 단체라도 즉시 정부 형태의 조직을 구성하여 그 사회를 통치할 수 있음은 물론 자체의 지성과 체계와 결단력을 총동원해서 모든 공공 업무를 수행할 능력을 갖추고 있다. 이것이야말로 모든 자유 국민들이 모범으로 삼아야 할 것이다. 또한 그만한 일을 할 수 있는 국민은 반드시 자유를 누리기 마련이다. 어떤 개인이나 집단이 중앙국가의 통치권을 장악해 휘두를 수 있을지언정 그러한 국민을 노예화할 수는 없을 것이기 때문이다. 그 어떤 관료제도 이와 같은 국민에게 그들이 좋아하지 않는 무언가를 하거나 감수하도록 강제할 수 없다.

하지만 모든 것이 관료제를 통해 이루어지는 곳에서는 관료제가 진정으로 반대하는 일을 행하는 것 자체가 불가능하다. 그러한 국가 구조는 국내의 경험과 실천적 재능을 조직하여 나머지 국민을 통치하기 위한 규율 있는 집단으로 만든 것이다. 따라서 그 조직화 자체가 완벽할수록, 또한 국민의 모든 계층에서 가장 유능한 인재를 조직에 흡수하여 그 조직에 맞도록 교육하는 데 성공할수록 관료제의 구성원을 포함한 모든 사람에 대한 속박은 더욱더 완전해진다. 피지배자가 지배자의 노예인 것과 마찬가지로 지배자는 그가 만든 집단과 규율의 노예이기 때문이다.

중국의 관리는 가장 비천한 농민과 마찬가지로 전제정치의 앞잡이요 주구이다. 제수이트 교단Jesuit[65] 자체는 구성원의 집단적인 힘과 권위를 위해 존재하지만 개별 신도는 더는 비굴할 수 없을 정도로 교단의 노예가 되어 있다.

또한 국내의 모든 유능한 인재를 지배 집단에 흡수한다는 것은 조만간 집단 자체의 정신적 활동과 진보성에 치명적 영향을 미친다는 점을 잊어서는 안 된다. 그들은 모든 조직과 마찬가지로 대부분 필연적으로 고정된 규율에 따라 움직이면서 일사불란한 모습을 보이기 때문에 그 집단 자체에는 게으른 인습의 늪에 빠져들 위험이 상존한다. 물론 그들은 이따금 다람쥐 쳇바퀴 도는 단조로움으로부터 벗어나기도 한다. 하지만 그것은 집단의 지도적 위치에 있는 일부 사람들이 마음 내키는 대로 생각해낸, 제대로 검증되지도 않은 조잡한 생각들을 추종하고자 하는 유혹에 불과하다.

---

[65] 조직이 엄격한 것으로 널리 알려진 제수이트 교단은 1524년 스페인의 귀족 로욜라(Ignatius Loyolla; 1491~1556)가 1534년 교황의 승인을 얻어 창립한 예수회의 일파이다.

표면상으로는 반대되는 것처럼 보이지만 실질적으로는 밀접하게 관련되어 있는 이 두 가지 경향을 억제할 수 있는 유일한 길, 즉 관료 집단 자체의 능력을 높은 수준까지 끌어올릴 수 있는 유일한 자극은, 관료 집단 못지않은 재능을 가진 재야 인사의 면밀한 비판에 끊임없이 노출되는 것이다. 따라서 그러한 재능을 양성하고, 중대한 현실 문제들을 정확히 판단하는 데 필요한 기회와 경험을 관료 집단에 부여할 수단이 그 집단과는 독립적으로 존재하는 것이 우선 필요하다.

우리가 유능하고 능률적인 관료 집단, 특히 진보를 추구하고 그것을 스스로 채택할 의지가 있는 집단을 항구적으로 갖기를 원한다면, 또 우리가 우리의 관료제를 공리공론의 정치로 타락시키지 않기를 원한다면, 인류를 다스리는 데 필요한 여러 능력을 형성하고 배양하는 모든 업무를 관료 집단이 독점하게 해서는 안 된다.

인류의 자유와 진보에 대한 참으로 가공할 만한 해악이 시작되는 지점은 어디인가? 아니 이렇게 말하면 어떨까? 사회복리를 저해하는 장애물을 제거하기 위해 사회가 인정하는 수뇌들의 지도 아래 사회의 힘을 집단적으로 투입함으로써 생기는 이익이 그에 따른 해악에 압도당하기 시작하는 지점은 어디인가? 이를 판단하는 것은 결코 쉬운 일이 아니다. 또한 사회 일반의 활동력이 지나치게 국가로 흘러들지 않은 가운데서도 바로 그 집중화된 힘과 지성이 가져다주는 이익을 확보하는 일은 통치 기술 가운데 가장 어렵고도 복잡한 문제라 할 수 있다.

이는 대단히 세부적인 문제로서, 깊이 있고 다양한 고찰이 필요한 일이므로 어떤 절대적인 기준을 세울 수는 없다. 하지만 안전이 확보된 실천적 원칙, 가시적인 이상, 그리고 어려움을 극복할 여러 방안을 검증할 수 있는 기준은 다음과 같은 말에 포괄될 수 있다고 믿는다. "국가의 능률을 방해하지 않을 정도로 인재를 가능한 한 분산시키되, 정보는 되도록 최대한 집중시켜 그 중심으로부터 널리 보급한다."

따라서 지방자치 행정에서는 뉴잉글랜드에서처럼, 직접적인 이해관계를 갖는 사람들에게 맡기지 않는 것이 좋은 모든 업무를, 그 지역 주민이 선출하는 개별 공무원에게 세분하여 부과시키는 것이 좋다. 하지만 이것만으로는 충분하지 않다.

지방 사무를 맡는 각 부서에는 중앙 감독기관을 두어 그들이 중앙정부의 지부 구실을 하도록 할 필요가 있다. 이러한 감독기관은, 모든 지방 공공업무 분야의 일에서, 또 해외 각국에서 이루어지고 있는 이와 유사한 업무를 통해, 그리고 정치학의 일반 원리에서 얻을 있는 여러 가지 정보와 경험을 마치 초점을 맞추듯이 하나의 점에 집중시키는 역할을 하게 될 것이다.

또한 그 기관은 모든 정보에 접근할 권리를 가져야 하며, 특히 중대한 임무는 어느 한 지방에서 얻은 지식을 여러 다른 지방에서도 활용할 수 있도록 유포하는 일이다. 따라서 그 기관은 모든 것을 내려다볼 수 있는 높은 위치에 있기 때문에 관찰 범위가 광범하고도 포괄적이다. 그래서 기관이 내리는 충고는 흔히 지방이 갖는 한계라 할 수 있는 사소한 편견이나 고리타분한 사고로부터 벗어나야만 커다란 권위를 갖게 된다.

그러나 상설 제도로서 이 기관이 갖는 실제 권력은, 지방 공무원을 지도하기 위해 제정된 법에 그들이 복종하도록 강제하는 데 한정되어야 한다고 생각한다. 그리고 일반 규칙에 의해 규정되어 있지 않은 모든 사항에 대해서는, 지방 공무원이 자신을 뽑아준 주민들에 대한 책임의식에 따라 스스로 판단할 수 있도록 허용되어야 한다. 그들은 규칙을 어기면 법의 제재를 받아야 하고, 규칙 자체는 입법부에 의해 제정되어야 한다.

중앙 행정 당국은 오로지 그러한 규칙의 집행을 감독하고, 만일 그것이 정당하게 실시되지 않으면 상황에 따라 법원에 제소하거나, 유권자에게 호소하여 해당 공무원을 파면토록 한다.

'구빈법위원회Poor Law Board'[66]가 전국적으로 구빈세 관리자들에게 실시하려 한 중앙 감독제는 대체로 그런 것이었다. 일부 지방

---

66) 빈민을 구제하기 위한 구빈법(Poor Law)은 1601년 영국에서 처음 제정되었다. 이는 교구 단위로 가장에게 세금을 징수했는데, 일할 수 있는 자에게는 일자리를 주고, 게으른 자는 처벌하는 것을 골자로 제정되었다. 1834년의 새로운 구빈법에 의해 〈구빈법위원회〉라는 중앙집권적 기관이 부활했고, 1871년에는 신설된 지방자치기관으로 업무가 이양되었다.

만이 아니라 전국적으로 막대한 영향을 미치는 사항에 대해 부패의 적폐가 뿌리 깊어 시정이 절실하게 요구되는 특별한 경우, 위원회가 업무 한계를 넘어 어떤 권력을 행사한다고 해도 그것은 모두 필요하고 정당한 것으로 간주된다.

왜냐하면 어떤 지방 정부도 그 지역을 잘못 경영해서 빈민의 소굴로 만들고 그로 인해 그곳 빈민들이 어쩔 수 없이 다른 지역으로 흘러들도록 함으로써 노동공동체 전반의 정신적·육체적 상태를 망가뜨릴 도덕적 권리를 갖고 있지 않기 때문이다.

'구빈법위원회'가 소유한 행정적 강제권과 그에 따른 입법권(그러나 이러한 권리는 이 문제에 대한 여론의 추세로 인해 거의 예외적으로만 행사된다)은 최우선의 국가적 이해관계가 걸린 경우에는 완전히 정당화될 수 있다고 해도, 오로지 지방 차원의 이해관계가 걸린 사안을 감독하는 경우에는 전혀 정당하지 않다. 하지만 '구빈법위원회'처럼 모든 지방을 대상으로 정보를 제공하고 훈령을 내리는 중앙기관은 모든 행정 분야에서 반드시 필요한 존재라 할 것이다.

개인의 노력과 발전을 저지하지 않고 북돋우며 자극하는 활동이라면 국가가 아무리 적극적으로 활동한다고 해도 결코 지나치다고 볼 수 없다. 국가가 개인이나 집단의 활동과 힘을 북돋워 주지 않고 국가 스스로 그들의 활동을 대신하게 되면, 또 국가가 개인이나 집단에게 정보와 조언을 주거나 때로는 책망하는 대신 그들에게

족쇄를 채워 일을 하게 하거나 그들을 밀어제치고 국가가 그 일을 대신할 때 폐해가 발생하기 시작한다.

국가의 가치란 궁극적으로 국가를 구성하는 개인들의 가치이다. 개인의 정신적 발달과 향상이라는 이익은 뒤로 미룬 채 세부적인 업무에서 행정적 기능을 좀 더 발전시키거나 현장 경험을 통해 어떤 행정적 수완을 발휘하는 데만 정신이 팔려 있는 국가, 혹은 국민을 위축시켜 국가가 마음대로 좌우할 수 있는 온순한 꼭두각시로 만들고자 하는 (비록 그것이 국민의 이익을 위해 행하는 것이라고 해도) 국가가 있을 수 있다.

그러한 국가는 결국 다음과 같은 사실을 깨닫지 않을 수 없을 것이다. 위축된 국민으로는 그 어떤 위대한 일도 실제로 성취할 수 없고, 또 국가가 모든 것을 희생하여 완전한 기구를 만들었다고 해도, 그 기구를 더욱 원활하게 운영하려고 한 나머지 스스로 배제해 버린 바로 그 구성원들의 활력이 결여되어 있어서 결국은 그러한 기구가 쓸모없게 되어 버린다는 사실이다.

『자유론』의 구성

『자유론』은 영국의 사회학자, 철학자, 정치경제학자로서, 논리학, 윤리학, 정치학, 사회평론 등 다방면에 걸쳐 방대한 저술을 남긴 존 스튜어트 밀의 명저이다.

자유는 지금의 민주주의 시대에 살고 있는 우리에게는 전혀 낯설지가 않은 용어이다. 하지만 밀이 살던 당시는 달랐다. 특히 수많은 식민지를 개척하고 그들을 지배했던 제국주의 시대의 선두주자 영국은 자신이 문명인이기에 미개인인 그들을 강제적으로라도 교육시키는 것이 옳다고 생각하는 반자유주의적인 제국주의 시대였다. 『자유론』에서 밀역시도 미개인들에게는 강제적으로 교육을 시키는 것이 옳다는 태도를 보이고 있다. 바로 이러한 시대적 배경 속에서 탄생한 것이 존 스튜어트 밀의 『자유론』이다.

『자유론』은 모두 5장으로 구성되어 있다.

제1장 '머리글'에서는, 자유론과 관련된 핵심 주제인 자유의 역사, 관습, 단순한 원칙, 자유와 경제를 제시한다. 그리고 기존의 자유와 권력의 대립 문제가 19세기 중반 당시에는 개인과 다수자의 투쟁이라는 문제도 포함하게 되었음을 지적하고 있다. 단순히 자신과 관계 있는 일에 대해서는 개인이 절대적으로 다수자의 전제專制(단지 관헌에 의한 압제뿐만 아니라 사회에 있는 의견이나 감정의 전제도 포함된다.)에 복종할 필요는 없다는 것이다. 이 자유는 우선 의식 내의 영역, 즉 양심의 자유와 사상과 감정의 자유를 말하며, 둘째, 기호 추구의 자유, 즉 우리 자신의 성격에 알맞게 각각의 생활 방식을 세우는 자유, 셋째, 여러 개인이 단결하는 자유를 의미한다.

제2장 '사상과 토론의 자유에 대하여'에서는, 자유로운 토론은 진리의 발견을 위해 절대적으로 필요하고 그것을 다수자가 형벌이나 세론으로써 억압하는 것은 잘못이라고 지적하고, 자유로운 표현에 관한 주장을 구체적으로(검열, 무오류 논증, 죽은 도그마 논증, 행동연관 논증, 부분진리 논증, 결론과 토론 태도) 제시하고 있다.

제3장 '복지의 요소인 개성'에서는 행동의 자유와 생활의 자유를 논하였는데, 그것이 습관과 전통에 지배되면 개인과 사회의 진보는 정체된다고 주장한다. 또한 개성이 인간 행복에 어떤 영향을 미치는지, 개개인 간의 차이들이 얼마나 가치 있고 중요한 것인지를 역설한다.

제4장 '개인에 대한 사회적 권위의 한계'에서는 인간생활에서 존재하는 개인의 영역과 사회의 영역 사이의 상호 관련을 논하고 있다. 제1장에서 제시된 해악의 원칙에 대한 정확한 해석과 그 적용 조건들을 설명하고, 사회적 권위의 한계에 대해서 이야기한다. 개인이 사회생활을 하는 이상 서로의 이익을 침해하지 않아야 하며, 사회 또는 그 성원을 침해 및 방해로부터 지키기 위해서는 각자에게 부과된 노동과 희생의 할애분을 책임져야 한다고 말한다.

　제5장 '원리의 적용'에서는 이상의 여러 원리들을 구체적인 문제에 적용하고 있는데, 공정한 경쟁과 자유무역, 미풍양속의 위반, 정부의 역할, 계약의 파기, 자녀 교육, 국가 간섭, 정부의 적절한 역할 등이 여기에 해당된다. 특히 인간 형성의 중요한 수단인 교육과 정부가 하는 간섭의 한계에 대해 기술하면서, 교육이 국가에 의해 주도되어야 한다는 주장에 적극적으로 반대하고 있다. 이는 단일 기관이 교육을 독점하고 동일한 틀만 제공하는 교육은 획일화된 인간만을 만들어 낸다는 우려에서 나온 주장이다.

　왜 『자유론』인가?

　『자유론』은 19세기 중반에 출판된 해묵은 정치사상서이다. 그럼에도 오늘날까지 각급 학교의 필독 도서에 빠지지 않고 오르는 조금은 희한한 정치사상서이기도 하다. '희한하다'고 말한 것은 사실 정치사상이 독자들의 관심이 몰리는 영역도 아니고 읽기에는 꽤 까다로운 분야라는 사실 때문이기도 하지만, 다른 수많은 정치사상서를 제치고 출판된 지 150년도 넘은 『자유론』이 유독 필독 도서로 꼽히는 이유가 쉽사리 이해되지 않기 때문이기도 하다.

하지만 따지고 보면 '자유'라는 단어 하나를 대놓고 책의 제목으로 올리고 책 전반에 걸쳐 오로지 '자유'라는 개념을 논하고 있는 책은 드물다. 그래서 '자유' 하면 떠오르는 책이 『자유론』이기 쉽다. 더군다나 이 책은 본격적인 사상서라기보다는 에세이에 가깝고 분량도 많지 않아 접근하기가 그리 어렵지 않다. 그러나 다른 어떤 것보다도 『자유론』이 정치사상서 가운데 인류의 '고전'으로 손꼽히는 가장 중요한 이유는 우리가 '자유'를 논할 때 가장 기초가 되는 원칙들을 이 책이 담고 있기 때문이다. 그 원칙들은 오늘날에도 흔들림이 없는 원칙들이고 가장 일반적인 원칙들이라 할 만하다. 말하자면 『자유론』은 '자유'를 논하는 출발점이고 주춧돌인 것이다.

그렇다면 '자유'라는 개념은 그렇듯 많은 논의가 필요한 개념인가?

좀 상투적이기는 하지만 '자유'의 사전적 의미를 먼저 짚고 넘어가자. 사전에는 '자유'를 '남에게 구속받거나 무엇에 얽매이지 아니하고 자기 마음대로 행동하는 일, 또는 그러한 상태'라고 정의하고 있다. 문제는 '마음대로 행동하는'에 있다. 인간은 타인과 더불어 사회를 구성해서 살고 있다. 모든 개인이 '마음대로 행동하는' 세상을 상상해 보라. 세상은 아수라장이 될 게 분명하다. 따라서 거기에는 꽤 복잡한 약속 혹은 원칙이 필요하다. 또 사람마다 '마음대로 행동하는'의 기준이 다를 테고 따라서 이른바 그 방종과 자유의 경계선을 어디에 둘 것인가와 관련해서만도 꽤 복잡한 논의가 필요하다. 필연적으로 '법', '관습', '국가', '사회', '타인' 등의 개념이 등장할 수밖에 없는 이유가 거기에 있다. 그리고 이는 사전적으로 제2의 의미, 즉 '법률의 범위 안에서 남에게 구속되지 아니하고 자기 마음대로 하는 행위'를 규정해 놓은 이유이기도 하다. 바로 그런 기본 개념을 자유와 연관지어 논의하고 있는 것이 『자유론』이다.

어떤 이는 자유를 공기와 같다고 비유한다. 우리는 어떤 물질이나 대상이 인간의 생명과 직결될 정도로 소중함에도 불구하고 보이지 않아서, 너무 흔해서 그 소중함을 잊고 사는 경우 그런 비유를 동원한다. 하지만 자유의 경우, 소중하고 눈에 띄지 않는다는 표현은 맞지만 너무 흔하다는 표현은 맞지 않다. 흔하다고 생각할 뿐이다. 오히려 보이지 않아서, 그 의미가 모호해서 끊임없이 경계하지 않으면 잃어버리기 쉬운 그런 존재다. 따라서 구체적인 삶 속에서 각 개인이 자유를 잃지 않기 위해서는, 다시 말해 자신에게 부여된 권리를 자유롭게 누리기 위해서는 어떤 인식을 갖고 있어야 하고 나아가 사회를 위해 자신에게 부여된 의무는 무엇인가도 명확히 인식하고 있어야 한다. 바로 그러한 인식을 형성하는 데 『자유론』은 대단히 훌륭한 지침서가 될 것이다.

가령『자유론』에는 이런 대목이 나온다.

"국민 교육의 전부나 대부분을 국가가 장악하는 것에 대해서
나는 누구보다도 강력하게 반대한다. 이미 충분히 설명한 바와
같이 개성과 의견 및 행동방식의 다양성은 이루 말할 수 없이
중요하며 거기에는 교육의 다양성 역시 포함된다.

국가에 의해 일괄적으로 이루어지는 교육은 오직 국민을 일정
한 틀에 집어넣어 서로 흡사하게 만들려는 수단에 불과하다. 국
가가 국민을 정형화하는 틀은 결국 군주나 승려계급, 귀족계급
혹은 대중의 다수파 등 국가 내 지배 세력들의 입맛에 맞는 것이
기 때문에, 그 교육이 효과와 성공을 거두면 거둘수록 국민정신
에 대한 압제가 뿌리를 내리게 되며, 정신에 대한 압제는 자연스
럽게 국민의 육체에 대한 압제를 유발한다."

최근 우리나라에서 일고 있는 한국사 교과서 국정화 논란과 관련해
서 우리는 어떤 인식을 갖고 있어야 할까? 물론 여기가 그 논란에서 어
느 입장이 옳은지를 논하는 자리는 아니다.『자유론』의 저자가 어느 입
장에 서 있는지는 너무도 명백하지만 당연히 그 반대 입장에 서 있는
글도 허다하다. 따라서 독자는 이 대목에서 이러한 논란이 '자유'라는
영역에 속하는 것이고, 그렇듯 '자유'라는 것이 우리 삶 곳곳에서 우리
의 판단을 요구하는 대단히 현실적인 개념이라는 사실을 인식하고 그

논란과 관련해서 여러 입장을 살펴본 뒤 자신이 어떤 입장에 설 것인지를 판단하면 될 일이다.

『자유론』에서는 어떤 자유를 말하고 있는가?

『자유론』 첫머리를 장식하고 있는 인용문에서 밀이 이 책을 쓴 목적의 단서를 발견할 수 있다.

"이 책에서 전개되는 모든 논의가 직접 지향하는 숭고한 기본 원리는 인간을 최대한 다양하게 발달하도록 하는 것이며, 이는 절대적이고도 본질적으로 중요하다."

훔볼트의 글에서 인용한 이 문장은 결국 『자유론』의 핵심이 다양성에 있음을 시사한다. 즉 인간의 개성을 신장시키고 개인의 의견과 행동 방식의 다양성을 확보하기 위해서는 자유가 필요하다는 것이 『자유론』의 결론이다. 따라서 개성과 다양성이 무엇보다 중요시되는 오늘날의 사회에 대해 『자유론』은 150여 년 전에 이미 대단히 본질적인 메시지를 전하고 있다 할 것이다.

『자유론』에서 거론되고 있는 자유는 밀 자신이 밝히고 있듯이 '시민적, 사회적 자유'이고 그 자유와 관련해서 '사회가 합법적으로 개인에게 행사할 수 있는 권력의 성격과 한계'를 다루는 것이 『자유론』의 큰 주제라 할 수 있다.

밀은 이 책에서 크게 세 가지 자유를 언급하고 있다.

밀은 '인간 자유의 고유 영역'으로 첫째, 의식의 내면적 영역인 양심의 자유를 꼽고 있다. 여기에는 사상과 감정의 자유, 과학·도덕·종교상의 모든 문제에 관한 의견과 감정의 절대적 자유, 그리고 출판의 자유가 포함된다. 그리고 둘째로 취향과 추구의 자유를 요구한다. 이 자유는 우리의 삶을 우리 자신의 성격에 맞도록 계획할 자유, 그 결과를 감수하면서 우리가 하고 싶은 대로 행동할 자유를 말한다. 밀이 셋째로 거론하는 자유는 결사의 자유이다. 이는 앞서 밝힌 개인의 두 가지 자유로부터 개인들 간에 결합할 자유, 단결할 자유를 의미한다.

밀은 이러한 자유를 주장하는 전제로서 두 가지 주요 원칙을 밝히고 있다.

"두 개의 원칙 가운데 첫째는, 개인은 자신의 행위가 자신 이외의 타인의 이해관계에 영향을 미치지 않는 한 사회에 책임질 필요가 없다는 것이다. 물론 사회가 그 개인의 행동에 혐오나 반발의 감정을 가질 경우가 있을 수 있는데, 그런 경우 사회가 그 감정을 정당하게 표현할 수 있는 수단이란 오직 충고하거나 가르치거나 설득하는 길뿐이며 혹은 타인이 자신의 이익을 위해 필요하다고 생각하는 경우 그의 행동을 회피하는 것뿐이다.

둘째는, 개인은 타인의 이익에 손해를 끼치는 행동에 책임을 져야 하고, 만일 사회가 사회 보호를 위해 사회적 문책이나 법

적 형벌 가운데 어느 하나를 동원할 필요가 있다고 판단하면
그 개인을 처벌할 수 있다는 것이다."

　하지만 두 개의 원칙 중 방점은 첫 번째 원칙에 있다. 두 번째 원칙은
사실상 첫 번째 원칙의 예외조항처럼 보일 정도이다. 밀은 첫 번째 원칙
을 지키기 위해 국가나 사회의 개인에 대한 간섭을 최소화하는 데 논의
의 초점을 맞추고 언뜻 두 번째 원칙이 관철되어야 할 듯 보이는 사안
에서 오히려 첫 번째 원칙이 적용되어야 함을 여러 사례를 들어 강조한
다. 요컨대 국가와 사회의 개인에 대한 간섭은 대단히 조심스럽게 이루
어져야 한다는 것이다.
　특히 제2장에서 밀은 사상과 표현의 자유를 개인에게 부여된 절대적
인 자유로 규정한다. 밀은 이를 세 가지 경우를 들어 논의하고 있는데,
권력이 탄압하려는 의견이 진리인 경우, 권력이 탄압하는 의견이 진리
가 아닌 오류인 경우, 일반적 사회 통념과 이에 반하는 의견이 모두 진
리인 경우이다. 밀은 이 세 가지 경우 모두에 대해 권력이 탄압하는 것
은 잘못임을 명백히 밝히고 있다. 요컨대 개인이 갖고 있는 사상이 진
리이든 오류이든 그에 대해 간섭하거나 탄압하는 것은 잘못이다. 밀은
이렇게 말한다.

　"설령 단 한 사람을 제외한 모든 인류가 동일한 의견이고, 그
　한 사람만이 반대 의견을 갖고 있다 해도, 인류에게는 그 한 사

람에게 침묵을 강요할 권리가 없다. 이는 그 한 사람이 권력을 장악했을 때, 전 인류를 침묵시킬 권리가 없는 것과 마찬가지다."

밀은 어떤 사상이 설사 오류라 해도 그것이 진리의 발견이나 발전에 밑거름이 된다고 보기 때문이다. 『자유론』에는 이렇게 설명되어 있다.

"어떤 주제에 대해 세상 사람들이 명백히 일치된 의견을 갖고 있는 가운데 어떤 예외적인 사람들이 존재할 때, 비록 일반 세상 사람들 편이 옳다고 해도, 반대론자에게는 직접 말하고 싶은 무언가가 있을 가능성이 언제나 있고 세상 사람들은 그의 말에 귀를 기울일 만한 가치가 있다. 그들 반대론자를 침묵시킬 때 진리는 무언가를 잃게 된다."

결국 밀은 어떤 사상이든 자유롭게 표현되고 또 자유롭게 토론되어야 마땅하다고 주장한다. 권력을 가진 자가 자신의 의지로 혹은 여론을 등에 업고 인간의 정신을 억압하는 일이 너무도 흔하기 때문에 밀은 자신의 의견을 자신의 양심에 따라 표현할 수 있는 자유에 절대적인 힘을 실어줌으로써 그러한 억압을 원천적으로 차단하고자 한다.

제3장은 주로 행동의 자유를 논하고 있다. 밀은 인간이 모든 정신활동에서 자신의 의견에 따라 자기 나름의 방식으로 행동할 자유를 가져야 한다고 역설한다. 그러면서 개성 존중의 필요성을 피력한다. 그는 강

렬한 욕망이나 충동까지도 사회 발전을 위해서는 반드시 존재해야 하는 것으로 보면서 개성 없는 정체된 사회가 역사 속에서 어떤 길을 걸었는지 실제 사례를 들어 설명하고 있다.

제4장은 앞서 말한 두 가지 원칙에 근거해서 개인에 대한 사회의 부당한 간섭의 경우를 이슬람교, 미국의 사치금지법 등의 사례를 통해 살펴보고 있다. 제5장은 개인에 대한 사회의 간섭이 정당화되는 경우를 주로 다루고 있는데, 독극물 판매, 매춘, 도박을 그 예로 들면서 이 경우에도 국가의 간섭이 매우 신중하게 이루어져야 한다는 전제를 바탕에 두고 있다. 또한 밀은 관료제의 폐해를 다각도로 분석하면서 중앙 정부의 기능을 축소하고 지방자치제의 기능을 확대하는 것이 개인에 대한 국가의 간섭을 최소화하는 데 기여할 수 있다고도 주장한다. 결론적으로 밀은 이렇게 말한다.

"국가가 개인이나 집단의 활동과 힘을 환기시키지 않고, 국가 스스로 그들의 활동을 대신하게 되면, 또 국가가 개인이나 집단에게 정보와 충고를 주거나, 때로는 책망하는 대신, 그들에게 속박을 가한 채로 일을 하게 하거나 그들을 밀어제치고 국가가 그 일을 대신할 때 폐해가 발생하기 시작한다."

밀은 "국가의 가치란 궁극적으로 국가를 구성하는 개인들의 가치이다."라는 말로 『자유론』의 끝을 맺고 있다.

『자유론』은 그대로 수용될 수 있는가?

물론 『자유론』 자체에 문제가 없는 것은 아니다. 어떤 이는 『자유론』
이 주장하는 자유가 지나치게 이상주의적이거나 심지어는 무정부주의
적인 논리에 바탕을 두고 있다고 주장하기도 한다. 밀이 주장하는 두
가지 원칙의 전제가 되는 '오로지 자기 자신에게만 관련된 사안'을 확연
히 구분해서 절대적인 자유를 적용할 수 있는가 하는 것도 논란거리일
수 있다. 아니 과연 그런 사안이라는 것이 존재할 수 있기나 한 것일까?
사실 현실 속에서는 순수하게 사적인 영역과 순수하게 공적인 영역을
구분하기 힘들고, 보다 근본적으로 말하면 인간을 사회적인 동물이라
할 때 인간의 행동 중에 사회와 관련되지 않는 행동 자체가 존재하지
않을 수도 있다. 또 그런 구분을 하는 주체가 누구이냐에 따라서 자유
의 내용이 전혀 다른 모습으로 나타날 수 있다.

무엇보다도 오늘을 살고 있는 독자라면 밀이 당시의 세계를 문명사
회와 미개사회로 구분하면서 미개사회에는 문명사회의 자유를 주지
않아도 된다는 논리를 펴는 대목에서 고개를 갸웃하지 않을 수 없다.
밀에게 문명사회란 자신이 살고 있는 유럽과 미국을 의미하는 것으로
그 외의 거의 모든 지역은 미개사회이다. 그리고 당시는 그런 문명사회
가 미개사회를 식민지로 전락시켜 통치하던 시대였다. 결국 밀의 이런
논리는 "대륙을 구성하는 요소들의 성격과 문화가 너무나도 다양한"
유럽의 문명사회가 야만과 정체에 빠진 미개사회를 전제적으로 지배해

도 된다는 식민사관을 정당화하고 있는 것이다.

> "그들은 정체의 길을 걸었고, 그 정체는 몇 천 년 간 지속되었
> 다. 만일 그들에게 개량의 기회가 주어진다면 그것은 분명 외국
> 인의 손에 의해서일 것이다."

이런 논리는 또 어떤가? 밀은 미국의 사치금지법을 논하면서 부자들의 사치스런 생활에 대한 여론의 불편한 감정을 등에 업고 있는 이런 법령에 부정적인 시각을 드러낸다. 그리고 한걸음 더 나아가 부지런한 숙련공과 게으른 미숙련공이 동일한 임금을 받아야 한다는 주장이 결국은 사적인 권리의 침해를 옹호하는 것이라고 말한다.

오늘날 이러한 주장을 옳다고 받아들이는 사람은 거의 없다. 심지어 사회주의 국가를 자처하는 나라에서도 이러한 주장은 이미 용도폐기된 생각이다. 문제는 밀이 개인의 재산이나 소득을 단순히 사적인 영역으로 바라보고 있다는 데 있다. 여기에서 이른바 평등의 문제가 등장한다.

자유주의와 평등주의

『자유론』에서 주로 거론되고 있는 것은 인간의 정신 활동의 자유다. 따라서 경제 활동의 자유와 관련해서는 거의 언급되지 않고 있다. 하지

만 따지고 보면 인류의 역사가 중세를 지나 근대로 들어서는 과정에서 이른바 '자유'를 외치게 된 배경에는 경제적인 이해관계가 짙게 깔려 있다. 귀족 등이 독점하고 있던 각종 경제적 특권의 폐기, 그리고 이른바 '부르주아지'로 통칭되는 시민의 자유로운 상업 활동이 모두 '자유'라는 이름으로 요구되었기 때문이다.

우리가 자유주의를 논하는 데 밀의 『자유론』(1859) 옆에 아담 스미스의 『국부론』(1776)을, 그리고 그 대척점에 있는 마르크스의 『자본론』(1867)을 나란히 놓아야 하는 이유가 바로 여기에 있다. 역사적으로 경제 활동의 자유, 즉 이윤 추구의 절대적 자유는 필경 사회적 모순을 잉태했고 그에 따라 이른바 '평등'을 요구하는 목소리도 함께 높아졌기 때문이다.

밀이 『자유론』에서 사상과 표현의 절대적 자유를 주장했다면 아담 스미스는 『국부론』에서 이른바 '보이지 않는 손'이란 말로 대표되는 이윤 추구의 절대적 자유, 즉 시장방임주의를 주장했다. 앞서 밀이 재산이나 소득의 문제를 단순히 사적인 영역이라 주장한 것도 이러한 사상의 연장선상에 있다 할 것이다. 이러한 사상은 시민적 자유, 정치적 자유의 확대와 맞물려서 자본주의의 발전을 가져왔다. 하지만 정신적, 경제적 개인의 자유를 토대로 하는 사회구조는 결국 '야경국가夜警國家 · Nachtwachterstaat' 등의 표현에 담겨 있듯이 개인의 자유를 최대한 보장하는 자유방임을 낳았고 경제적으로는 약육강식의 무한 경쟁 사회를 낳음으로써 사회경제적 불평등을 심화시켰다. 그리하여 19세기 중반 이후 사회경제적 평등을 요구하는 사회주의의 도전을 받게 되었다.

마르크스는 자본주의의 모순, 즉 사회의 극한적 불평등을 해소하기 위해 사회의 하부구조인 경제 체제 자체를 근본적으로 변화시킴으로써 '평등'을 달성하고자 했다. 이러한 사상은 자본주의에 심대한 위기의식을 불어넣었고 결국 자본주의 내에서도 불가피하게 '평등'이란 요소를 일정 정도 도입할 수밖에 없었다.

이런 차원에서 말하자면 평등주의는 한 개인의 자유와 다른 개인의 자유가 부딪칠 때 두 개인의 자유에 어느 정도 제한을 가함으로써 평등을 달성하고자 한다.

요컨대 '자유'의 발전은 사상의 자유나 정치 참여의 권리라는 측면에서는 크게 볼 때 확대되는 쪽으로 전개되어 온 반면 경제적 측면, 즉 이윤추구의 자유라는 측면에서는 현실적 문제점들이 노정되면서 일정한 제한을 가하는 쪽으로 전개되어 왔다고 할 수 있다. 이른바 자유와 평등의 균형을 위해서는 국가의 개입이 불가피하다는 이른바 '복지국가' 개념이 그것이다. 얼마간의 부침은 있었을지언정 이것이 인류 근현대사의 큰 흐름이었다. 그런데 현대에 와서 우리는 다시금 '새로운 자유주의'와 맞닥뜨린다.

'신자유주의'는 자유주의인가?

신자유주의는 한마디로 자원의 효율적 배분을 시장의 자유경쟁 원리에 맡기자는 주의로 시장에 대한 국가의 개입을 최소화하는 것을 지상명제로 삼는다. 세계적 차원에서는 무역장벽을 허무는 자유무역 체제를 지향하고 국내적으로는 정부의 규제 완화와 공적 부문의 민영화를 적극 추진한다. 결국 '보이지 않는 손invisible hands'으로의 회귀라 할 수도 있다. 결국 본래의 자유주의가 절대 왕정의 중상주의 체제를 해체했다면 신자유주의는 전후의 복지국가 체제를 해체하고자 한다.

물론 신자유주의는 고전적 자유주의와 일정한 맥을 함께 하고 있다. 하지만 고전적 자유주의가 그 일정한 한계에도 불구하고 인류의 삶에 질적, 양적 발전을 가져다주었다면 신자유주의는 자유주의의 원리를 허울로 쓰고 있을 뿐 오히려 인류의 삶을 질적으로 악화시키는 측면이 있다.

'보이지 않는 손'을 내세우지만 사실은 강대국의 경제논리를 관철시킴으로써 개별 약소국들의 경제적 자유를 심각하게 침해하고 있으며 '작은 정부'를 추구한다고 하지만 사실상 국가가 개입함으로써 시장을 왜곡하고 있기 때문이다. 뿐만 아니라 자유와 평등의 신장이 가져다준 민주주의의 가치를 평가절하하고, '복지국가 체제'를 정부재정 적자와 저성장 경제를 낳은 주요 원인으로 보고 이를 '중우衆愚정치의 한계', '지나친 이익집단의 민주주의' 등의 표현으로 매도하기를 서슴지 않는다.

한마디로 신자유주의는 자유주의가 아니다. 신자유주의는 하나의 경제법칙이 아니라 부와 권력을 의도적으로 소수의 손에 집중시키려는 국가정책에 불과하기 때문에 어떤 면에서 보면 자유주의와는 대척점에 있다고도 할 수 있다.

그래도 『자유론』이다

『자유론』의 내용이 오늘날에도 진리일 수 있는가는 사실 중요한 문제가 아니다. 밀이 주장한 대로 『자유론』 자체도 진리를 발견하고 발전시키는 데 필요한 여러 견해 중 하나일지 모른다. 중요한 것은 『자유론』이 오늘날에도 그대로 관철되어야 할, 자유를 위한 주요한 두 원칙을 제시했다는 점이다.

오늘의 세상은 자유와 관련해서 훨씬 복잡한 논의를 필요로 한다. 특히 세계 유일의 분단국 국민인 우리는 밀이 주장하고 있는 원칙들을 관철시키는 것조차 녹록치 않은 현실을 살고 있다. 하지만 사상의 자유, 양심의 자유 말고도 우리가 자유와 관련해서 일상생활에서 마주치는 문제들은 수도 없이 많다. 예를 들어 우리의 일거수일투족一擧手一投足이 CCTV를 통해 실시간으로 드러나고 있는 오늘날 우리에게 큰 화두로 등장한 이른바 사생활 침해 문제만 해도 개인의 사생활을 보호해야 한다는 입장과 사회의 안전을 위해 어느 정도의 사생활 침해는 불가피하다는 입장이 대립할 수 있다. 독자들은 어느 입장에 설 것인가? 『자유론』이 거기에 해답을 줄 수 있다. 원칙이란 그런 것이다. 그것이 어떤 것이든 원칙이 있으면 자신의 입장을 세울 수 있다. 『자유론』은 그런 원칙을 제시하고 있다는 사실만으로도 자유를 소중히 여기는 모든 사람들에게 필독서가 되어야 마땅하다.